한국독립운동사
— 해방과 건국을 향한 투쟁

한국독립운동사
— 해방과 건국을 향한 투쟁

한국독립운동사 —— 해방과 건국을 향한 투쟁

초판 8쇄 발행 2022년 11월 15일
초판 1쇄 발행 2014년 5월 30일

지은이 박찬승
기획 역사문제연구소
펴낸이 정순구
책임편집 정윤경
기획편집 조수정 조원식
마케팅 황주영

출력 블루엔
용지 한서지업사
인쇄 한영문화사
제본 한영제책사

펴낸곳 (주) 역사비평사
등록 제300-2007-139호 (2007. 9. 20)
주소 10497 경기도 고양시 덕양구 화중로 100, 506호(화정동 비전타워21)
전화 02-741-6123~5
팩스 02-741-6126
홈페이지 www.yukbi.com
이메일 yukbi88@naver.com

ISBN 978-89-7696-329-1 04910
      978-89-7696-320-8 (세트)

한국독립운동사
─해방과 건국을 향한 투쟁

박찬승 지음 | 역사문제연구소 기획

20世紀
韓國史
SERIES

'20세기 한국사'를 펴내며

'20세기 한국사' 시리즈는 지난 한 세기 동안 한국사회가 겪었던 다양한 경험을 독자들에게 정확하게 전달하는 데 일차적인 목적을 둔 역사 교양서이다. 이 시리즈는 식민지, 해방과 분단, 전쟁, 독재와 경제성장, 민주화로 요약되는 20세기 한국사의 큰 흐름을 시기별, 주제별로 나누어 해당 분야에 탁월한 연구성과를 남긴 전문 연구자들이 집필했다.

시리즈 각권은 필자 자신의 관점을 내세우기보다는 학계의 연구성과를 바탕으로 역사적 사실을 대중의 눈높이에 맞춰 서술하는 데 중점을 두었다. 역사적 사실을 객관적이고 공정하게 기술하여 가장 믿을 만한 역사책을 만들기 위해 노력했고, 역사적 사실을 해석하고 평가하는 일은 독자의 몫으로 남겨두었다. 이 시리즈가 왜곡된 역사적 사실을 바로잡아 있는 그대로 전달함으로써, 독자 스스로 20세기 한국사를 해석하고, 이를 통해 건강한 역사의식을 가진 시민사회를 만들어가는 데 조금이나마 이바지하기를 기대한다.

역사문제연구소가 역사 교양서 '20세기 한국사' 시리즈를 발간할 수 있었던 것은 전적으로 김남홍 선생의 후원 덕분이다. 본인이 원치 않아 아쉽게도 선생에 대한 소개를 할 수 없지만, "우리 후손들에게 과거의 역사가 사실대로 알려지기를 바라는 나의 평소 소망을 담은 책"을 써달라는 선생의 간곡한 부탁만은 발간사를 빌려 밝혀둔다. 이 시리즈 발간을 통해 선생의 뜻 깊은 소망이 이루어지길 기원한다.

더불어 시리즈 발간 작업을 총괄해온 역사문제연구소 연구원 배경식, 은정태 선생과 시리즈 간행을 흔쾌히 허락해주신 역사비평사에도 깊은 사의를 표한다. 끝으로 '20세기 한국사' 시리즈 출간에 애써주셨던 고 방기중 소장께 고마움과 그리운 마음을 전한다.

역사문제연구소 소장
정태헌

일러두기

1. 중국, 일본 등의 지명은 현대 중국어 표기법에 따랐다.
2. 단 만주, 연해주 등 한인 독립운동의 주요 무대가 되었던 지역은 관례에 따라 한자식 발음으로 표기했다.
3. 독립운동사의 주요 단체 및 세력의 명칭에 포함된 지명은 관례에 따라 한자식 발음으로 표기했다 (예: 상해 임시정부).

한국 독립운동사를 어떻게 볼 것인가

한국 독립운동의 성격

19세기 말부터 20세기 중반까지 줄기차게 전개된 식민지 민족의 독립운동은 제국주의국가들의 침략 및 식민지 지배에 대한 저항운동이면서, 궁극적으로는 근대적인 민족국가(또는 국민국가)를 수립하려는 운동이었다. 제국주의국가들은 19세기 세계적 규모의 자본주의 발전 과정에서 원시적 자본의 축적, 상품과 자본의 수출 등을 위해 아시아·아프리카 지역을 침략하여 식민지와 반식민지를 건설했다. 세계 자본주의는 그 출발부터 주변부에 대한 중심부의 수탈을 동반하는 체제였으며, 아시아·아프리카의 독립운동은 그런 체제에 대한 저항운동의 성격을 띠었다.

한국인들은 제국주의국가들 가운데서도 가장 가혹했던 일본 제국주의자들의 식민지 지배를 받았다. 19세기 후반 일본은 후발 자본주의국가로서 제국주의국가의 대열에 합류하기 위해 청일전쟁·러일전쟁을 도발했다. 이들 전쟁을 통해 일본은 한반도에서 청국·러시아의 영향력을 몰아내고 마침내 한국을 병합하여 식민지로 만들었다. 일본은 스스로 제국주의국가가 되기 위해 이웃나라인 한국을 희생의 제물로 삼은 것이다.

한국은 수천 년의 역사와 문화를 가진 나라였고, 한국인들은 그에 대해 강한 자부심을 갖고 있었다. 특히 일본에 대해서 한국인들은 오랜 세월 동안 대륙의 선진문화를 일본에 전달해 왔다는 우월의식과, 고려 말 왜구의 노략과 임진왜란·정유재란 같은 한반도 침략의 역사적 경험으로 인한 적대의식을 갖고 있었다. 바로 그 일본에 의해 식민지가 되었다는 사실은 한국인들에게 참을 수 없는 일이었다. 따라서 일본의 한국병합 과정에서 한국인들은 동학농민군, 의병 등으로 결집하여 치열한 저항운동을 전개했다. 그리고 병합 이후에는 독립만세운동, 무장투쟁, 외교운동, 의열투쟁, 노동쟁의와 소작쟁의 등 다양한 방법을 동원하여 줄기차게 독립운동을 전개했다. 그런 점에서 한국의 독립운동은 넓게는 제국주의 세력에 저항하는 '반제국주의운동'이면서, 좁게는 일본 제국주의의 지배에 저항하는 '항일운동'의 성격을 띠고 있었다.

그런가 하면 한국의 독립운동은 동시에 새로운 민족국가를 수립하려는 '건국운동'이기도 했다. 즉 이미 멸망해버린 대한제국을 회복하는 운동이 아닌, 새로운 근대민족국가를 세우려는 운동이었던 것이다. 이와 관련해서 자본주의국가를 세울 것인가, 사회주의(공산주의)국가를 세울 것인가를 놓고 독립운동 진영 내에 의견차이가 나타났으며, 그 결과 독립운동 진영의 이념적 분열은 피할 수 없었다. 양 진영은 일본 제국주의로부터의 해방이라는 당면의 공동목표를 가지면서도 서로 세력경쟁을 하지 않을 수 없었기 때문에, 때로는 협력하고 때로는 경쟁하는 관계를 반복했다.

한편 한국의 독립운동은 국권을 회복하려는 운동이었기 때문에 흔히 빛을 되찾는다는 의미의 '광복운동'이라 불리기도 했다. 또 일제 지배라는 질곡 아래서 노예 상태에 놓여 있던 한국 민족(특히 그 가운데 가장 큰 억압을 당한 농민과 노동자 등 피압박계급)을 해방시키려는 운동이었기 때문에 '민족해방운동'이라 불리기도 한다.

독립운동사 연구의 동향

독립운동사 정리는 이미 1920년 박은식의 『한국독립운동지혈사』로부터 시작되었지만, 본격적인 정리는 해방 이후를 기다려야 했다. 해방 직후 서울에서는 일제하 좌우파의 독립운동에 대한 다양한 책들이 쏟아져 나왔다. 그러나 1948년 분단정부 수립 이후 독립운동사에 대한 저술은 크게 줄어들었다. 남한에서는 일제하 사회주의 계열의 독립운동은 물론이고, 임시정부 세력이 대한민국 정부 수립에 참여하지 않았다는 이유로 임시정부에 대한 연구도 기피되는 실정이었다. 1950년대 북한에서는 소련파-연안파-김일성파-박헌영파 간의 권력투쟁이 진행되었기 때문에, 일제하 항일투쟁의 역사를 제대로 정리할 수 없었다.

결국 남북한 모두에서 독립운동사 연구는 1960년대 이후에야 본격적으로 시작되었다. 남한에서는 1960년대 후반 국사편찬위원회(위원상 김성균)

와 독립운동사편찬위원회(위원장 이은상)가 중심이 되어 독립운동사를 정리했다. 내용은 물론 사회주의 계열을 제외한 민족주의 계열 중심이었고, 민족주의 계열 안에서도 특히 임시정부 계열을 중심으로 한 것이었다. 이는 대한민국이 '대한민국임시정부'를 계승하는 역사적 정통성을 가지고 있음을 강조하기 위함이었다. 반면 북한에서는 1960년대부터 민족주의 계열을 제외하고 사회주의 계열 중심으로 정리하되, 그 안에서도 특히 김일성 계열의 항일무장투쟁사를 중심으로 정리했다. 이는 이른바 '혁명역사'의 한 부분으로서 김일성의 항일무장투쟁사를 부각시키기 위함이었다. 이처럼 남북한 정부는 모두 독립운동사 연구를 자신의 역사적 정통성을 부각시키는 데 이용하고자 했다.

1970년대와 1980년대 남한에서의 독립운동사 연구는 주로 윤병석·조동걸·박영석·신용하·이현희·박용옥·김창수·박성수 등에 의해 이루어졌다. 이들을 독립운동사 연구의 제1세대라 할 수 있다. 이들은 주로 3·1운동, 임시정부운동, 만주에서의 초기 무장투쟁, 국내 민족주의 세력의 실력양성운동 등을 다루었으며, 사회주의운동에는 별로 관심을 두지 않았다.

1980년대 중반 민주화운동이 진행되면서 남한의 소장학자들은 그동안 독립운동사 연구에서 소외되어온 일제하 사회주의운동, 노동운동, 농민운동 등에 관심을 갖고 연구하기 시작했다. 당시 사회주의운동이 일제로부터의 독립을 제1의 목표로 삼고 있었고, 노동운동과 농민운동도 사회주의운동의 영향 아래서 항일운동의 성격을 띠고 전개되었기 때문이다. 1980

년대 말 한국역사연구회, 역사문제연구소를 중심으로 축적된 이들의 연구성과는 1990년대 이후 책으로 출판되어 나오기 시작했다.

그런 가운데 강만길은 1984년에 펴낸『한국현대사』에서 일제시기의 사회주의운동을 처음으로 민족해방운동에 포함시켜 서술했다. 획기적인 일이었다. 또 그는 1930년대 후반기 민족해방운동 진영이 좌우익 합작운동을 실현하는 방향으로 나아가고 있었다는 데 주목하고, 민족해방운동기와 해방 직후의 좌우익 합작운동에 관심을 가져야 한다고 주창했다. 이후 학계에서는 신간회, 민족유일당, 민족혁명당과 같은 민족협동전선, 민족통일전선, 좌우합작운동을 주목하는 연구들이 활발하게 진행되었다.

1990년대에 들어서 독립운동사 연구는 제1세대 연구자들과 그들의 제자격인 제2세대 연구자들에 의해 함께 진행되었다. 당시 제2세대는 크게 세 그룹으로 나뉘었는데, 첫째는 한국역사연구회·역사문제연구소의 회원들이며, 둘째는 한국근현대사학회 회원들, 셋째는 한국민족운동사학회 회원들이었다.

1990년대 들어 독립운동사 연구에 새로운 연구경향이 나타났다. 첫째, 그동안 기피되던 일제하 사회주의운동, 노동운동, 농민운동에 대한 연구성과가 본격적으로 나오기 시작했다(김경일, 지수걸, 이준식 등). 둘째, 국내 민족주의운동에 대한 비판적 시각의 연구, 민족협동전선인 신간회운동, 6·10만세운동 등 학생운동에 대한 본격적인 연구가 나왔다(박찬승, 이균영, 장석흥 등). 셋째, 중국·러시아와의 수교로 인해 이 지역에서의 자료조사와 답사가 가능해짐으로써, 만주와 러시아 지역 독립운동사 연구가 활발해졌다(윤병석, 박환, 신주백, 권희영, 반병률 등). 넷째, 임시정부와 광복군, 의열단, 조선의용군 등에 대한 본격적인 연구들이 쏟아져 나왔다(한시준, 한상도, 김희곤, 노경채, 염인호, 김영범, 심지연 등). 다섯째, 국내 각 지역에서의 민족운동과 사회운동에 대한 정리가 본격화되었다(박찬승, 김희곤, 김일수, 오미일 등).

2000년대 들어서는 제1세대 학자들이 사실상 은퇴함으로써 제2세대 학자들 중심으로 독립운동사 연구가 이루어졌다. 이 시기 새로운 연구 동향을 살펴보면 첫째, 러시아로부터 새로 들어온 자료에 기초하여 사회주의운동에 대한 심층적 연구가 나오기 시작했으며, 국내외 아나키즘운동에 대해서도 본격적인 연구가 진행되었다(임경석, 이현주, 전명혁, 김경일, 이호룡, 박환, 정혜경 등). 둘째, 국내 민족주의운동에 대해서도 민족주의 계열의 문화운동, 기독교 계열의 민족운동 등으로 연구의 폭이 넓어졌으며, 6·10만세운동과 광주학생운동에 대한 연구도 본격적으로 진행되었다(이지원, 장규식, 김성민 등).

한편 1987년에 출범한 독립기념관의 한국독립운동사연구소는 2005년 광복 60주년을 맞이하여 『한국 독립운동의 역사』 60권을 편찬했다(편찬위원장 이만열). 이 책들은 그간 국내외 학계의 연구성과를 모두 포괄하여 정리한 것으로, 주로 제2세대 학자들이 중심이 되어 집필했다. 이 책들은 민족주의 계열만이 아니라 사회주의 계열, 아나키즘 계열의 독립운동까지 모두 포괄하여 정리했다는 점에서 그 의미가 대단히 컸다.

독립운동사를 바라보는 관점

1980년대 이후 학계 안팎에서는 독립운동의 주류를 무엇으로 설정할 것인가와 관련하여 크게 세 가지 관점이 제시되었다. 첫째는 민족주의 세력 중심론이고, 둘째는 민족협동전선(민족통일전선) 세력 중심론, 셋째는 사회주의 세력 중심론이다.

민족주의 세력 중심론은 그 내부에서 이동녕-김구로 이어지는 대한민국임시정부 중심론, 미주의 이승만 세력 중심론, 그리고 국내의 실력양성운동 세력 중심론 등으로 다시 나뉜다. 두 번째의 민족협동전선(민족통일전선) 세력 중심론은 신간회, 민족유일당 운동, 임정의 좌우 세력 포괄, 여운형의 건국동맹 조직 등을 강조하는 것인데, 이는 다시 안재홍과 같은 중도우파 세력을 중심으로 보는 견해와 여운형과 같은 중도좌파 세력을 중심으로 보는 견해로 나뉜다. 세 번째의 사회주의운동 중심론에는 국내의 조선공산당 세력을 중심으로 보는 견해와, 김일성 등 만주의 항일무장투쟁 세력을 중심으로 보는 견해가 있다. 그러나 이렇게 독립운동의 한 특정 세력을 주류로 설정하는 것은 다른 세력을 비주류로 설정하거나 아예 배제하는 결과를 가져온다. 따라서 특정 세력을 주류 내지 정통으로 설정하는 것은 바람직하지 않다.

독립운동 과정에서 운동가들은 방법(노선)이나 이념 등을 둘러싸고 다양한 견해차이를 드러냈다. 운동의 방법을 둘러싸고는 만세운동, 무장투쟁, 의열투쟁, 외교운동, 노농운동, 실력양성운동 등 다양한 노선이 등장했다. 당시 독립운동가들은 국내, 만주, 연해주, 중국 관내, 미주 등 여러 지역에 흩어져 활동할 수밖에 없었다. 독립운동의 방법을 둘러싼 갈등은 그들이 주로 어디에서 활동하고 있었는가 하는 문제와도 관련이 있었다. 또 이념을 둘러싸고는 복벽주의, 민족주의(부르주아 자유주의), 사회주의(주로 공산주의), 아나키즘 등 다양한 이념이 등장했다. 이 가운데 민족주의와 사회주의의 갈등이 가장 중심적인 축이었는데, 이는 해방 이후 자본주의의 민주공화국을 세울 것인가, 사회주의의 인민공화국을 세울 것인가의 문제와 깊이 관련되어 있었다.

일제강점기 국내외 독립운동가들은 독립의 희망이 거의 보이지 않는 매우 어려운 상황에서 싸울 수밖에 없었다. 국내에서는 일제의 탄압으로 인해 감옥을 수없이 드나들어야 했으며, 열악한 환경의 감옥에서 질병으로 희생된 이들도 부지기수였다. 국외의 독립운동가들은 어느 나라로부터도 제대로 도움 받지 못하는 가운데, 스스로 가산을 팔고 재외 동포의 후원에 의지하여 독립운동을 전개하지 않으면 안 되었다. 또 무장투쟁이나 의열투쟁에 참여한 이들은 처음부터 목숨을 내놓고 뛰어들었다. 이처럼 독립운동가들은 각지에서 각자 치열하게 싸웠으며, 큰 희생을 감수했다. 따라서 그들의 활동은 모두 그 나름대로 높이 평가되어야 한다. 특히 어려운 여건 속에서도 분열과 반목이 아닌 연대와 통합을 위해 노력한 이들의 활동은 더욱 높이 평가되어야 할 것이다.

　이하 본문은 1910년대 국내외 독립운동의 출발, 3·1운동과 임시정부의 출범, 1920년대 국내 독립운동의 좌우 분화와 상호연대, 1930년대 독립운동 진영의 재편, 중일전쟁·태평양전쟁기 독립운동 세력의 결집 등 5개의 장으로 구성되어 있다. 각 시기별로 독립운동의 전개 과정을 정리한 것이다. 각 장의 앞부분에는 독립운동사의 배경으로서 각 시기 일제의 지배 정책을 정리했다.

　이 책의 집필에는 1980년대 이후에 나온 독립운동사 관련 저서와 논문들이 큰 도움이 되었다. 특히 큰 도움이 된 것은 2008, 2009년 독립운동사 연구소가 펴낸 『한국 독립운동의 역사』 60권 시리즈였다. 그러나 일제의 지배 정책과 국내외 독립운동사를 모두 정리한다는 것은 결코 쉬운 일이 아니었다. 필자의 역량 부족으로 정리가 미흡한 곳도 있고, 너무 소략하게 된 부분도 있다. 선배, 동학, 그리고 독자 여러분의 질정을 바란다.

03 '문화정치'와 민족·사회주의운동의 분화(1919~1930)

글을 맺으며_

06 한국 독립운동의 의의와 한계

01

1910년 일본이 한국을 강제병합하자 한국인들은 나라를 되찾기 위한 독립운동을 개시했다. 일본은 한국을 병합한 뒤 조선총독부를 설치했으며, 1910년대 내내 '무단통치'를 실시했다. 그런 가운데 1910년대 국내에서는 독립을 위한 의병과 비밀

일본의 한국병합과
국내외 독립운동의 개시
(1910~1919)

결사운동이 전개되었으며, 서북간도에서는 독립운동의 근거지를 건설하
려는 운동이 전개되었다. 그리고 러시아 연해주와 미주에서도 독립운동
이 시작되었다.

일본의 한국병합과 조선총독부 설치

일본의 한국병합

1910년 8월 29일 일본은 한국을 강제병합했다. 일본의 한국 침략 사상은 1860년대 요시다 쇼인^{吉田松陰}의 정한론에서 출발하여 메이지유신 직후 사이고 다카모리^{西鄕隆盛}의 정한론으로 이어졌다. 이는 1880년대 자유민권파의 탈아론^{脫亞論}으로 계승되고, 1890년대에 결국 이토 히로부미^{伊藤博文} 정부의 청일전쟁 개전론으로 발전한다. 청일전쟁 당시 이토 정부는 조선에서 청국 세력을 내몰고 조선을 보호국화하고자 했다. 그러나 일본은 러시아를 비롯한 프랑스, 독일의 삼국간섭으로 주춤하지 않을 수 없었고, 이어진 고종의 러시아공사관 파천으로 보호국화 기도는 일단 실패로 돌아갔다. 일본은 러시아를 견제하기 위해 영국과 손을 잡았고, 결국 영국의 지원하에 1904년 러일전쟁을 도발하여 이 전쟁에서 승리함으로써 대한제국을 보호국으로 만들 수 있었다.

한국을 보호국으로 만든 일본은 한국 통치를 위해 통감부를 설치했다. 초대 통감으로는 이토 히로부미가 부임했다. 이토는 한국의 외교권만이 아니라 내정까지 하나하나 장악해갔다. 그런 가운데 1907년 보호조약이 무효임을 전 세계에 알리려 한 고종의 헤이그 특사 사건이 일어나자, 이토는 고종을 황제의 자리에서 내쫓고 유약한 순종을 그 자리에 앉혔다. 그리고 사실상 내정을 완전히 장악하는 '정미 7조약'을 한국에 강요했으며, 대한제국의 군대를 강제해산시켰다.

한국인들은 일본의 이런 침략 행위를 수수방관하지 않았다. 1905년부

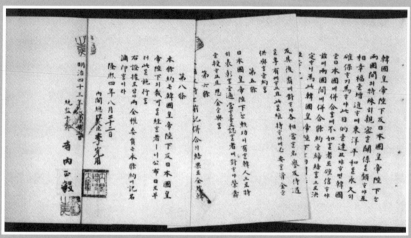

일장기가 걸린 경복궁 근정전(위)과 한국병합조약 원문(아래)

터 전국 각지에서 양반 유생을 중심으로 의병봉기가 일어났고, 1907년 군대 해산 이후에는 해산 군인들이 의병에 대거 참여하여 의병 전력이 강화되었다. 1908~09년은 전국적으로 의병이 가장 활발했던 시기였다. 특히 의병 세력이 가장 강했던 곳은 호남 지방이었다. 이에 일본은 군대를 동원해 호남 의병 진압을 위한 이른바 '남한 대토벌 작전'을 벌였다. 여기서 '남한'은 사실은 호남 지방을 가리키는 것이었다. 그 밖에 강세를 보인 경북과 함남 의병들에 대한 진압 작전도 강도 높게 수행되었다.

이토는 일정 기간 동안 한국을 보호국으로 지배한 뒤에 점진적으로 병합할 것을 주장했으나, 일본 정부 내에서는 가쓰라 다로桂太郎가 주장하는 급진적 병합론이 더 힘을 얻고 있었다. 점진적 병합론은 한국에서의 반일 의병운동이 예상보다 강력하게 진행되자 힘을 잃었고, 이토는 통감직을 사임하고 물러났다. 새 통감으로는 소네 아라스케曾禰荒助가 부임했다. 이토 역시 결국 급진적 병합론에 동의함으로써, 일본 정부는 한국의 조기 병합을 추진하게 되었다. 그런 상황에서 안중근의 이토 사살 사건이 일어났다. 이에 친일단체 '일진회'는 한국과 일본의 '합방'을 주장하고 나섰다. 이는 일본 정부의 '병합' 방침과 거리가 있었다. '합방'은 두 나라를 대등하게 합친다는 의미였기 때문이다. 결국 일본은 이토 저격 사건으로 일본 국내 여론이 강경해진 틈을 타 한국'병합'을 서둘러 추진했다.

1910년 7월, 급진적인 병합을 추진하기 위해 새 통감으로 온 데라우치 마사타케寺內正毅는 이완용과 순종을 겁박하고 회유하여 불과 부임 한 달여 만인 8월 22일 '일한병합'의 공작을 완수하고 8월 29일 이를 공식 발표했다. 이로써 대한제국은 일본의 식민지로 전락했다. 당시 일본 측은 '한국이 일본의 식민지가 된 것이 아니라 일본 영토의 일부가 된 것이며, 한국인은 식민지인이 아니라 일본 국민이 되었다'고 말했다. 하지만 한국인은 모든 정치적 권리를 박탈당했고, 사회경제적으로도 억압과 수탈을 당하는 식민지민의 처지에 놓였다.

조선총독부의 설치

일본은 한국을 병합한 뒤 한국을 통치하기 위한 기구로서 조선총독부를 설치했다. 이미 일본은 1894년 청일전쟁의 대가로 대만을 획득한 뒤 대만에 대만총독부를 설치한 경험이 있었다. 조선총독부의 최고책임자인 조선총독은 일본 관제에서 가장 높은 친임관親任官(천황이 직접 임명하는 관리)으로 임명되었다. 총독은 천황에게 직속하고 본국의 내각총리대신, 각부 대신 및 대심원 원장과 동격의 위치에 있었다. 따라서 총독은 일본 정부의 통제를 받지 않고 오직 천황에게만 책임을 지는 지위였고, 입법·사법·행정 및 군사에 관한 모든 권한을 갖고 있었다.

특히 주목할 것은 총독이 조선에서 시행할 법령, 즉 '제령制令'의 제정권을 가졌다는 점이다. 당시 대만총독도 대만에서 시행되는 '율령' 제정권을 갖고 있었는데, 조선총독도 같은 권한을 갖게 된 것이다. 그런데 대만에서는 율령 제정이 점차 줄어드는 대신 본국에서 시행되는 법률이 대만까지 확장 실시되었던 반면, 조선에서는 마지막까지 제령 제정에 의한 입법이 원칙이었다.

총독은 육군대장으로 임명하도록 되어 있었다. 1910년대의 데라우치 마사타케와 하세가와 요시미치長谷川好道 총독은 모두 조슈 군벌 계열의 육군대장이었다. 1910년대 조선은 사실상 일본 육군의 주류인 조슈 군벌이 마음대로 통치하는 지역이었던 것이다.

　조선총독부의 기구를 보면, 총독의 최고보좌관으로 정무총감이 있고 그 아래 총무·내무·탁지·사법·농상공의 5부가 있었다. 총무부에는 인사국· 외사국·회계국, 내무부에는 지방국·학무국, 탁지부에는 사재국司財局·사계 국司計局, 농상공부에는 식산국·상공국을 두었다. 교육을 전담하는 학부는 설치되지 않았고, 내무부 산하의 학무국이 이를 담당했다. 그만큼 교육 문제는 소홀하게 취급되었던 것이다. 그 밖에 총독부 소속 관서로는 정무 총감부, 각 도청, 재판소, 감옥, 전매소, 철도국, 통신국, 세관, 인쇄국, 영 림창, 취조국, 임시토지조사국, 중추원 등이 있었다.

　총독부 산하의 재판소는 고등법원-복심법원-지방법원의 3급 3심제를 채택했다. 검사국 역시 고등법원 검사국-복심법원 검사국-지방법원 검사 국으로 구성되었다. 판사와 검사는 모두 총독부 직원으로서, 재판소 또는 검사국에서 1년 반 실무수습 뒤 사법관시보 시험에 합격한 자 중에서 임 용되었다. 통계에 의하면, 1912년에 판사 199명 중 38명, 검사 57명 중 3 명만이 조선인이고 나머지는 모두 일본인이었다. 한편 감옥은 1910년 당 시 전국에 경성감옥을 비롯한 8개의 본감과 14개의 분감이 설치되어 있 었다. 1919년에는 전국에 10개의 본감과 13개의 분감이 있었다. 즉 1910 년대에는 감옥이 거의 증설되지 않았다. 감옥 숫자가 크게 늘어난 것은 3·1운동 이후인 1920년대였다.

　조선총독부는 또 '법을 통한 조선 통치'를 위해 1912년 '조선민사령'과 '조선형사령'을 제정·공포했다. 조선민사령에 의하면, 민사에 관한 사항은 기본적으로 일본의 민법·상법·민사소송법 등 일본의 법률에 의거하되, 조선의 관습이 일본의 관습과 다를 경우에는 공공질서에 관계되지 않는 범위 내에서 조선의 관습에 의거한다고 규정했다. 조선형사령의 경우에도 형사에 관한 사항은 일본의 형법·형사소송법 등에 의거한다고 규정했으나, 사법경찰관에게도 검사와 마찬가지로 영장을 발하여 검증·수색·물건차압을 할 수 있게 하는 등, 사법경찰관의 권한을 강화하는 조항들을 포함시켰다.

한편 총독부는 조선인들에게 아무런 정치적 권리를 주지 않는 대신, 자문기관으로서 친일파들을 대우하기 위해 중추원을 두었다. 의장은 정무총감이 당연직으로 겸임하고, 부의장은 칙임 대우로 총독이 임명했으며, 고문 15인, 찬의 20인, 부찬의 35인 등도 총독이 임명했다. 부의장과 고문에게는 연 2,500원 이내, 찬의에게는 2,200원 이내, 부찬의에게는 800원 이내의 수당이 지급되었다. 1910년대 중추원 부의장을 맡은 이는 김윤식과 이완용이었으며, 고문을 맡은 이는 이용직·고영희·박제순·권중현·이지용·이근택·이근상·임선준·이재곤 등으로, 대부분 보호조약이나 병합조약 당시 일본에 적극 협력한 자들이었다.

1910년대 조선총독부의 '무단통치'

데라우치·하세가와 총독의 '무단통치'

1910년대 총독부의 통치는 흔히 '무단통치'라 불린다. 그것은 이 시기

총독정치가 헌병경찰제도와 같은 무력, 자유와 권리를 억압하는 각종 악법, 그리고 태형과 같은 야만적인 형벌제도 등에 토대를 두고 있었기 때문이다. '무단통치'의 틀을 만든 것은 데라우치 총독이었으며, 이를 계승한 것은 하세가와 총독이었다.

무단통치의 핵심은 헌병경찰제도였다. '헌병경찰'이란 일반경찰 외에 군인인 헌병이 경찰업무를 겸하고, 경찰 수뇌부를 모두 헌병장교가 겸임하는 것을 말한다. 1910년대 경찰기구는 중앙의 경무총감부, 지방의 경무부로 구성되어 있었는데, 경무총감부 총장은 헌병대 사령관이 겸임하고 각도 경무부 경무부장은 각도 헌병대장이 맡았다. 그리고 경찰 조직의 가장 하위기관인 주재소에는 순사·순사보, 헌병, 헌병보조원 등이 근무했는데, 그 수는 5~10명이었다. 헌병경찰의 임무는 첩보수집, 의병토벌, 검사사무대리, 범죄즉결, 민사소송 조정, 집달리 업무, 산림감시, 어업단속, 징세원조, 식림·농사개량, 부업장려 등 광범위했다. 1918년 말 보통경찰관은 6,287명, 헌병경찰관은 8,054명으로 헌병경찰관의 수가 더 많았다. 한편 러일전쟁 이후 조선에 주둔하던 조선주차군은 일본의 각 사단으로부터 교체 파견된 병력으로 구성되어 있었는데, 1915년부터는 제19사단(사령부는 나남), 제20사단(사령부는 용산)이 조선에 상주하는 것으로 바뀌었다.

다음으로, 총독부는 조선 통치를 위한 각종 악법을 제정·활용했다. 우선 통감부 시기에 제정된 '보안법'(1907), '신문지법'(1907), '출판법'(1909) 등은 그대로 활용되었다. 보안법은 집회 및 결사의 자유를 박탈하기 위해 제정된 법이었고, 신문지법과 출판법은 신문 및 도서발행의 허가 및 내용검열을 위한 법이었다. 또 총독부는 1910년 '범죄즉결례'를 제정했다. 이는 3개월 이하의 징역 또는 100원 이하의 벌금이나 과료의 형에 처할 경우 경찰서장이나 헌병분대장이 정식재판 없이 즉결 언도할 수 있게 한 법령이었다. 즉결처분 건수는 1911년에 18,100건, 1912년에 21,400건이었는데 1918년에는 82,100여 건으로 크게 늘어났다. 또 총독부는 1912년 '경찰범처벌규칙'을 제정하여 무려 87개 항목을 설정하고 여기 해당될 경우 경찰관서에서 구류 또는 과료로 처벌할 수 있게 했다. 87개 항목 중에는 '함부로 다수가 모여 관공서에 청원 또는 진정하는 것', '불온한 연설을 하거나 불온한 문서·도화·시가를 게시·반포·낭독하는 것', '사람을 혹하게 할 만한 유언부설 또는 허위보도를 만들어내는 자' 등도 포함되었다.

총독부는 또 1912년 '조선태형령'을 제정했다. 이는 16~60세의 조선인 남자로서 3개월 이하의 징역이나 구류자, 백 원 이하의 벌금 과료자로서 주소불명 내지 무산자는 형 1일, 벌금 1원을 태^笞 1대로 대신할 수 있다는 것이었다. 즉 자유형이나 재산형을 체형인 태형으로 환형換刑할 수 있게 했다. 태형령은 신체에 형벌을 가하는 야만적 악법이지만 갑오개혁(1894) 이후에도 폐지 논의만 거듭되고 미처 폐지되지 않은 상태였는데, 총독부가 이를 법령으로 공식 채택한 것이었다. 일제는 대만에서도 태형제도를 존치시켰고, 이어서 조선에서도 이를 존치시켰다. 그 이유로는 "시세時勢와 민도民度의 차이"를 내세웠다. 그러나 이는 한편으로는 감옥시설의 미비라는 현실적인 문제를 해결하고, 다른 한편 태형에 대한 공포심과 수치심을 유발시켜 단기적으로 범죄감소의 효과를 거두려는 것이었다. 실제로 태형이 이루어진 경우는 재판 사건보다 즉결 사건일 때 더 많았고, 즉결 사건 중에서도 도박과 심림령 위반일 때 가장 많았다. 그 밖에도 위생

행정 위반, 부랑걸식자 단속 등에서 태형의 즉결처분이 내려지기도 했다.

무단통치의 또 하나 상징은 관리와 교원들의 제복과 대검이었다. 당시에는 군인과 경찰뿐만 아니라 일반관리와 학교교원들까지 제복을 입고 칼을 차도록 했다. 이는 한국인들에게 위압감을 줌으로써 일제의 지배에 복종하도록 하기 위한 것이었다.

조선총독부의 경제 정책

조선총독부의 예산은 '조선총독부 특별회계'라는 이름으로 운영되었다. 조선총독부에 보조금을 주는 일본 정부에서 총독부 예산을 '특별회계'로 취급했기 때문이다. 총독부 세입에서 가장 큰 비중을 차지한 것은 철도 수입, 전매 수입, 우편전신 수입과 같은 '관업官業 및 관유재산 수입'이었으며, 그 다음이 조세 수입이었다. 조세 수입 가운데 큰 비중을 차지하는 것은 지세地稅, 주세酒稅, 관세關稅 등이었다. 1912년 당시 총독부 세입은 52,892,209원圓이었는데, 그중 조세 수입은 11,347,536원이었으며, 관업 및 관유재산 수입이 13,047,468원, 공채모집금이 12,596,540원, 일본 정부의 보조금이 12,350,000원, 기타가 3,492,907원이었다. 그리고 조세 수입 중 지세는 6,272,619원으로, 조세 수입의 55.3%를, 전체 세입의 11.9%를 차지했다. 때문에 총독부로서는 지세 수입을 늘리는 것이 매우 중요했다.

1912년 총독부는 '토지조사령'을 공포하고 1918년까지 '조선토지조사사업'을 진행했다. 그 목적은 ① 토지소유권에 대한 조사, ② 토지 가격 조사를 통한 지세 부과의 기초 확정, ③ 역둔토의 국유지화 등이었다. 토지소유권의 조사와 확정은 이 시기 급격히 늘어나고 있던 일본인들의 토지 매입에서 그들의 소유권을 보호하기 위한 것이었다. 또 토지의 등급을 확정하는 것은 이를 통해 토지 가격을 확정하고, 나아가 지세 부과의 기초를 만든다는 의미가 있었다. 역둔토(역토, 둔토, 궁방전 등)의 국유지화는 이미 통감부 시기부터 진행되어온 역둔토의 조사를 마무리하고 이를 국유화한 뒤 동척 등에게 불하하기 위한 것이었다.

과거 국내외 학계에는 '조선토지조사사업 과정에서 총독부가 신고주의를 채택함으로써 신고하지 않은 민유지를 약탈했다'는 주장이 있었지만, 최근의 연구에 의하면 토지조사사업 과정에서 신고를 하지 않은 경우는 거의 없었으며, 일반 민유지 중 약탈된 토지도 거의 없었다고 한다. 다만 궁방과 민간 사이에 소유권이 분할되어 있었던 경우나, 민유지를 궁방전으로 강압적으로 편입시킨 경우에, 이 토지를 총독부가 국유지화하는 데 대해서는 민간의 이의가 제기되었다. 이런 분쟁지 중 일부 토지는 끝내 총독부의 토지로 국유화되었고, 또 동양척식회사(동척)로 불하되어 동척과 민간인들 사이의 토지소유권 분쟁이 해방되는 날까지 계속되었다.

1910년 병합 직후 일본 정부는 일본인들, 특히 농민들의 한국 이민을 적극 권장했다. 그에 따라 1910년대 일본인 이민이 급증하여 재조선 일본인의 수는 1910년 17만 명에서 1919년 34만 명으로 크게 늘어났다. 특히 동양척식회사는 일본인의 농업이민을 적극 추진하여 1910년대에 4,400호의 일본인 농가를 조선으로 데려왔다. 동양척식회사는 일본 정부가 중심이 되어 1907년에 설립한 회사로, 조선에서 농지를 대량으로 확보하고 일본인 농민을 지속적으로 이주시킨다는 원대한 계획을 세웠다. 1919년 당시 동척은 78,520정보의 토지를 소유하여 조선 최대의 지주로 군림했으며, 이를 농민들에게 소작 주는 형태로 경영하고 있었다.

1910년대에는 동척뿐 아니라 일본의 재벌, 농업회사 등이 조선에 대거 몰려와 농지를 헐값에 사들이는 일에 앞장섰다. 예를 들어 미쓰비시三菱 계열의 동산농장은 수원, 인천, 전주, 나주(영산포) 등지에서 대규모 토지를 집적하고 농장을 경영했다. 불이흥업주식회사는 전북 익산에, 조선흥업주식회사는 황해도 황주에 대규모 농장을 개설했으며, 그 밖에 여러 회사와 개인들이 전북·전남·경남·황해 등지에 농장을 개설했다. 당시 총독부는 개인적으로 이민 오는 일본인들에게 농공은행, 금융조합을 통해 자금을 대부했는데, 일본인들은 이 자금을 미곡 매집, 토지 매수, 고리대 등에 투자하여 부를 축적했다. 이들 중 일부는 중소지주로까지 성장했다. 당시 조선의 농민들은 일본인들에게 고리대로 자금을 빌렸다가 갚지 못해 토지를 빼앗기는 경우가 많았다.

일본 자본과 일본인 개인들에 의한 토지집적 및 농장 개설은 결국 조선 농민들의 토지 상실과 소작농으로의 몰락을 초래했다. 농가 호수 비율 변화를 보면 1914년에 지주가 1.8%, 소작농이 35.2%, 자작농이 22.0%, 자소작농이 41.0%였는데, 1919년에 이르면 지주가 3.4%, 소작농이 37.0%, 자작농이 19.7%, 자소작농이 39.3%로 바뀌었다. 즉 지주와 소작농이 늘어나고 자작농과 자소작농이 감소한 것이다. 농가 1호당 경지면적은 1910년의 1.63정보에서 1920년 1.42정보로 감소했다. 영세농이 그만큼 더 늘어났다는 의미다. 농지를 잃은 농민들은 화전민으로 전락하거나 해외 유망의 길을 떠났다. 1916년 화전민의 수는 24만 5천 명에 달했으며, 1910년부터 1920년 사이에 만주로 이주한 사람은 227,970명에 이르렀다. 1910

년대 후반에 노동을 위해 일본으로 건너가 머무른 이들도 매년 1만 명 가까이 되었다.

한편 조선에 남은 농민들은 총독부의 면화와 뽕나무 재배 강요, 도로부역 등으로 고역을 치렀다. 일본 면직업의 주요 원료인 '육지면'이라는 면화가 기후조건상 일본보다 조선 남부 지방에서 더 잘 자란다는 게 확인되자, 일본의 면화재배협회는 이곳에 면화 재배를 권장해달라고 통감부에 요청했다. 1912년 총독부는 아예 '육지면 장려 제1기 계획'(6년)을 세워 남부 지방 농민들에게 면화 재배를 강요했다. 그 결과 1918년 육지면 재배면적은 10만 정보로 늘어났다. 총독부는 또 생사의 원료가 되는 누에고치의 증산을 위해 농민들에게 뽕나무 재배를 강요했다. 그 밖에도 신작로 개설을 이유로 농민들을 도로공사에 강제동원하는 경우가 많았는데, 특히 농번기의 도로공사 부역은 농민들의 원성을 불러일으켰다.

일제는 또 통감부 시기 이후 조선 임야의 약탈을 꾸준히 추진했다. 1908년 '삼림법'을 공포해 삼림소유자가 직접 소유삼림을 신고하도록 했는데, 신고된 면적은 전체 1,600만 정보의 13.8%에 불과한 220만 정보에 그쳤다. 1910년 통감부는 전국에 걸친 임적조사사업을 실시하여, 삼림법 신고 결과와 달리 국유림은 830만 정보, 사유림은 755만 정보라는 개략적인 통계를 얻어냈다. 1911년 총독부는 '조선삼림령'을 공포하여 무주공산에 대한 한국인의 입회권入會權(관습에 따라 주민들이 공동으로 관리하는 산림을 이용할 권리)을 전면 부정하고, 강제로 창출한 국유림 및 그 산물의 양여와 매각을 법제화했다. 이어서 국유림구분조사를 실시하여 국유림과 사유림의 경계를 명확히 했다. 그 결과 118만 성보가 국유림으로 편입되어 국유림은 총 949만 정보로 늘어난 반면, 민유림은 630만 정보로 줄어들었다. 또한 총독부는 '조선삼림령'에 규정한 조림대부제도造林貸付制度(특정인에게 산림을 조성하겠다는 약속을 받고 임야를 빌려준 뒤, 무사히 산림이 조성되었다고 인정될 때 임야의 소유권을 넘겨주는 제도)를 활용하여 동척과 스미토모住友합자회사, 미쓰이三井합명회사 등에 삼림을 대부 내지는 양여했으며, 그 결과 이들 재벌이 조선 삼림의 대지주로 등장했다. 1917년 총독부는 조선임야조사 사업에 착수했는데, 이는 국유림 대부 과정에서 발생한 소유권 분쟁을 불식하고 새로운 등기제도를 도입하여 지번제를 창설하기 위한 것이었다. 그 결과 160만 정보의 민유림이 추가로 국유화되어 국유림은 955만 정보, 민유림은 661만 정보로 최종 확정되었다.

한편 총독부는 일본 자본의 조선 진출을 적극 지원했다. 일제는 이미 통감부 시기 화폐정리사업을 통해 한국 상인들을 몰락시키고 일본 자본이 보다 원활하게 한국에 진출할 수 있게 했다. 그리고 1910년대에 들어서는 철도·항만·도로의 정비에 대규모 예산을 투입하여 상품유통을 활성화했으며, 더 나아가 전통적인 상업 중심지를 몰락시키고 새로운 상업 중심지를 만들어 나갔다. 그 결과 그동안 개항장에 주로 머물러 있던 일본 상인들은 내륙 철도의 주요 결절점이 되는 도시들로 진출했다. 그들은 전통적인 도시에도 진출하여 조선인 상인들과 경쟁하기 시작했다.

총독부는 1914년 '시장규칙'을 발포해 시장에 대한 통제에 들어갔다. 그 주된 내용은 공공단체(府·面) 이외의 시장운영을 금지하고, 시장의 설치·이전·폐지·기타 시장에 관한 중요한 사항을 모두 도장관道長官의 권한 아래 둔 것이다. 시장세는 1909년 10월부터 지방비로 징수되었는데, 전래

시장의 모든 거래에 100분의 1의 세금을 매기는 방식이었다.

1915년에는 조선인 상인들의 활동을 통제하기 위해 '조선상업회의소령'을 발포했다. 1905년 이후 조선 상인들은 주로 경기도와 서북 지방에 상업회의소를 설립했고, 일본 상인들은 주로 개항장 도시에 상업회의소를 설립했다. 일본인 상업회의소 측이 총독부에 이를 하나로 통합해달라고 요청한 결과 '조선상업회의소령'이 나왔다. 그 결과 각 지역 조선인 상업회의소는 일본인 상업회의소에 사실상 강제통합된 예가 많았고, 조선 상인들은 독자적 활동의 장을 잃어버렸다.

또 일본인 상공업자들은 금융대출에서도 큰 특혜를 받았다. 1916년 각종 금융기관 대출자 현황을 보면 일본인이 70.6%이고 조선인은 28.2%에 그치고 있다. 이런 금융지원의 편중 현상은 조선인 상공업자들에게 커다란 불만요인이 되었다.

일본인들은 1910년 이전에는 경성, 인천, 부산, 마산, 군산, 목포, 대구, 원산, 청진, 평양, 진남포, 신의주 등지에 상권을 형성하고 있었다. 그러나 1910년 이후 내륙 각지로 본격 진출하여, 1919년경에는 "전 조선 이르는 곳마다 내지인의 상점이 보이지 않는 곳이 없게 되었다"고 할 정도였다. 당시 일본 상인들은 무역업을 중심으로 활동했다. 즉 조선에서 식량과 원료를 반출하고 일본산 자본제 상품을 반입하는 통로를 장악했던 것이다.

공업의 경우, 1917년 말 민족별 공장 수와 자본액, 생산액을 비교해보면 공장 수는 일본인이 736개, 조선인이 605개였으나 자본액은 일본인이 33,660,000원, 조선인이 1,883,000원, 생산액은 일본인이 84,402,000원, 조선인이 8,364,000원이었다. 공장 수는 차이가 크지 않았지만 자본액과 생산액은 비교도 되지 않았던 것이다. 당시 일본인들은 정련업, 제면업, 가스전기업, 제곡업, 연초제조업, 양조업, 피혁제조업 등 비교적 근대적이고 규모가 큰 분야의 공업에 진출했고, 조선인들은 염직업, 제지업 등 영세한 분야의 공업에 주로 종사했다. 또 조선인들은 면직물, 신발, 짚 제품, 요업 제품, 종이 등 농가의 가내수공업이나 직공 5인 이하의 소규모 공장을 운영하는 경우가 많았다.

1910년대 상공업과 관련하여 주목할 것은 1910년 발포된 '회사령'이다. 회사령의 주된 내용은 "회사의 설립은 조선총독의 허가를 받아야 한다"는 것인데, 이는 조선인 자본의 성장을 억제함과 동시에 일본 자본의 조선 진출도 억제하려는 의도에서 나왔다. 1918년 이후 회사령은 사실상 유명무실해지고, 일본 자본은 본격적으로 조선에 진출하기 시작했다. 전체적으로 1910~1919년 사이에 공장수는 12.6배, 자본금은 16.2배로 늘어났다. 종업원 수도 6배 늘어났고 생산액은 24.4배가 되었다. 그런데 이를 민족별로 보면 1911년부터 1918년까지 조선인 회사는 36개가 증가하여 1919년 당시 총 63개였지만, 일본인 회사는 180개가 증가하여 총 289개가 되었다. 일본인 회사의 총자본 규모는 조선인 회사의 8배에 달했다. 이처럼 조선에서 상공업의 발전은 일본인 자본의 주도로 이루어지고 있었다.

조선총독부의 교육 정책

일제는 식민지 지배 강화와 관련해 교육 문제를 매우 중요하게 생각했다. 그들은 "교육은 국가백년대계로서 반도 통치의 성쇠가 달려 있는 곳이다. 때문에 새로이 총독의 정치를 반도에 펌에 있어 가장 신중한 연구를 요한다"고 했다. 식민지 교육 정책의 목적은 조선인의 민족교육을 말살하고 조선인을 우민화, 일본인화하는 것이었다. 1908년 일제는 '사립학교령'을 공포해 사립학교 탄압에 나섰다. 그 결과 1908년 당시 3천여 개에 달하던 사립학교가 1910년 병합 때는 2천여 개로 줄어들었다.

총독부는 1911년 8월 '조선교육령'을 공포해 식민지 교육 정책의 근본을 분명히 했다. 조선교육령은 "교육은 교육에 관한 칙어의 취지에 기초한 충량한 국민을 육성하는 것을 본의로 한다"고 규정했다. 데라우치 총독은 "조선에서의 교육은 특히 덕성의 함양과 국어의 보급에 중점을 둠으로써 제국 신민의 자질과 품성을 갖추도록 함에 있다"고 강조했다.

이후 민족교육의 근거지로 간주된 사립학교에 대한 탄압은 더욱 심해져, 1914년에는 1,068개교였던 사립학교가 1919년에는 749개교로 격감했다. 또 성균관이 폐쇄되고 총독부 직속의 경학원이 설치되었다. 총독부는 조선의 식민지화에 협력한 자, 투항자, 친일 유생 등을 경학원에 모아 교육하고, 그들을 향교 등에 보내 유생들을 친일화하고자 했다.

총독부는 병합 이후 조선인 아동들을 위해 초등교육 단계의 보통학교와 중등교육 단계의 고등보통학교를 설립했다. 하지만 1911년 당시 보통학교는 207개교, 취학아동은 14,537명으로, 조선인 학령 아동의 취학률은 1.7%에 지나지 않았다. 반면 재조선 일본인들은 소학교 교육을 위해 학교조합을 결성하여 조합비와 총독부 보조금으로 학교를 운영했다. 이로써 일본인들의 소학교 교육은 사실상 의무교육이 되었다.

보통학교에서는 일본어 학습이 강요되어 주당 총 수업시간 26시간 중 10시간이 할당되었다. 사립학교에서도 교과목은 반드시 조선교육령에 기초하여 총독부가 만든 커리큘럼대로 집행할 것이 엄명되었다. 총독부는 시학視學제도를 두어 교육내용 감시와 통제를 강화했고, 민족적 혹은 반일적 요소가 있을 경우 수업 중지나 교원 추방, 체포 등의 조치를 취했다.

총독부는 또 조선 역사와 지리 교육을 통제함으로써 민족교육을 말살하려 했다. 한말에 나온『초등본 국사지리』,『중등본 역사지리』,『대한지리』등 교과서용 도서가 차례로 불태워지고 교과서로 이용하는 것이 금지되었다. 사립학교에서 널리 이용하던『동국사략』,『대한역사』등 역사서나『을지문덕전』,『강감찬전』등 전기의 판매도 금지되고 소각되었다.

일제는 조선 청소년의 중등 및 고등교육 진학의 길을 극력 제한했다. 1910년대 그들이 설립한 관립 고등보통학교는 3개교, 관립 여자고등보통학교는 1개교로 학생은 총 830명에 지나지 않았다. 총독부는 1920년대 이후에도 고등보통학교 설립에 매우 인색했다. 한편 1916년에는 '전문학교관제'가 공포되어 3개의 전문학교(경성전수학교, 경성의학전문학교, 경성공전)가 설립되고, 1918년에는 수원농림학교가 설립되었다. 그러나 이들 전문학교 학생 가운데 조선인은 약 30% 정도밖에 되지 않았다.

의병과 비밀결사로 일제에 저항하다

1910년대의 의병

1909년 호남 지방에서 전개된 이른바 '남한 대토벌 작전' 이후 전남북지방의 의병은 대체로 소멸되었다. 하지만 경상북도와 황해도 지역에서는 의병투쟁이 계속되었다. 1910년 경상북도 소백산·일월산 일대에서는 이강년 부대의 잔여 의병장 최성천 등이 10~20명의 부대를 이끌고 항전했다. 황해도 일대에서는 이진룡·채응언 등이 항전을 전개했다. 1910년대 국내에서 활동한 의병장과 활동 내용은 〈표 1〉과 같다.

〈표 1〉 1910년대 항일의병장과 활동 내용

도별	성명	출신 지역	활동 내용
경북	노병직	상주	1907 속리산에서 창의. 1908 보은에서 체포. 1910 특사로 석방, 의병 재기. 1913 체포, 단식 순국.
	김병일	봉화	1911 삼척·봉화 일대에서 활동. 1913 군자금 모집 중 체포. 1914 사형.
	최욱영	문경	1907 제천·영월·단양 등지에서 교전, 이강년 의병부대에 참여. 1914 안동·제천 등지에서 군자금 모금. 1915 징역 15년 언도. 1919 옥사.
	김상태	충북 단양	1905 제천에서 창의, 이강년 부대에 합세. 1908 이강년 체포 후 단양 등지에서 1911년까지 활동, 체포. 1912 옥중에서 순국.
	최성천	충북 충주	1908 김상태 부대에 참여. 1910 체포. 1911 교수형으로 순국.
	윤국범	예천	1909 김상태 등과 소백산 일대에서 활동. 1911 체포, 서대문형무소에서 순국.
	김종철	봉화	1907 박화암 의병진에 참여. 1908 체포 압송 중 탈출. 1910 강원도 인제에서 활동 재개, 1915년까지 활동.
강원	정경태	울진	1907 성익현 부대 도총장·중군장으로 참가, 성익현의 뒤를 이어 관동창의대장이 되어 김상태와 함께 활동. 1911 체포, 교수형으로 순국.
황해	한정만	평산	1907 평산에서 박기섭 의병부대에 참여. 1910 이진룡 의병부대 참여. 1914 체포, 교수형.
	채응언	평남 성천	대한제국 육군 보병 부교. 1907 이진룡 의병부대 부장. 1911 김진묵 부대 부장. 1915 평남 성천 등지에서 유격전 전개. 1915 체포, 순국.
	박구진	평남 성천	1909 채응언 부대에 참여. 1911~14 황해·평안도 각지에서 활동.
	이진룡	평산	1907 평산에서 박기섭 의병부대에 선봉장으로 참여. 1908 강화도 지홍기 부대와 연합. 1909 연기우 부대와 함께 황해도 일대에서 활동. 1911 해주·평산·곡산 일대에서 활동. 1911 남만주로 망명, 의병부대 조직 활동.
	김정언	황해도	이진룡 부대 부장. 1910 해주·평산 등지에서 활동. 1914 일본군 헌병대와 교전중 전사.

* 출전: 권대웅, 『1910년대 국내 독립운동』, 독립기념관, 2008, 32~34쪽.

일본군은 경북 일월산·소백산 일대 의병부대를 진압할 목적으로 1910년 11~12월에 작전을 전개했다. 그 결과 75명의 의병이 체포되어 4명의 의병이 전사하는 등 피해를 입었으며 의병장 윤국범과 김상태의 참모 문성조 등이 체포되었다. 1910년 내내 일본군은 진압 작전을 통해 의병 190명을 체포했으며, 1911년에는 약 250명을 체포했다. 1910년부터 1913년까지 각지에서 전개된 의병 활동 상황은 〈표 2〉와 같다.

〈표 2〉 1910~1913년 국내 의병의 전투 상황

년도	전투 회수	참가 의병 수
1910	120	1,832
1911	41	271
1912	5	23
1913	3	40

* 출전: 국사편찬위원회, 『한국독립운동사』 2, 1966, 71쪽.

더 이상 국내에서 활동할 수 없게 된 잔존 의병은 결국 압록강이나 두만강을 넘어 만주나 러시아 연해주로 이동해 독립군이 되었다. 가장 먼저 국외로 망명한 의병장은 유인석이었다. 유인석은 1908년에 이미 문인 70여 명을 이끌고 원산에서 배편으로 연해주로 건너갔다. 그곳에 도착한 유인석은 최재형 등의 도움을 얻어 의병부대를 정비했고, 1910년 초 이범윤·이남기·이상설·정재관 등의 추대로 십삼도의군 도총재를 맡아 연해주 의병을 총괄하게 되었다. 그러나 러시아가 일본을 의식해 한인들의 독립운동을 가로막자, 유인석은 1913년 만주로 근거지를 옮겼다. 만주로 간 유인석 부대는 집안, 통화현으로 이동했다. 1910년 이후 평안도의 조병

1915년 체포된 의병장 채응언(좌), 대한독립의군부 총사령 임병찬(우)

준, 전덕원 부대도 만주 관전, 환인현 등지로 이동했고, 훈춘·연해주 지방
으로 이동했던 홍범도 부대는 1910년 봄 연해주에서 북간도로 다시 근거
지를 옮겼다.

의병 계열의 비밀결사운동

1910년대 국내에서는 주로 비밀결사를 통한 독립운동이 전개되었다.
이 시기 국내 비밀결사는 크게 의병 계열과 자강운동 계열로 나눠볼 수
있다. 먼저 의병 계열 비밀결사로는 대한독립의군부, 풍기광복단, 민단조
합, 대한광복회 등이 있었다.

의병 계열 비밀결사 중 대표적인 것은 '대한독립의군부'로, 1912년 한
말 의병장 임병찬에 의해 조직되었다. 임병찬은 1906년 면암 최익현을 의
병장으로 봉대하고 정읍 무성서원에서 창의했으나 곧 체포되어 대마도에
유배되었다. 1907년 1월 귀국한 그는 국채보상운동에 참여했고, 1908년
두 차례에 걸쳐 헌병대에 구속되어 조사를 받았으며, 1910년 병합 후에는
은사금을 거부했다. 그는 1912년 공주 유생 이식이 전해온 고종의 밀칙을
받고 대한독립의군부를 조직했다. 참여자는 김창식·이기영·강봉주·이용
철·정철화·조중구·김현각·유병심·윤효·신규선·윤이병 등이었다.

독립의군부 조직은 1914년 5월 군자금을 모금하던 김창식 등이 체포되
면서 드러났다. 임병찬은 조직이 드러나자 데라우치 총독과 일본 내각총
리대신에게 면담을 요구하는 투서를 보냈지만 받아들여지지 않았고 결국
체포되었다. 임병찬은 체포된 뒤 계획이 좌절된 것에 분개하여 3차례 자
결을 시도했지만 뜻을 이루지 못했다. 그는 1914년 6월 거문도에 유배되

어 1916년 5월에 병으로 서거했다.

대한독립의군부 사건 관련자는 모두 54명이었다. 당시 경찰은 이 가운데 왕산 허위의 일족, 부하 또는 교유가 가장 많다고 파악했다. 실제로 허위의 사위인 이기영, 비서인 이기상 형제가 참여했고, 허위 부대의 참모를 지낸 여영조, 허위의 부하인 정철화도 참여하고 있었다.

'풍기광복단'은 1913년 풍기에 거주하던 채기중의 주도하에 전원식·정성산 등 10여 명이 조직한 비밀결사였다. 이들은 전국의 의병 출신 인사들을 단원으로 '혁명기관'을 조직해 무력투쟁을 통해 독립을 달성하겠다는 목표를 세웠다. 실제로 채기중은 홍주 의병에 참여했던 양제안을 영입했다. 이강년 의병부대에 참여했던 강순필·정진화, 홍주 의병에 참여했던 유창순·한훈 등도 합류했다. 채기중은 경북 함창 출신으로 직접 의병에 참여하지는 않았던 양반 유생이다.

풍기광복단의 일차 목표는 만주의 독립군 양성을 후원할 군자금 마련이었다. 양제안은 1913년 만주에 들어가 상황을 둘러보았고, 채기중은 부호들을 대상으로 군자금 모금을 시작했다. 풍기광복단은 대구에서 결성된 '조선국권회복단'의 일부 인사들과 함께 1915년 7월 '대한광복회'를 만들게 된다.

'민단조합'은 1914년 경북 문경에서 국권회복을 목표로 결성된 비밀결사로, 주도한 이들은 의병대장 이강년 휘하의 이동하를 비롯하여 이강년의 조카 이식재, 이강년의 군사장 최욱영, 순국의사 김순흠의 아들 김낙문 등이었다. 또 민단조합에 참여한 이들 가운데 강봉주·이은영은 1912년 결성된 대한독립의군부에 참여하기도 했다. 이처럼 민단조합에 참여한 이들은 대부분 의병 출신이었으며, 소백산맥 남쪽 낙동강 연변의 예천·문경·상주 일원의 양반 출신들이 많았다.

이동하는 1914년 9월 민단조합을 결성하고, 1915년 경성에서 이은영·이무영·이종황·권영직 등을 동지로 규합한 뒤 자금 조달에 나섰다. 그는 먼저 권영직을 경남 밀양에 파견해 박인근·김강년·유영봉을 경성으로 불러들였다. 그리고 이들에게 의군부 참위와 참령의 발령장을 주었다. 이들은 밀양으로 돌아가 1916년 군자금을 모아 경성으로 오다가 체포되었으나, 이동 중 도주에 성공했다. 이식재는 1914년 최욱영·강병수와 함께 충북 제천 근북면사무소를 습격하여 100원을 강탈했다. 1918년 1월 이동하·이은영·김낙문·이식재·최욱영 등은 충북 제천경찰서에 검거되어 보안법 위반 및 강도범으로 재판에 회부되었다. 민단조합은 대한독립의군부, 풍기광복단 등과도 깊은 관련을 맺고, 군자금 모금을 통해 만주의 독립운동 기지 건설을 지원하려 한 것으로 보인다.

'대한광복회'는 1915년 풍기광복단과 대구의 조선국권회복단 일부 인사가 결합하여 결성한 단체이다. 주도한 이는 박상진으로, 경남 울산에서 태어나 경북 경주군 외동면에서 성장했다. 그는 결혼 이후 박규진을 따라 경북 청송군 진보면 홍구로 들어갔다. 그곳은 천혜의 요새로 은거에 적합했다. 이미 그곳에는 1894년 선산 임은에서 옮겨온 유학자 방산 허훈, 왕산 허위, 성산 허겸 3형제가 살고 있었다.

1899년 박상진은 왕산 허위의 문하에 들어갔다. 이때 박상진은 허위를 통해 을미의병에 참여했던 유생들을 만나게 되었다. 1899년 고종이 허위의 명성을 듣고 그를 원구단 참봉으로 제수하자 허위는 상경했다. 박상진도 1902년 상경하여 허위 문하에서 정치와 병학을 수학했다. 그는 1905년 2월 개교한 양정의숙 전문부 법률과에 입학해 1908년 1회 졸업생이 되었다. 이때 안희제도 그와 함께 양정의숙을 졸업했다.

1907년 허위가 경기도 연천에서 창의했을 때 박상진은 아직 학생이었기 때문에 의병에 참여하지 않았지만, 자금과 무기를 제공하는 등 의병 활동을 지원했다. 1908년 허위가 체포되어 서대문형무소에서 순국했을 때 가족을 대신해 시신을 인도받은 것도 박상진이었다.

1908년 박상진은 양정의숙을 졸업하고 교남교육회에 참여했다. 같은 해 9월 조직된 달성친목회에도 회원으로 참여했다. 그는 1910년과 1911년 다시 만주와 연해주를 둘러보고, 서간도의 경학사와 신흥강습소를 지원하기로 작정했다. 1911년 연말 박상진은 상하이 등지를 여행한 뒤 귀국했다. 이때 그는 신해혁명을 목격하고 국권회복 방법으로 폭동, 암살 등의 방략을 생각하게 된다. 이후 박상진은 대구에서 곡물상 상덕태상회, 포목무역상을 설립하기도 했다.

이즈음 박상진은 대한독립의군부에 참여하고 조선국권회복단에도 발을 들였다. 그는 이들 조직을 기반으로 1915년 7월 풍기광복단을 이끌던 채기중과 손잡고 대한광복회를 결성했다. 박상진·채기중 외 대한광복회 회원들을 살펴보면, 영주의 유생 임세규(장승원, 박용하 처단)와 권국필, 칠곡의 손기찬, 예천의 조용필(이강년 의병대 참여)·윤창하·정진화, 영주의 조재하, 문경의 강병수, 안동의 이종영, 고령의 김재열, 영천의 정재목, 영양의 권영만(진보 의병대), 창녕의 우재룡(산남 의병대), 밀양의 손일민 등이 있었다. 이들은 대부분 양반 유생이었다.

한편 대한광복회는 충청도와 황해도로 조직을 넓혔다. 충청도의 예산·천안·괴산·청양 등지와 황해도의 송화·해주에서 회원을 확보했다. 그 결과 대한광복회 회원은 경상도 17명, 충청도 20명, 황해도 6명, 기타 6명으로 구성되었다. 여기에는 의병 계열 인사가 주축이 되고 자강운동 계열 인사도 일부 참여했다.

대한광복회는 군자금 모집, 무관과 군인으로 된 독립군 양성, 무기 구입, 조직의 설치, 친일 부호 처단 등을 목표로 활동했다. 활동 거점은 대구의 상덕태상회, 영주의 대동상점, 예산·연기·인천 등의 미곡상, 만주 안동의 삼달양행, 장춘의 상원양행 등이었다. 대한광복회는 100개소의 곡물상과 잡화상을 설치해 상업으로 활동을 위장하고자 했으며, 특히 곡물상을 주요 근거지로 만들려 했다.

대한광복회는 군자금이 가장 시급하다고 보고, 우선 군자금 모집에 나섰다. 그러나 1916년 음력 8월 대구에서 군자금을 모집하다 발각되어 박상진 외 9명이 체포되었다. 다행히 대한광복회의 조직 전모가 드러나지는 않았지만 9명이 모두 재판에 회부되었으며, 박상진은 6개월의 징역을 언도받았다. 다른 이들은 징역 12년부터 4개월까지 언도받았다.

1917년 출옥한 박상진은 다시 경상북도 각처의 부호들을 대상으로 군자금을 모금하기로 하고 부호들의 명단을 파악했다. 그리고 자산가들이 군자금 모금에 응하도록 하기 위해 먼저 그동안 비협조적이던 부호들 몇 명을 암살하기로 했다. 그에 따라 채기중·강순필·유창순은 1917년 11월 장승원을 처단했다. 장승원은 한말 경상도관찰사를 지낸 칠곡의 부호로서, 두 차례에 걸쳐 군자금 모금을 거부한 인물이었다. 이어서 1918년 1

월 김한종과 장두환은 악명이 높은 도고면장 박용하를 처단했다. 박용하 사건 이후 천안군 성환에서 장두환이 체포되고 예산에서 김경태·임봉주 등이 체포됨으로써 광복회 조직의 전모가 드러나고 말았다. 박상진은 노모가 위독하다는 소식을 듣고 귀가했다가 경찰에 체포되었다.

대한광복회는 비밀리에 풍기에 혁명기관을 설립하고 전국 의병 참여자들을 모아 대사를 도모한다는 계획을 갖고 있었다. '혁명기관'이라고 한 것을 보면, 신해혁명의 영향을 받아 왕조 재건이 아닌 새로운 공화주의국가를 지향했던 것 같다. 박상진·김한종 등은 체포된 뒤에 경찰 신문에서 대한광복회의 목적이 "국권을 회복하여 공화정을 실현하는 데 있다"고 말했다. 대한광복회는 또 전라도에 보낸 통문에서 "민국을 건설하자면 국왕이 없는 기회를 이용해야 한다"고 말하기도 했다. 대한광복회는 1910년대 국내 비밀결사운동 가운데 가장 조직이 크고 활동도 활발했으며 공화주의를 지향했다는 점에서 특히 주목된다.

자강운동 계열의 비밀결사운동

을사늑약 이후 국권회복운동은 의병전쟁과 자강운동의 두 방향에서 전개되었다. '자강운동'은 실력을 길러 훗날 국권을 회복하자는 운동으로서, 대중계몽을 주된 방법으로 택하고 애국심을 강조했기 때문에 흔히 '애국계몽운동'이라 불린다. 1910년대 국내에서 활동하던 비밀결사 가운데는 자강운동 계열의 비밀결사들도 있었다. 대표적인 것이 신민회, 달성친목회, 조선국권회복단 등이다.

1910년 12월 조선총독부 경찰은 안중근의 사촌인 안명근이 서간도 무관학교 설립을 위한 자금을 모으다 체포되어 서울로 압송된 사건을 계기로 황해도 안악 지방을 중심으로 160여 명의 민족운동가를 검거했다. 그리고 그 가운데 김구·김홍량·한순직·배경진 등 18명을 내란 미수와 모살 미수 등의 혐의로 기소했다. 이른바 '안악 사건'이다. 이어서 1911년 1월에는 독립군 기지 창건을 추진했다는 이유로 양기탁·임치정·주진수 등 16명을 체포했다. 경찰은 이 사건을 '데라우치 총독 암살 미수 사건'이라 이름 붙이고 관서 지방 전체에서 검거선풍을 일으켜 유동열·윤치호·이승훈·이동휘 등 6백여 명의 민족운동가들을 체포했다. 이 가운데 123명이 기소되어 재판을 받았고, 제1심에서 105인이 유죄판결을 받았다. 그러나 제2심에서는 105인 가운데 99인이 무죄판결을 받아 모두 풀려났다.

'105인 사건'은 일본 경찰이 평소 경계해온 서북 지방의 반일 민족 인사와 신민회, 그리고 이 지역에서 확산된 반일 기독교 세력을 일거에 제거하고자 날조한 사건이었다. 경찰은 1911년 7월 평북 정주에서 강도 사건에 연루된 이재윤을 체포하여, 그의 허위자백을 토대로 데라우치 총독 암살 미수 사건을 꾸몄다. 날조된 각본에 의하면, 1910년 8월 이래 서울 신민회 본부의 지휘 아래 5차에 걸쳐 '총독 모살 계획'이 서북 지방 기독교도들을 중심으로 추진되었고, 평양·선천·정주 등 9개 도시에서 이 일에 필요한 자금을 모으고 무기를 구입하는 등 총독 암살을 준비했다고 한다. 그러나 이는 모두 꾸며낸 이야기에 불과했다. 일제는 날조된 각본에 따른 진술을 받기 위해 피의자들에게 갖은 고문을 자행했다. 이와 같은 고문 사실은 1912년 6월 제1심 공판이 시작되면서 피의자들의 공판 진술을 통해 폭로되었다. 따라서 피의자들의 진술은 고문에 의한 허위자백이었음

신민회의 주요 인물들
왼쪽 위부터 안창호, 전덕기, 양기탁, 이동녕, 김구, 조성환, 신채호, 이동휘, 이갑.

도 만천하에 알려졌다.

한편 105인 사건 공판 과정에서 검찰은 신민회가 각 도별, 군별 조직을 갖춘 대규모 비밀결사로 국내 회원 수는 12만 명에 달한다고 주장했다. 또 북미주, 하와이, 시베리아, 만주 등지의 국외에도 회원이 10만 명에 이른다고 했다. 그러나 이는 크게 부풀려진 숫자였다. 안창호는 훗날 신민회 회원이 3백 명 정도였다고 했고, 양기탁은 100명 정도였다고 말했다.

'신민회'는 안창호가 1907년 2월 귀국한 뒤 서울에서 양기탁·유동열 등과 상의하고 서북 지방 순회강연 시 이승훈과 상담하여 비밀리에 창립한 것으로 보이지만, 창립 시기는 정확히 알 수 없다. 신민회의 지방 조직은 평북과 평남에 주로 만들어졌다. 평남 조직은 평양을 중심으로 최광옥-안태국-장응진으로 이어지는 교육사업 종사자들이 만들었으며, 구성원은 주로 신민회 표면단체인 청년학우회, 동제회, 장학회 등의 회원이었다. 평북 조직은 선천과 정주를 중심으로, 이승훈을 정점으로 하는 양준명-이용화-홍성린 등 상공업자들의 인맥에 의해 만들어진 것으로 보인다.

신민회는 주로 교육과 실업의 진흥과 같은 실력양성을 통해 국권을 회복한다는 목표로 결성된 비밀결사였다. 표면단체로는 청년들의 인격수양을 표방하는 '청년학우회'를 조직하여 활동했다. 신민회는 내적으로 공화주의를 지향하고 국권회복운동을 목표로 했기 때문에, 공개적인 단체가 아닌 비밀결사의 형태를 취했다.

신민회의 활동은 교육운동, 계몽강연, 서적 및 잡지 출판운동, 산업진흥운동, 독립군 기지 창건운동 등으로 전개되었다. 교육운동은 주로 학교 설립운동으로 나타났는데, 정주의 오산학교, 평양의 대성학교를 비롯하여 서북 지방과 중부 지방에서 수십 개의 학교가 회원들에 의해 설립되었다. 또 회원들은 각지에서 계몽강연을 통해 애국주의, 민족의식, 민권사상, 구습타파의식 등을 고취하는 데 힘썼다. 또 『대한매일신보』를 사실상의 기관지로 활용했으며, 평양·서울·대구에 각각 태극서관을 두고 출판물을 보급했다. 산업운동으로서 평양 마산동에 자기제조주식회사를 세우고 협성동사·상무동사·조선실업회사 등의 회사도 세웠다.

그러나 신민회의 활동은 1909년 안중근의 이토 히로부미 사살 사건을 전후하여 벽에 부딪쳤다. 일제의 감시를 받고 있던 안창호를 비롯해 이갑·이동휘·신채호·조성환 등은 더 이상 국내에서 활동하기 어렵다고 판단하고 1909년에 미국과 러시아령 연해주, 서북간도 등지로 망명했다. 또 이회영·이시영 6형제와 이상룡·주진수 등 회원은 서간도로 이주하여 독립군 기지 건설사업에 착수했다.

일본이 대한제국을 병합한 1910년 8월 이후 신민회의 진로를 모색하는 회의가 국내외에서 열렸다. 국내에 있던 양기탁·이동녕·안태국·김구 등의 신민회 회원들은 서울 양기탁의 집에서 모임을 가졌고, 국외에 있던 안창호·신채호·이갑 등은 중국 산둥성 칭다오에서 모임을 가졌다. 이들 모임에서는 안창호의 준비론보다 독립전쟁론이 우세했다. 결국 신민회는 독립전쟁에 대비하기 위해 무관을 양성하기로 하고, 이를 위한 자금을 조달하고자 했다. 그러나 이는 성공하지 못했다. 그런 가운데 신민회 조직은 1911년 일제가 조작한 105인 사건을 계기로 와해되고 말았다.

한편 1908년 9월 조직된 '달성친목회'는 친목을 표방한 계몽운동단체로, 1910년 국권상실과 함께 겨우 명맥을 이어오다가 1913년 9월 서상일에 의해 조직이 정비·강화되면서 비밀결사의 성격을 띠게 된 것 같다.

서상일은 윤창기, 이시영, 박영모 등과 함께 상업 시찰이라는 명목으로 1911년 만주와 노령을 여행하면서 독립운동 상황을 둘러보고 1913년 귀국했다. 귀국한 그는 달성친목회를 재건했다. 그러나 대구경찰서는 달성친목회가 조선 청년을 규합하여 배일사상을 고취하고 있다고 보고 1915년 4월 강제로 해산조치를 취했다.

1915년 정월 달성친목회의 서상일·윤상태·이시영·정운일·홍주일·박영모·서병룡·윤창기 등은 국내에서 세력을 확장하고 해외의 독립운동 세력과 연계해 최후의 독립을 쟁취한다는 목표로 '조선국권회복단'을 결성했다. 통령 윤상태(달성), 외교부장 서상일(대구), 교통부장 이시영(대구)·박영모(합천), 기밀부장 홍주일(달성), 문서부장 이영국(대구)·서병룡(대구), 권유부장 김규(아산), 유세부장 정순영(대구), 결사대장 황병기(전라도), 마산지부장 안확 등이 임원이 되었다.

조선국권회복단은 1919년 조직이 드러날 때까지 다양한 활동을 전개했다. 이들은 먼저 군자금을 모집했다. 3·1운동 직후 이시영은 만주, 김관제는 경남 동부로 향했으며, 변상태는 경남 서부 각지를 순회하며 시위를 계획하여 4월 3일 창원군의 진동·진북·진전면 만세시위를 주도했다. 이때 그는 곧 피신하여 체포를 면할 수 있었다.

조선국권회복단은 1919년 4월 초 상해 임시정부에 15,000원의 자금을 모아 송금했다. 또 경상도 유림들이 중심이 된 독립청원운동과도 깊은 관련을 가졌다. 단원 중 장석영과 우하교가 청원서에 연서했고, 윤상태는 김응섭과 조긍섭으로 하여금 국권회복단 대표로 독립청원서를 준비하게 하고 영문으로 번역하도록 했다. 김응섭과 남형우는 이것을 상하이로 가져갔다. 그러나 독립청원서는 일경에게 탐지되었고, 동지 정진영의 밀고로 연루된 28명 중 13명이 체포되었다.

'조선국민회'는 1917년 3월 장일환·배민수·백세빈 등 평양숭실학교 출신의 청년학생들이 결성한 항일 비밀결사였다. 장일환은 평양 출신으로, 1913년 안창호의 후원으로 평양에서 청산학교를 설립하고 미국 선교사와 함께 연화교회를 설립한 인물이다. 그는 1914년 9월 미국 하와이로 건너가 대한인국민회 지도자였던 박용만을 만났다. 1915년 4월 귀국한 장일환은 목포 출신의 서광조와 강석봉, 그리고 백세빈을 만나 조선국민회의 조직에 대해 협의했다. 장일환은 1917년 2월 배민수·김형직 등과 구체적인 단체의 조직을 협의했다. 3월 23일 장일환을 비롯한 10명의 회원들은 조선국민회를 결성했다.

조선국민회 임원은 회장 장일환, 통신원 겸 서기 배민수, 외국통신원 백세빈 등이었다. 각 지역 책임자는 경상도 오병섭, 전라도 강석봉, 황해도 노선경이 맡았다. 회원은 평양숭실학교 재학생과 졸업생, 그리고 숭실학교와 관련이 있는 인물들로 구성되었다. 다른 회원들은 평양신학교, 연희전문학교, 군산영명학교 졸업생 및 재학생들이었다.

강석봉은 목포 출신으로 1900년 부친과 하와이로 이주했다가 1909년 귀국했다. 서광조 역시 목포 출신이다. 백세빈은 중국 안동현에 거주하면서 미주에서 발간되던 『국민보』, 『신한민보』를 배포했다. 배민수는 당시 숭실학교 학생이었다. 그의 부친 배창근은 구한말 청주진위대 하사로 근무하다가 1907년 군대가 해산되자 의병장으로 봉기하여 일본군 2명을 총살했으며, 1908년 8월 서대문 감옥에서 순국했다. 김형직은 평남 대동 출신으로 숭실중학을 중퇴하고 모교인 신명학교와 서당의 교사로 있었다.

조선국민회는 일본의 중국 침략전쟁이 멀지 않다고 보고, 이를 기회로 삼아 독립을 달성하고자 했다. 이들은 재미국민회 등 재외 동포와 연락을 도모하고, 간도 방면에 점차 세력을 부식한다는 방침을 세웠다. 조선국민회의 활동은 독립운동의 근거지 구축과 조직 확대, 그리고 교육 활동으로 전개되었다. 하지만 1918년 2월경 경찰에 조직이 노출되어 25명이 체포되었다. 장일환 등 13명의 중심인물은 재판에 회부되어 최고 3년형을 선고받았다. 조선국민회는 이처럼 일경에 발각되어 해산되었으나, 그 잔여 조직은 3·1운동 당시 평양 지역 시위운동에서 중요한 역할을 담당했고, 1919년 9월 박인관이 결성한 '대한국민회'로 계승되었다.

서북간도에 독립운동 근거지를 만들다

서북간도로의 이주와 망명

흔히 말하는 간도는 북간도(백두산의 동북방, 두만강 대안)와 서간도(백두산의 서남방, 압록강 대안)로 나뉜다. 그중 가장 큰 규모의 한인 사회가 형성되었던 북간도는 연길, 화룡, 왕청, 훈춘 등 4개 현이 중심이었으나, 넓게는 액목·돈화·동녕·영안·안도현까지 아울러 지칭하기도 했다. 서간도는 압록강 북쪽으로부터 송화강 중상류 지역까지를 가리킨다. 서간도에는 집안·통화·유하·회인·관전·임강·장백·무송·흥경(현 신빈)·해룡 등의 현이 자리

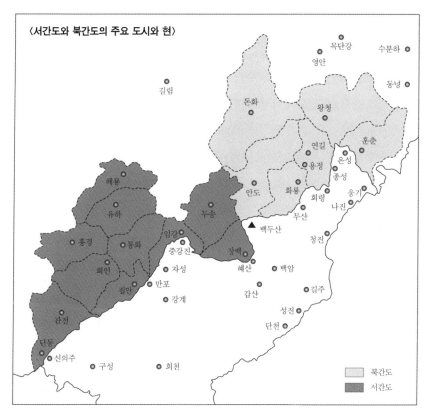

〈서간도와 북간도의 주요 도시와 현〉

목단강　수분하
영안
동녕
길림
돈화　왕청
해룡
유하　연길　훈춘
용정　온성
홍경　봉화　안도　화룡　종성
임강　회령　웅기
중강진　무송　나진
회인　장백　무산
집안　만포　해산　백암　백두산　청진
관전　자성　갑산　길주
단동　강계　성진
신의주　구성　회천　단천

북간도
서간도

잡고 있다.

　19세기 중엽 조선인들이 압록강과 두만강을 넘어 서북간도와 연해주로 이주했던 직접적인 동기는 기아와 빈곤 등 열악한 경제 상황에서 벗어나려는 것이었다. 특히 1869~1871년 사이 함경도와 평안도 지방의 대흉년은 서북 지방 주민들을 기아 상태에 몰아넣었다. 때문에 이 지역 사람들은 살기 위해 강을 건너지 않을 수 없었다.

　그 무렵 회령부사로 부임한 홍남주는 기아에 허덕이는 주민들을 구제하기 위해 두만강 너머 개간의 필요성을 느끼고, 월강을 원하는 주민들에게 '월강청원서'를 내도록 하는 한편, 두만강 건너편을 간도[間島], 즉 '사잇

섬'이라 명명했다. 이후 강을 건너는 주민들이 급격히 늘어났다.

북간도 이주 초기 단계에 조선인들은 두만강변의 무산, 종성, 회령 등지에서 강을 건넌 뒤 강기슭의 산골짜기를 따라 해란강 이남 일대, 곧 두만강변에서 멀지 않은 분지와 산기슭에 촌락을 형성했다. 한인들이 북간도에 정착하자 각지에서 벼농사가 시작되었다. 벼농사가 처음 시작된 것은 대체로 1900년경으로 알려져 있다. 최초로 벼농사가 시작된 곳은 용정시 개산둔지 천평 일대와 용정 부근 해란강변의 서전대야 일대였다.

북간도로 간 이주민들은 함경북도 출신이, 서간도는 평안북도 출신이 다수였다. 1904년 당시 서북간도의 한인 78,000명 가운데 함북 출신은 32,000명, 평북 출신은 23,500명으로, 2개 도 출신이 전체의 70% 이상을 차지했다.

민족운동가들의 북간도 망명은 1908년경부터 시작되었다. 1907~08년 관북 지방에서 활동하던 의병, 특히 함북 경성의 이남기·최경희를 비롯하여 김정규·지장회 등은 1908~09년 북간도와 연해주로 집단 망명했다. 또 함남의 북청·삼수·갑산 일대에서 활발한 유격전을 수행하던 홍범도·차도선 등은 북간도와 연해주로 넘어가 재기를 노리고 있었다.

한편 국내에서 자강운동에 참여했던 이들도 을사조약 이후 대거 망명길에 올랐다. 이상설·이동녕·정순만·여준 등은 1906년부터 용정촌을 독립운동 기지로 삼기 위해 북간도로 망명했다. 이들은 1906년 8월 용정촌에 정착하여 민족주의 교육의 요람인 서전서숙을 열었다. 다음으로 독립운동 기지 건설이 착수된 곳은 북만주의 밀산이었다. 1907년 헤이그 특사로 갔던 이상설은 이후 블라디보스토크로 가서 블라디보스토크 한민회장 김학만, 그리고 정순만·이승희 등과 함께 1909년 여름부터 밀산의 독립운동 기지 건설을 추진했다. 그리하여 중·러 접경지대인 홍개호 북쪽의 중국령 밀산부 봉밀산 일대에 한인들을 집단이주시켜 한홍동을 건설하고, 한인 자제의 교육을 위한 한민학교를 건립하면서 독립운동 기지를 건설해 나갔다.

강제병합이 이루어진 1910년을 전후해서는 대종교 계열의 인물들도 북간도로 대거 망명했다. 대종교 창시자인 나철을 비롯하여 임원인 서일·계화·박찬익·백순·현천묵 등도 북간도 연길·화룡·왕청 일대로 망명하여 한인학교를 세우고 민족주의교육에 뛰어들었다. 대종교 인물들은 화룡현 삼도구 청파호에 대종교 북도 본사를 세워 포교 활동을 전개했다.

한편 서간도로 조선인들의 이주가 시작된 것은 19세기 중엽부터이다. 특히 1869년 대기근 이후 북간도와 마찬가지로 많은 사람들이 압록강을 건너 서간도로 이주했다. 1869년 이후 3년 동안 평안도 사람 6만 명이 서간도로 넘어갔다. 청국이 1875년 봉금령을 폐지하자 조선 사람들의 서간도 이주가 본격화되었다. 1897년에 통화·환인·관전·신빈 등지로 이주한 사람은 이미 8,772호에 37,000여 명이나 되었다. 이에 조선 정부는 이들을 보호할 목적으로 1897년 서상무를 서변계관리사로 임명하여 서간도로 파견하기도 했다. 1900년 평북관찰사 이도재는 서간도 지역을 적절히 배분하여 후창·자서·강계·초산·벽동 등 각 군의 관할로 배속시켰다. 1902년 서간도 이주민은 9,753호 45,593명에 달했다.

청국은 서간도 이주민들을 통제하기 위해 각지에 군대를 주둔시키고 지방관을 파견하여 행정기구를 증설했다. 또 조선인들의 황무지 개척을 장려하기 위해 토지소유권을 인정해주고, 대신 세금을 받기 시작했다. 그러나 다른 한편 이주민들에게 변발과 호복朝服을 강요하고 청국에 입적할 것을 종용했다. 소작농의 경우 중국인 지주들의 수탈도 극심했다. 때문에 조선인들은 대체로 곤궁한 생활을 하지 않을 수 없었다.

서간도 지역 이주민 사회는 처음 파저강(또는 동가강)이라 불리던 혼강 유역(통화현)을 중심으로 형성되었다. 이 지역이 벼농사가 가능했기 때문이다. 통화현의 조선인 이주민은 1912년 10,275명에 달했다. 신의주 대안의 안동, 봉성현, 그리고 관전현 등은 양국의 교통로 부근으로 조선인들이 다수 모여 살았다. 1904년 안동·봉성현에는 1,402명이, 관전현에는 3,720명이 살고 있었다. 그리고 1911년 압록강 철교가 준공된 이후에는 이주민의 수가 크게 늘어났다. 환인현의 경우는 이주가 다소 늦어 1907년 2,005명의 이주민이 있었으며, 유하현의 경우에는 1912년 당시 5,356명의 이주민이 있었다.

서간도 지역의 관전현과 유하현 일대를 항일운동 기지로 삼을 것을 처음 구상한 이들은 항일의병이었다. 1896년 유인석의 제천 의병 계열 인물들이 평안도 지역을 경유하여 통화현 오도구에 들어와 정착하면서 이 지역이 항일운동 기지로 부상하기 시작했다. 당시 유인석을 따라 이주한 이들은 70~80명에 이르렀다. 또 평북 의병장 조병준·전덕원을 비롯하여 황해도 평산 의병대의 이진룡과 조맹선·우병렬·백삼규, 그리고 강원도의 박장호 등도 서간도로 망명했다.

1910년 강제병합 이후 망명자는 더욱 늘어났다. 왕산 허위의 형 성산 허겸이 허위의 처와 자식 등 일가족을 거느리고 1912년 통화현으로 망명

서간도 독립운동 기지 개척의 주역 이회영

북간도 민족운동의 요람인
명동학교(위)
은진중학교(아래)

했다. 본격적인 망명은 신민회 계통의 운동가들에 의해 이루어졌다. 이들은 신민회가 추진한 독립군 기지 건설사업과 관련하여 조직적으로 서간도로 망명했다. 이회영·이시영 6형제를 비롯하여 이동녕·이상룡·김창환·주진수·김대락 등의 선발 망명대는 1911년 초까지 환인현 횡도천과 유하현 삼원포 일대에 도착해 독립운동 기지 건설을 위한 토대를 닦았다. 이회영 일가의 경우 50여 명의 가족이 선대로부터 물려받은 토지를 일시에 처분하고 1910년 말 압록강을 건넜다. 안동 천전의 김대락도 50명의 대가족을 이끌고 압록강을 건넜다. 안동의 이상룡·주진수가 망명한 뒤, 이들의 영향으로 영양·봉화·안동 등지에서 1911년에 87명이, 1912년에는 1,092명이 서간도로 이주했다.

서북간도 지역의 자치운동과 민족운동

1911년 신해혁명으로 중화민국이 세워지고 쑨원孫文이 이끌던 난징 임시정부가 '연성자치제聯省自治制'를 내세우자 북간도 한인들은 민족자치운동을 시작했다. 북간도의 한인 지도자들은 간민교육회를 간민자치회墾民自治會로 발전시켜 중국 정부의 보호 아래 자치를 실시해 간도를 항일운동의 기지로 만들고자 했다. 이동춘 등 4명의 대표는 간민자치회 설립을 승인받고자 베이징에서 리위안홍黎元洪 임시정부 부총통을 만났으며, 1913년 2월 4일 당시 국자가局子街라고 불렸던 연길에서 총회를 열어 자치단체 설립을 추진했다. 중국 정부의 요구에 따라 명칭은 '자치'라는 표현을 뺀 간민회로 정했으며, 3월에는 길림성의 지방행정당국으로부터 설립 승인을 받았다. 그리고 4월 26일 정식 총회를 열어 규약과 조직체계 등을 확정했다. 회장은 명동학교 교장이던 김약연이 맡았으며, 국자가에 총회를 두고 화룡현과 왕청현 등에 분회를 두었다.

간민회는 북간도 거주 한인의 자치기관으로 설립된 것이었다. 따라서 한인에 대한 행정관리를 중국 지방정부와 협의하고, 세금 징수 등의 행정 업무를 대신하기도 했다. 간민회는 일본의 통제를 벗어나 중국 정부와 법률의 보호 아래 자치를 실시하려는 목적에서 중국 국적을 얻는 입적入籍운동을 전개했다. 그리고 문맹퇴치와 사숙私塾개량, 식산흥업 등 신문화운동을 벌이며 재만 한인의 생활을 보호하고 민족의식을 고취했다. 아울러 연해주에서 조직된 권업회 등과 협력을 추진하기도 했다.

그러나 간민회의 활동은 유림의 반발을 사서 그들이 조직한 농무계農務契, 공교회孔教會 등과 대립했다. 유림은 중국으로 입적하는 것은 조상을 배반하는 일이라며 반발했고, 신문화운동에도 반대했다. 1914년 농무계는 간민회가 회비를 강제징수하며 농민들에게 부담을 안기고 있다며 지방행정당국에 신고했다. 중국 정부는 간민회와 농무계의 대립이 일본의 간섭을 불러올 수 있다고 보고 간민회 활동을 단속했다. 그리고 1914년 3월 위안스카이袁世凱가 연성자치기관의 철폐를 명령하자, 이를 근거로 간민회와 농무계를 모두 해산시켰다. 그러나 간민회는 해산 이후에도 일성한 조직을 유지했고, 이는 1919년 3·1운동 이후에 북간도에서 만들어진 '대한국민회'(간도국민회라고도 함)의 기반이 되었다.

을사늑약 이후 북간도로 망명한 이상설·이동녕·여준·정순만·김우용·박정서·황달영·홍창섭 등은 간도의 한인 자제들에게 교육을 통해 독립사상을 고취할 목적으로 학교 설립을 추진했다. 이들은 1906년 교통의 요지인 중국 길림성 연길현 용정촌에 있는 최병익의 집을 매입하고, 서전평야에서 이름을 따 사립학교 서전서숙을 설립했다. 초대 숙장은 이상설, 운영은 이동녕·정순만 등이, 교사는 이상설·여조현·김우용·황달영 등이 맡았다. 그러나 1907년 4월 이상설이 이동녕·정순만과 함께 헤이그 만국평화회의에 파견되었다가 돌아오지 못하게 되자, 서전서숙은 재정난에 처했다. 특히 1907년 7월 통감부의 간도출장소가 설치된 뒤 일본의 방해와 감시가 심해졌다. 통감부 간도출장소 측은 항일교육의 근절을 위해 간도보통학교를 세우고 매월 20원의 보조금을 내겠다는 회유책을 제시했지만, 서전서숙은 이를 거절했다. 서전서숙은 훈춘 방면의 탑두구 근처로 옮겨 갑반 학생들만 수업을 계속하다가 그해 8월 졸업식을 갖고 결국 폐교했다.

명동학교는 1908년 4월 김약연 등이 중국 길림성 용정시 명동촌에 세운 학교로서, 1925년 문을 닫을 때까지 1,200여 명의 졸업생을 배출했다. 명동촌은 함경북도 회령과 종성에 살던 문병규·남종구·김약연·김하규 등이 1899년 가족을 이끌고 집단이주하여 만든 마을이다. 1906년 이상설과 이동녕 등이 용정에 근대적 민족교육기관인 서전서숙을 세우자, 김약연은 남위언과 사촌동생인 김학연 등을 보내 신학문을 배우게 했다. 그리고 1907년 서전서숙이 1년 만에 문을 닫자, 명동촌에 있던 규암재 등의 사숙을 통합하여 1908년 4월 명동서숙을 세웠다. 명동서숙은 박정서와 여준이 숙장과 교사로 참여하는 등 서전서숙을 직접 계승하여 만들어졌다.

명동서숙은 1909년 이름을 명동학교로 바꾸고 김약연을 교장에 앉혔으며, 신민회의 북간도교육단 책임자 정재면을 교사로 초빙했다. 독실한 기독교 신자였던 그는 명동촌의 지도자 김약연을 기독교로 개종시켰다. 이후 명동학교의 교육은 기독교교육과 민족교육을 결합한 것이 되었다. 명동학교는 1910년 중등교육과정을 설치하고 역사학자 황의돈, 한글학자 장지영, 박태환 등을 교사로 초빙했다. 1911년에는 여학부女學部도 설치했다. 학교의 명성이 높아지자 명동학교에는 북간도뿐만 아니라 연해주와 국내의 회령 등지에서도 학생들이 모여들었다. 그리하여 1911년 학생 수는 소학부 280명, 여학부 65명, 중학부 160명에 이르렀다.

명동학교는 수많은 항일 독립운동가를 배출했다. 1919년 3월 13일 용정에서 대한독립선언대회를 주도한 '충렬대'는 명동학교와 화룡현 자동滋洞의 정동학교 학생들을 중심으로 구성되었다. 대한국민회의 주요 인물들도 대부분 명동학교 출신이었다. 이처럼 명동학교가 북간도 민족운동가 양성의 요람으로 자리 잡자, 1920년 청산리전투에서 패배한 일본군은 간도 참변 당시 명동학교에 불을 질렀다. 이로 인해 명동학교는 임시건물을 지어 학생을 가르쳤으나 학교운영은 여의치 않았다. 결국 1925년 중등교육과정은 용정의 은진중학교와 통합시켰으며, 소학교는 명동교회가 운영하며 1930년대 초까지 명맥을 유지했다. 북간도에는 그 밖에도 창동학교, 광성학교, 대전학교, 북일학교 등이 있었다.

한편 신민회는 1910년 봄 서울 회의에서 만주에 독립운동 기지를 건설하기로 결정했다. 그에 따라 그해 여름 이회영·이동녕·주진수 등이 만주로 가서 독립운동 기지로 적합한 곳을 물색했다. 그 결과 서간도가 가장 유력한 곳으로 꼽혔다. 1910년 말부터 1911년 초에 걸쳐 이회영 6형제와 이상룡·김창환·이동녕·여준 등 각도의 대표 인사 100여 명은 가산을 처분하고 가족과 함께 서간도 삼원보로 이주하여 독립운동 기지 건설에 착수했다.

1911년 4월 요녕성 류하현 삼원보 고산자에서 이주민 300여 명은 대회를 열어 '경학사'를 조직하기로 하고, 사장에 이상룡, 내무부장에 이회영 등을 선임했다. 경학사는 이주민들의 자치기구로서 농업과 교육에 중점을 두었다. 특히 구국 인재를 양성하기 위해 신흥강습소를 설립하여 민족교육과 군사교육을 시작했다. 신흥강습소의 초대 교장은 이동녕이 맡았다. 그러나 사업은 순조롭게 진행되지 않았다. 1911년과 이듬해의 대흉작과 풍토병으로 커다란 어려움에 부딪친 것이다. 또 중국인들 사이에서 한국인에게 토지를 매매하는 것을 거부하는 등 배척운동이 일어났다. 독립운동 기지 건설은 어려움에 봉착했고, 결국 이동녕은 시베리아로, 이시영은 봉천으로 새로운 길을 찾아 떠났다.

이런 상황에서도 서간도로 이주해오는 한인들은 계속 늘어났다. 이에 삼원보에서 남쪽으로 90리 정도 떨어진 통화현 합니하에서 1912년 '부민단'이 조직되었다. 부민단은 "부여의 옛 땅에 부여 유민이 부흥결사를 세운다"는 뜻이었다. 초대 총장은 허혁이었으며, 곧 이상룡으로 교체되었다. 부민단은 재만 한인의 자활, 복리증진, 교육, 독립운동 기지 건설 등을 주된 목적으로 했다. 특히 자활과 교육사업에 중점을 두었고, 이주 한인들의 보호와 애국청년 육성에 주력하면서 재만 독립운동의 기초를 마련했다.

앞서 본 것처럼 1911년 4월 이회영·이시영 6형제와 이동녕·이상룡 등은 삼원보에서 자치기관으로 경학사를, 부설기관으로 신흥강습소를 설립했다. 그리고 1912년 부민단은 삼원보에 있던 신흥강습소를 합니하로 옮겨와 신흥학교로 이름을 바꾸고, 이석영의 재정후원을 받아 새 교사를 건축했다. 초대 교장은 여준, 교감은 윤기섭이 맡았으며, 나중에 교장 이세용, 교감 이상룡으로 바뀌었다. 중학교 수준의 4년제 본과 외에 6개월 또는 3개월 과정의 속성 별과를 두어 젊은 인재들을 교육했다. 비록 무관학교라는 이름은 아직 붙이지 않았으나, 교과 내용은 군사교육에 역점을 두고 있었다. 특히 본과에서는 일반 중학 과정에 무관교육을 겸하여 문무쌍전의 신교육을 실시했다. 일제의 정보보고서에 의하면, 1914년 9월 현재 신흥학교 학생은 약 40명 정도였으며, 18~19세부터 24~25세 사이의 청년들이 중심이었다고 한다. 졸업생들은 신흥학우단을 조직하여 서간도 일대에서 이주 한인들의 계몽과 교육사업을 담당했다. 또 부민단과 함께 백두산 서쪽에 백서농장을 건설했다. 이곳에서는 신흥학교 졸업생 등 4백여 명이 모여 농사를 지으면서 동시에 군사 훈련을 받았다.

한편 서간도 환인현에는 후일 대종교 3대 교주가 되는 윤세복과 그의 형 윤세용이 세운 동창학교가 있었다. 이들은 고향인 경남 밀양에서 가산을 팔고 서간도로 망명하여 환인현 서문 성안에 동창학교를 세웠다. 교장은 경북 예안 출신의 이동하가 맡았으며, 박은식과 신채호가 이어서 한국 역사를 가르쳤고, 주시경의 제자인 김진이 국어를 가르쳤다. 동창학교는 일본의 압력을 받은 중국 측의 강압으로 1919년 폐교되고 말았다. 이후 윤세복은 무송으로 옮겨가 대종교인을 중심으로 흥업단을 조직하여 항일운동을 계속했다. 그는 또한 동창학교를 계승한 백산학교를 설립하고, 1924년에는 대종교 제3대 교주가 되었다.

러시아와 미주에서 독립운동이 시작되다

러시아 연해주로의 한인 이주와 독립운동

러시아는 1860년 베이징조약에 의해 시베리아 연해주를 점유한 뒤 이 지역을 개척하기 시작했다. 최초로 러시아 연해주로 이주한 한인들은 경흥의 13가구로서, 이들은 1863년경 두만강을 건너 연추 부근의 지신허에 정착했다. 이후 함경도와 평안도의 가난한 농민들이 연해주로 이주하기 시작했다. 그리고 지신허에 이어 1865년에는 추풍秋風(수이푼) 지역에도 100여 호에 달하는 한인촌이 성립되었다. 추풍은 소왕령이라 부르던 니콜리스크의 서쪽으로, 중국에서 발원하여 연해주로 흘러드는 수분하 일대를 일컫는 넓은 의미의 지역 개념이다. 수분하 일대는 평원으로 농경에 적합했기 때문에 한인 농민들이 이곳에 정착했던 것이다.

1860년대 후반과 1870년대에는 더욱 많은 한인들이 연해주로 이주하여 니콜리스크(현 우수리스크)와 하바롭스크, 사만리, 블라디보스토크 한인촌이 개척되었으며, 흑정자, 녹둔, 도비허, 남석동, 와봉, 시지미, 아지미, 수청(빨치산스크) 등도 이 시기 개척되었다. 블라디보스토크의 한인촌인 개척리는 시가 중심지에 자리 잡았으나, 1911년 콜레라 근절이라는 명분을 내세워 러시아 당국이 강제로 한인촌을 철거시켰다. 한인촌은 러시아 당국이 지정한 서북편 변두리 지역으로 옮겨졌다. 이곳은 처음에는 신개척리라고 불리다가, 뒤에 새로운 시가지가 이곳에 건설되면서 '신한촌'이라 명명되었다.

초기 이주 한인들의 수는 정확히 알기 어렵다. 이주민 가운데는 러시아로 귀화한 이들과 귀화하지 않은 이들이 있었기 때문에 전체 한인의 수를 파악하기 어려운 것이다. 러시아 측 자료에 의하면 러시아로 귀화한 이른바 '원호元戶'를 중심으로 러시아 여권을 가진 한인들이 1902년에 32,298명, 1908년에 47,289명에 달했다고 한다. 비귀화 한인들이 전체의 30% 정도였음을 감안하면, 1908년 한인의 수는 6만여 명에 달했을 것으로 추정된다. 한인들의 연해주 이주는 러일전쟁이 끝난 1905년 이후 더욱 급증했다. 이 시기에는 을사늑약, 정미 7조약, 군대 해산, 의병 탄압 등으로 인한 정치적 망명도 속출했다. 이들 가운데 많은 이들이 블라디보스토크와 연추 등지를 중심으로 활동을 시작했다. 1910년대 한인 인구는 10만 내지 20만 명 정도로 추산된다. 이 시기에 주요 한인촌이 형성된 지역은 해삼위(블라디보스토크), 연추(크라스키노), 묵허우(포세트), 툴남위, 하마탕, 수청(빨치산스크), 추풍(수이푼), 화발포(하바롭스크), 니항(니콜라옙스크), 아지마, 소왕령(니콜리스크) 등이었다. 연해주의 한인 사회는 도시와 농촌을 막론하고 자치기구를 만들어 한인들의 상부상조와 지위향상을 꾀했다.

연해주에서의 독립운동은 1910년 이전에 의병으로 시작되었다. 연해주의 의병은 크게 두 계통으로 구성되었다. 하나는 연해주의 이주 한인 사회에서 조직한 것이고, 다른 하나는 국내에서 활동하던 의병이 연해수도 건너온 것이다. 연해주에서 처음으로 의병을 조직한 이는 간도관리사 이범윤이었다. 그는 1902년 간도시찰원, 1903년 간도관리사로 임명되어 간도 지역의 한인 보호를 위해 노력한 인물이다. 러일전쟁이 발발하자 이범윤은 함경도 일대의 산포수를 중심으로 조직한 충의대를 이끌고 함경도 지역에서 항일전을 벌이기도 했다. 러일전쟁이 끝난 뒤인 1905년 11월에는 충의대를 이끌고 두만강을 건너 중국 훈춘에 잠시 머물다가, 1906년 초 연해주 연추로 이동하여 이곳에서 최재형의 도움을 얻어 의병을 조직했다. 최재형은 연추에 주둔하던 러시아 기병대에 소고기를 공급하면서 상당한 부를 축적했으며, 자신의 재력으로 한인학교와 교회를 세우고, 블라디보스토크에서 『대동공보』를 간행하기도 한 인물이다.

한편 1908년에는 국내의 저명한 의병장 유인석도 이곳으로 망명해왔다. 유인석은 1895년 을미의병에 참여한 이후 평안도, 함경도, 서간도 일대를 돌면서 재기의 기회를 모색하고 있었다. 그러나 을사늑약 이후 국내에서의 항전을 포기하고 새로운 항전 기지를 찾아 연해주로 들어온 것이다. 유인석은 연해주에서 여러 세력을 모아 1910년에 의병 세력의 통합체인 십삼도의군을 결성하고, 자신이 도총재를 맡았다.

또 한 사람의 저명한 의병장은 홍범도이다. 그는 함남의 북청·삼수·갑산 등지에서 활동한 의병장으로, 주로 산포수 출신들로 의병을 조직했다. 그러나 1908년 후반기에 접어들면서 무기와 탄약이 거의 떨어져 어려움을 겪다가 그해 12월 간도를 거쳐 연해주로 건너갔다. 홍범도도 연추의 최재형을 찾아가 도움을 요청했다. 그리고 1909년 7월에는 추풍(수이푼)으로 북상하여 그곳의 한인 마을들을 찾아다니면서 직접 군자금을 모금했다. 그 결과 1910년경 그는 약 250명의 의병으로 구성된 의병부대를 이끌 수 있었다.

당시 연해주 지역의 의병은 주로 러시아 측의 무기를 러시아 군인들이나 무기상을 통해 구입하여 무장했다. 블라디보스토크에서는 외국 수출 명목으로 총기를 구입하는 경우 러시아 관헌이 허락해주었다고 한다. 또

러일전쟁에 참전한 러시아 군인들이 무기를 방매하는 경우도 많았기 때문에 무기를 구하는 일은 그리 어렵지 않았다.

연해주 의병들은 국내 진공 작전을 목표로 삼고 있었다. 그런 가운데 일단의 의병부대가 1908년 7월 연추를 출발하여 두만강 하구의 국경을 건너 함경북도로 들어왔다. 이 부대의 총지휘자는 김두성이라 기록되어 있으나, 이는 유인석의 가명으로 추정된다. 총대장은 이범윤이었으며, 휘하에 도영장 전제악(전 성진경무관), 좌영장 안중근, 우영장 엄인섭 등의 지휘관을 거느렸다. 안중근은 훗날 재판 과정에서 이 의병부대를 '대한국독립의용군'이라 칭하고, 자신은 그 부대의 참모중장이라고 말했다. 국내에 침투한 의병은 약 200~300명 정도로 추산되며, 부대를 이끌고 들어온 실제 지휘자는 안중근으로 추정되고 있다. 이들 의병은 경흥군 신아산과 홍의동에 들어와 일본군 수비병과 헌병을 사살하고, 이후 회령으로 진출을 꾀했다. 그러나 일본군 회령수비대는 의병의 퇴로인 두만강을 차단하고 2백 명을 파견하여 사방에서 의병을 포위했다. 결국 의병부대는 7월 21일 저녁 4시간 동안 일본군과 치열한 전투를 벌인 끝에 패하고 말았다(회령군 영산전투). 이후 살아남은 의병들은 뿔뿔이 흩어져 두만강을 건너 간도와 연해주로 귀환했다.

이 의병부대를 이끈 것으로 보이는 안중근도 영산전투에서 패한 뒤 우덕순·갈화춘·김영시 등과 함께 간신히 포위망을 벗어나 두만강을 건넜다. 연추로 귀환한 안중근은 이후 한인 사회를 찾아다니면서 계몽운동을 펼쳤다. 또 1909년 3월 5일에는 연추 하리마을에서 김기룡·황병길 등 11명과 함께 '조국 독립 회복과 동양 평화 유지'를 위해 헌신하는 '동의단지회'를 결성했다. 이들은 함께 왼손 무명지 첫 관절을 잘라 선혈로 '대한독립'이라는 글자를 쓰고 독립만세를 불렀다. 안중근은 그해 10월 이토 히로부미가 러시아 대장성대신 코코프제프와 회담하기 위해 만주 하얼빈에 온다는 소식을 듣고, 의병 전우였던 우덕순과 함께 하얼빈으로 갔다. 안중근와 우덕순은 10월 21일 하얼빈에 도착해 거사를 준비했다. 우덕순과 하얼빈에서 합류한 조도선은 채가 구역에서 기회를 보기로 했고, 안중근은 하얼빈역에서 기회를 보기로 했다. 그러나 우덕순과 조도선은 기회를 얻지 못했고, 하얼빈역에서 기다리던 안중근은 이토가 열차에서 내려 각국 사절단의 인사를 받는 틈을 타 세 발의 탄환으로 이토를 거꾸러뜨렸다. 이토는 열차 안으로 옮겨져 응급치료를 받았으나 20분 뒤에 사망했다. 안중근은 현장에서 체포되어 러시아 검찰관의 심문을 받은 뒤, 바로 일본영사관에 넘겨져 영사관 지하감방에 구금되었다. 다음 날 우덕순과 조도선도 체포되었다. 안중근·우덕순 등은 11월 1일 하얼빈에서 여순으로 이송되어 여순감옥에 투옥되었다. 안중근은 재판을 거쳐 1910년 2월 14일 사형을 언도받았으며, 3월 26일 순국했다.

한편 1910년에 들어서면서 연해주의 여러 의병부대들을 단일 군단으로 통합하자는 움직임이 시작되어, 그해 6월 21일 '십삼도의군'이 출범했다. 십삼도의군의 도총재는 유인석, 창의총재는 이범윤, 장의총재는 이남기(함북 경성의 의병장), 도총소 찬모는 유병열(황해도 의병장), 의원은 홍범도와 이진룡 등이 맡았다. 헤이그 특사 이후 구미에서 활동하다 연해주로 온 이상설은 외교대원을 맡았다.

그 얼마 뒤인 1910년 8월 초 연해주의 한인들은 외신을 통해 일본이 곧 한국을 병합할 것이라는 뉴스를 들었다. 이에 그들은 8월 23일 블라디보스토크 한민학교에서 한인대회를 열어 성명회聲明會를 조직했다. 그 목적은 "대한의 국민된 사람은 대한의 광복을 죽기로 맹세하고 성취한다"는 것이었다. 성명회의 이름은 '적의 죄상을 성토하고, 우리의 억울함을 밝힌다(聲彼之罪 明我之寃)'는 말에서 따왔다. 성명회는 일본 정부에 국제 공약의 배신 행위를 맹렬히 비판하는 공한을 보내고, 각국 정부에는 '병합 무효'를 선언하는 전문과 「성명회 선언서」를 보내기로 결의했다. 성명회는 이 선언서에서 "한국의 합병은 우리 국민들이 원하는 바가 아니는 점을 명백히 밝힙니다. 그것은 폭력에 의해 우리에게 강요되고 있을 뿐입니다"라고 말했다. 이 선언서에는 유인석·이범윤·이상설·정재관·이남기 등 의병 또는 애국계몽운동가들과, 김학만·김만겸·유진률 등 현지 한인사회 지도자 등 총 8,624명이 서명했다.

그러나 성명회는 그해 9월 11일 사실상 해산되고 말았다. 그것은 일본이 러시아에 강력히 항의하면서 성명회 주요 인물인 유인석·이상설·이범윤 등의 체포·인도를 요구했기 때문이다. 이에 러시아 정부는 유인석·이상설 등 성명회와 십삼도의군의 주요 인물 42명의 체포에 나섰다. 이로인해 이범윤·김좌두·이남기 등 7명은 체포되어 이르쿠츠크로 유배당했지만, 유인석·홍범도·이종호 등은 피신하여 화를 면했다. 이로써 십삼도의군과 성명회의 활동은 끝나고 말았다.

연해주의 한인들은 이런 정세에 대응하여 독립운동단체 대신 한인 사회의 자치단체를 만들어 이를 중심으로 역량을 결집하고자 했다. 그것이 바로 '권업회'였다. 권업회는 1911닌 12월 블라디보스토크 신한촌에서 창

성명회와 권업회의 중심 인물들
왼쪽 위부터 이동휘, 이종호, 홍범도, 아랫줄 유인석, 이상설, 최재형.

립되었다. 권업회 회장에는 최재형, 부회장에는 홍범도가 선임되었다. 권
업회는 러시아 당국의 공인을 신청하여 승인을 얻고, 의사부를 구성하여
의장에 이상설, 부의장에 이종호를 선출했다. 권업회는 외면적으로는 연
해주 한인 사회의 실업을 권장한다는 목표를 내세웠지만, 내면적으로는
한 걸음 더 나아가 한국의 독립을 도모한다는 목표를 갖고 있었다.

권업회는 중앙 조직을 정비한 뒤 곧이어 연해주 전역에 지회와 분사무
소를 설치했다. 지회가 설치된 곳은 니콜리스크, 하바롭스크, 니콜라옙스
크, 흑룡강, 이만 등의 대도시와 연추, 우리지비로 등 농촌 지역이었다.
1914년 당시 본회의 회장은 최재형, 부회장은 정재관이었으며, 각 지회도
회장, 부회장, 총무, 각부 부장 등의 조직을 갖추고 있었다. 권업회의 세
는 크게 확장되어 1914년 연초에 회원이 6,405명에 달했다.

권업회는 또 산하에 신문부를 두고 『권업신문』을 발행했다. 연해주 지
방에서는 1908년에 『해조신문』, 1909년에 『대동공보』, 1911년에 『대양
보』가 발행되었다. 『권업신문』은 이를 이어 1912년 4월에 창간된 신문으
로, 미주의 대한인국민회 중앙총회가 발행한 『신한민보』, 대한인국민회
하와이 지방총회에서 발행한 『신한국보』와 더불어 당시 해외 한인들이
발행하던 3대 신문의 하나가 되었다. 이 신문은 1914년 9월 권업회가 강
제로 해산될 때까지 126호가 발행되었다.

권업회는 교육사업에도 힘을 기울였다. 가장 대표적인 학교는 블라디
보스토크 신한촌의 한민학교였다. 이 학교는 권업회 교육부와 한민회가
공동으로 신축한 것으로, 240명의 학생을 수용할 수 있었다. 권업회에서
운영하던 다른 학교로는 니콜라옙스크의 보흥학교, 회발포의 신덕학교와

양성학교, 수청의 신한학교, 왕령의 입신소학교, 도비허의 화동학교 등이 있었다. 그 밖에도 한인들이 거주하던 각지에 수십 개의 학교가 세워진 것으로 파악되고 있다.

권업회는 출범 이후 한인들의 자치와 러시아 관헌들과의 관계를 담당하는 한편, 토지의 조차와 귀화 등의 사무도 담당했다. 당시 한인들은 농업과 각종 노동으로 생계를 유지했는데, 특히 농업이 주된 생업이었다. 한인들은 두만강 하구의 녹둔 일대를 비롯한 포세트만에서부터 아무르만에 이르는 지역의 땅을 농지로 개척하여, 이곳이 한인 밀집 지역이 되었다. 또 수분하 유역에서 수청 지방에 이르는 지역에도 한인 농촌마을이 많았다. 당시 한인 사회는 크게 원호元戶와 여호餘戶로 구분되었다. 원호는 대체로 러일전쟁 이전에 이주하여 러시아 국적을 취득한 귀화인들이었다. 그들은 러시아 당국으로부터 일정한 토지를 분배받아 생업이 비교적 안정되어 있었다. 1900년 이전에 이주한 이들은 가구당 10데샤티나(땅의 도량 단위. 1데샤티나는 2.7에이커, 약 4,046.8㎡)의 토지를, 1901년 이후에 이주한 이들은 남자 1인당 15데샤티나의 토지를 분배받을 수 있었기 때문이다. 그러나 미귀화인인 여호는 토지소유권이 없었기 때문에, 대개 한인 원호나 러시아인들의 토지를 빌려 소작을 해야 했다. 소작을 할 형편도 안 되는 이들은 다른 농가의 머슴이나 일용노동자로서 생활했다. 그리하여 러시아 한인 사회에는 자연히 원호와 여호라는 계층이 생겨났고, 상호교류가 뜸해졌다. 당시 인구 규모를 보면 여호가 원호의 2~3배 정도였다.

권업회는 한인 사회의 경제력 향상을 위해 실업부와 구제부를 두고 활동했으며, 러시아 당국과도 접촉하여 귀화와 토지 분배 등의 사업을 추진했다. 수백 호의 한인들을 집단이주시킴으로써 한인 개척지를 만들기도 했다. 또 권업회는 철도, 부두, 어장, 금광 등에서 일하는 한인 노동자들에게 가급적 좋은 일자리를 찾아주기 위해 노력하기도 했다.

한편 권업회는 궁극적인 목표인 한국 독립을 위해 1914년 비밀리에 '대한광복군정부' 건립을 추진했다. 대한광복군정부의 정도령正都領에는 이상설이 선임되었다(뒤에는 이동휘). 대한광복군정부는 연해주와 서북간도에 3개 군구軍區를 설치할 계획을 세웠다. 즉 연해주에 제1군구, 북간도에 제2군구, 서간도에 제3군구를 설치한다는 계획이었다. 그러나 이는 그해 8월 모체였던 권업회가 러시아 당국의 탄압으로 해체되며 무산되고 말았다.

미주로의 한인 이주와 독립운동

미주로의 한인 이주는 1902년 12월 22일 한인 121명이 인천항을 떠나 하와이로 이주하면서 시작되었다. 이후 1905년 7월 미국 정부에 의해 한인의 미주 이민이 금지될 때까지 65회에 걸쳐 7,226명이 이주했다. 당시 이주민들은 농민·부두노동자·일용노동자·광부·머슴·하급관리·하급군졸 등이었으며, 농민보다 노동자들이 훨씬 많았다. 지역으로는 기호 지방, 연령으로는 20~30대 독신남성이 대다수였다. 여성은 전체의 10% 정도였으며, 어린이는 7% 정도였다. 또 이들은 대부분 기독교 신자들이었다. 선교사들의 권유로 이민을 떠난 경우가 대부분이었기 때문이다.

1903년 1월 이후 하와이에 도착한 한인들은 하와이의 사탕수수농장에 배속되어 하루에 10시간 이상 노동해야 했다. 집단농장의 가혹한 노동을 견디기 어려웠던 938명은 결국 귀국했다. 당시 미주 본토의 철도노동자

임금이 하와이 사탕수수농장 임금의 2배에 달했기 때문에, 1910년까지 하와이를 떠나 본토로 향한 이들도 2천 명을 넘었다. 1910년 당시 하와이에 남아 있던 한인은 4,187명이었다. 하와이에 체류하고 있던 한인들은 각 농장 캠프를 중심으로 동회를 만들어 친목과 단합을 도모했다.

하와이에서 최초로 조직된 민족운동단체는 1903년 호놀룰루에서 홍승하 등에 의해 설립된 '신민회'였다. 이후 에와친목회, 혈성단, 자강회, 공진회, 의성회, 부흥회 등 20여 개의 단체들이 조직되었다. 신민회는 1904년 내분으로 해체되었지만, 에와농장에서 결성된 '에와친목회'는 친목회보를 만드는 등 회원 결속과 애국심 고취를 위한 활동을 폈다. 여러 단체들이 난립한 가운데 이윽고 통합을 위한 움직임이 시작되었고, 1907년 9월 하와이 한인들은 '한인합성협회'를 창립했다. 한인합성협회는 회장에 임정수, 부회장에 안원규를 선임하고 『한인합성신보』를 발행하는 한편, 47개 지회를 설립해 1,051명의 회원을 확보했다. 이 협회는 이후 하와이 한인들의 구심점이 되었다.

한편 미주 본토의 샌프란시스코에는 1903년 당시 20여 명의 한인 인삼 상인들과 유학생들이 살고 있었다. 이들은 친목도모와 상호부조를 위해 1903년 9월 친목회를 결성했다. 친목회의 중심인물은 안창호·이강·임준기 등이었다. 친목회는 이후 하와이에서 미 본토로 유입되는 한인들에게 취업을 알선해주는 역할을 했으며, 그들을 대상으로 야학을 설치하고 영어·성경·역사·지리 등을 가르쳤다.

1904년 러일전쟁 이후 미주 한인들은 한인 자치기구의 필요성을 절감했다. 이에 안창호·송석준·임준기·이강·임치정·방화중 등 49인은 1905

년 4월 5일 샌프란시스코에서 동족상애·환란상부·항일운동 등을 표방하는 '공립협회'를 창립했다. 또 그해 12월에는 장경 등이 중심이 되어 캘리포니아주 파사디나에서 '대동교육회'를 창립했다. 회장에는 김우제, 총무에는 장경이 선임되었다. 대동교육회는 동지단결·민지계발을 표방했으며, 1907년 '대동보국회'로 개명되었다. 또 1907년 7월에는 뉴욕에서 안정수 등 관비유학생과 황용성·송헌길 등 대한제국 관리 출신들이 '공제회'를 결성했다. 이들은 당시 뉴욕 주재 일본 영사가 한인의 생명과 재산을 보호한다는 구실로 한인들의 명단을 조사해가자, 일본 영사의 한인에 대한 감독권 행사를 거부할 것을 결의했다. 또 11월 24일에는 시애틀 한인들이 '동맹신흥회'를 결성하고 동족상애와 항일운동을 표방했다. 1907년 미 본토에는 1,300여 명의 한인이 거주하고 있었는데, 그 가운데 공립협회 회원은 800여 명, 대동보국회 회원은 500여 명이었다.

당시 미주 본토의 한인 사회를 주도한 단체는 공립협회였다. 공립협회는 1905년 을사늑약 이후 미주 한인에 대한 일본 측의 통제가 시작되자 이를 막기 위해 대한제국의 영사관을 대신할 자치기관의 역할을 자임하고 나섰다. 공립협회는 1906년 5월 총회 평의회를 개최하고 총회장에 송석준, 서기에 정재관, 학무에 안창호를 선정했다. 또 공립협회는 국권회복을 위해서는 재미 한인들의 단합이 필요하다고 보고, 1907년 1월 '통일연합기관'을 세우기로 결정했다. 그리하여 안창호·이강·임준기·신달윤 등이 캘리포니아주 리버사이드에 모여 '대한신민회'를 발기했다. 이들은 「대한신민회 통용장정」에서 "본회의 목적은 우리 한국의 부패한 사상과 관습을 혁신하여 국민을 유신케 하며, 쇠패한 교육과 산업을 개량하여 사업을 유신케 하며, 유신한 국민이 통일연합하여 자유문명국을 성립케 함"
이라 밝혔다. 즉 국민을 새롭게 만들고, 통일연합단체를 통해 자유문명국
을 만드는 것이 대한신민회의 발기 목적이었던 것이다.

공립협회는 신민회 본부는 미주에 두되, 국내 조직이 먼저 만들어져야
한다는 생각으로 1907년 안창호를 전권위원으로 임명해 국내에 파견했
다. 귀국한 안창호는 양기탁을 만나 신민회 창립에 대해 의견을 교환했
다. 또 평양에 한 달간 체류하면서 최광옥·이승훈·안태국 등을 만나 신민
회 조직을 논의했다. 그러나 신민회 결성은 쉽지 않았다. 그것은 신민회
를 비밀결사로 할 것인지 공개단체로 할 것인지의 문제와, 신민회에서 표
방하는 '자유문명국'이란 무엇을 말하는지의 문제 등이 얽혀 있었기 때문
이었다고 보인다. 이에 미주의 공립협회는 추가로 황국일·이강·이재명·
오대영·임치정을 국내로 파견해 신민회 결성을 돕도록 했다. 그 결과 그
해 안에 국내에서 신민회가 비밀리에 조직된 것으로 보인다(결성 시기에 관
해서는 1907년 4월설과 8월 이후설이 있다).

한편 공립협회는 러시아 연해주에 지회를 설립하기로 하고 국내에 있
던 이강을 블라디보스토크로 파견했다. 이강은 그곳에서 지회 설립 활동
을 전개하여 1908년 9월 먼저 수청에서 공립협회 수청 지방회를 창립했
으며(회장 김석영, 부회장 김기옥), 이어서 1909년 1월에는 블라디보스토크 지
방회가 창립되었다(회장 오주혁, 부회장 정순만). 연해주 지역의 지방회 설치
사업은 공립협회가 국민회로 개편된 뒤에도 계속되어 1909년 4월에는 하
바롭스크에 지방회가 설립되었으며, 이후 1911년까지 러시아 연해주 16
개 지역에 지회가 설립되고 만주에도 8개 지회가 설립되었다. 공립협회

가 이처럼 연해주와 만주에 지회를 설립하고자 한 것은 독립전쟁 수행을 염두에 두었기 때문이었다.

미주 한인들 사이에서는 이미 1907년 즈음부터 미국과 일본 사이의 전쟁이 임박했으니 이를 한국의 국권회복의 기회로 삼아 독립전쟁을 준비해야 한다는 여론이 고조되고 있었다. 당시 공립협회 기관지『공립신보』는 국내 계몽운동가들이 교육·실업의 진흥과 같은 실력양성론만 앞세우고 의병전쟁에 참여하지 않는 것을 비판하는 논설을 자주 게재했다. 당시 공립협회가 연해주나 만주에 우선 공립협회 지회를 개설한 것은 이들 지회를 기반으로 독립군 기지를 건설하기 위함이었다.

그런 가운데 1908년 3월 샌프란시스코에서 전명운과 장인환에 의한 스티븐스 처단 사건이 일어났다. 스티븐스Durham Stevens는 일본 외무성에서 다년간 근무한 미국인으로, 1904년 외교고문으로 부임한 이후 이토 히로부미의 지시에 따라 국제사회에서 일본의 한국 보호국화를 합리화하기 위한 선전 활동을 전개했다. 그런 그가 1908년 3월 21일 미주에서의 선전 활동을 위해 샌프란시스코에 왔다. 그는 도착 직후 기자회견에서 한국인들은 일본의 보호국화를 환영하고 있다고 말했다. 이에 공립협회와 대동보국회는 22일 합동회의를 열어 최정익·정재관·문양목·이학현 등 4명을 대표로 선출했고, 이들은 스티븐스를 찾아가 항의했다. 그러나 스티븐스는 발언을 정정하라는 요구를 거부하고, 오히려 "한국의 황제는 실덕이 태심하고 완고당이 백성의 재산을 강탈하고, 백성이 어리석어 독립할 자격이 없다"고 말했다. 이에 격분한 한인 대표 4인은 스티븐스를 구타하고 돌아와 회원들에게 그 전말을 보고했다.

이튿날인 3월 23일 스티븐스는 오클랜드에서 워싱턴 D.C.로 가는 열차를 타기 위해 샌프란시스코 페리선착장에 나왔다. 이때 미리 대기하고 있던 공립협회 회원인 전명운이 그를 향해 권총을 쏘았으나 불발되었다. 전명운은 곧 스티븐스에게 달려들어 난투극을 벌였는데, 그때 역시 대기하고 있던 대동보국회 회원인 장인환이 권총 세 발을 쏘았다. 2발은 스티븐스에게 명중했고, 1발은 전명운의 어깨에 맞았다. 총을 맞은 스티븐스는 이틀 후 사망했고, 장인환은 현장에서 체포되었으며, 전명운도 병원에서 치료를 받은 뒤 체포되었다. 이에 공립협회와 대동보국회는 후원회를 결성하여 두 사람의 재판을 후원했다.

전명운·장인환의 스티븐스 처단 사건과 한인 사회의 재판 후원운동은 당시 논의 중이던 공립협회와 대동보국회 등의 미주 한인단체 통합논의를 가속화시키는 계기가 되었다. 공립협회는 우선 하와이의 합성협회와 통합을 추진하여, 1909년 2월 회원 4천 명을 거느린 '국민회'를 창립했다. 국민회는 공립협회의 기관지 『공립신보』를 개칭한 『신한민보』를 발간했다. 그리고 그 창간호(1909. 2. 10)에서 "국민이란 두 글자는 다만 나라 백성을 부르는 칭호가 아니라 백성은 그 나라의 주인이라는 명사이니, [국민회는-인용자] 곧 우리 전국 인민으로 하여금 국민의 자격을 양성하는 학교이며, 국민의 의무를 실행하는 공소이며, 국민의 권리를 확장하는 의회"라고 선언했다. 국민회는 또 3월 24일 「국민회장정」을 발표했는데, 여기서는 국민회의 목적이 "교육과 실업을 진발하며, 자유와 평등을 제창하며, 동포의 영예를 증진하며, 조국의 독립을 광복케 함에 있음"이라고 명확히 밝혔다. 이는 국민회가 계몽운동단체이면서 동시에 국권회복운동단체임을 분명히 한 것이다.

국민회는 1910년 2월 대동보국회를 통합하여 1910년 5월 '대한인국민회'로 개칭하면서 스스로 해외 한인의 최고기관임을 선포했다. 그리고 연해주·만주의 원동 지역에 대한인국민회의 중앙총회를 설립하기로 결의했다. 독립전쟁 수행을 위한 거점으로서 원동 지역이 중요하다고 보았기 때문이다. 그러나 원동의 중앙총회 설립 계획은 이 지역에서 기호파(이상설·정순만 등)와 관서파(정재관·이강 등 미주 국민회 세력) 간의 알력으로 1911년 6월 정순만 피살 사건이 일어나고, 그로 인해 정재관과 이강 등 국민회 세력이 치타로 피신함으로써 무산되고 말았다. 양파 간의 갈등은 1909년 국민회 총회장 정재관과 이상설이 원동 전권위원으로 임명되어 블라디보스토크로 가는 배 위에서 벌어진 공화제와 군주제 논쟁이 출신 지역 간의 논쟁으로 확산된 것이라는 해석, 당시 연해주 지역의 기호파·관서파·북도파 간의 지역갈등에서 비롯된 것이라는 해석 등이 있다. 이처럼 원동 지역에서의 중앙총회 설립은 무산되었으나, 수청·시베리아·만주 등 세 지역에는 각 지역별 지방총회가 예정대로 설립되었다. 또 멕시코의 유카탄 지역에도 지방회가 설립되었다.

그러면 대한인국민회 지도자들은 국권회복과 관련하여 어떤 구상을 갖고 있었을까. 1910년 7월 일본에 의한 대한제국 병합이 거의 확실시되는 가운데, 『신한민보』는 7월 6일자 논설에서 만일 순종이 병합조칙을 내리고 일본에 가서 작위를 받게 된다면 더 이상 황제로서 인정하지 않을 것이며, 현 정부는 이미 일본에 투항한 정부이기 때문에 새로운 정부를 세워야 한다는 것 등을 주장했다.

1910년 8월 일본이 한국을 병합하자 『신한민보』는 9월 21일자 논설에서 이천만 국민은 결단코 '왜황', '왜노', '왜종'에 굴복하는 노예가 되어서는 안 된다면서, "우리는 마땅히 마음을 합하여 대한 민족의 단체를 공고히 하며, 우리 손으로 자치하는 법률을 제정하며, 공법에 상당하는 가정부假政府를 설시設施함이 목하의 급선무라"고 말했다. 여기서 '가정부'란 임시정부를 말한다. 대한제국의 국망 직후 이 신문은 임시정부 설립을 주장한 것이다.

1911년 2월 『신한민보』의 주필로 부임한 박용만은 『신한민보』 지면을 빌려 이른바 '무형국가론'을 내놓았다. 그는 그해 3~4월 미일전쟁설이 널리 퍼지자, 이를 한국의 독립 기회로 포착하고 기존의 대한인국민회를 정치 조직인 '무형국가'로 탈바꿈시킬 것을 주장했다. 그는 4월 5일자에 실린 논설 「조선 독립을 회복하기 위하여 무형한 국가를 먼저 설립할 일」이라는 글에서, 독립을 위해서는 독립전쟁이 불가피하고 독립전쟁을 위해서는 먼저 정치기관이 필요하다고 말했다. 정치기관은 기존 동포들의 사회 조직을 정치 조직으로 전환시키면 된다고 주장했다. 박용만의 이와 같은 주장은 미주 한인 사회에 커다란 논란을 불러일으켰다. 그동안 여러 단체들을 간신히 대한인국민회로 통합시켜놓은 상황에서 다시 이를 정치 조직으로 개편하자는 주장은 논란을 일으킬 수밖에 없었다.

'무형국가론'에 대한 논란이 확산되는 가운데, 대한인국민회는 1911년 6월부터 해외의 모든 한인에게 '무형국가론'에 의거하여 국민의무금제도를 시행했고, 박용만으로 하여금 대한인국민회 헌장을 기초하도록 했다. 그해 11월 하순 박용만이 제출한 헌장 초안이 탈고되었다. 그리고 그 즈음 중국에서 신해혁명이 성공하여 중화민국이 탄생했다는 소식이 들려왔다. 『신한민보』는 1911년 10월 18일자 논설 「청국혁명에 대하여」에서 "혁명의 운동은 곧 오천년 동양 민족의 자유를 처음으로 부르는 날이라. 의례히 기쁜 마음으로 이것을 환영"한다고 밝혔다. 대한인국민회도 신해혁명에 자극 받아 1912년 2월 중앙총회 대의원대회를 개최했다. 이 회의에서는 만주와 시베리아 등 원동 지역의 총회들을 정식 인준했다. 이로써 대한인국민회는 미주 한인만이 아니라 해외 한인의 최고기관으로 자리 잡게 되었다. 이에 중앙총회는 각 지방총회에 대표원을 선출, 파견해 줄 것을 요청했다.

1912년 11월 8일 개최된 중앙총회 제1회 대표원 회의는 20일간 진행되었다. 회의에 참석한 이는 만주의 강영소·안창호, 미주의 김홍균·이대위·박용만, 하와이의 박상하·윤병구 등 7명이었다. 이 회의에서는 ① 현행 장정을 수정하여 헌장 76조목을 제정할 것, ② 조국 역사를 편찬할 것, ③ 교과서를 제정할 것, ④ 미주와 하와이 두 지방총회의 기관보(『신한민보』와 『신한국보』)를 중앙총회에 양여함을 요구할 것, ⑤ 회기(會旗)를 제정할 것, ⑥ 상인회 의사이 감협운동을 전개할 것, ⑦ 실업기관과 외교기관을 설치할 것, ⑧ 원동 지역 지방회의 세납과 자치규정은 그 지역 형편에 따라 실시할 것 등이었다. 아울러 이 회의에서는 중앙총회 총회장에 윤병구, 부회장에 황사용을 선출하고, 총회장이 제출한 임원안(총무에 정칠래, 서기에 강영소, 재무에 박영순, 학무원에 민찬호, 법무원에 주원, 외교원에 박용만)을 승인했다. 이어 11월 20일 정식으로 '대한인국민회 중앙총회'의 결성 선포식이 열렸다. 박용만이 기초한 선포문의 주요 내용은 다음과 같았다.

대한인국민회가 중앙총회를 세우고 해외 한인을 대표하여 일할 계제에 임하였으나, 형질상 대한제국은 이미 망하였지만 정신상 민주주의국가는 바야흐로 발흥되며 그 희망이 가장 깊은 이때에 일반 동포는 중앙총회에 대하여 일심 후원이 있기를 믿는 바이다.

① 대한인국민회 중앙총회를 해외 한인의 최고기관으로 인정하고 자치제도를 실시할 것.

② 각지에 있는 해외 동포는 대한인국민회의 지도를 받을 의무가 있으며, 대한인국민회는 일반 동포에게 의무 이행을 장려할 책임을 가질 것.

③ 금후에는 대한인국민회에 입회금이나 회비가 없을 것이고, 해외 동포는 어느 곳에 있든지 그 지방 경제 형편에 의하여 지정되는 의무금을 대한인국민회로 보낼 것.

위에서 보는 것처럼 대한인국민회는 해외 한인을 대표하는 한인의 자치기관임을 천명하면서, 대한제국을 대신해 장차 민주주의국가로 발흥할 기관임을 선언했다.

대한인국민회는 1913년 7월 12일 「대한인국민회 헌장」을 개정·반포했다. 이 헌장을 보면, 대한인국민회는 '조국의 독립을 광복하게 함'에 그 궁극적인 목적을 두고 있었다. 또 중앙총회는 지방총회에서 선출한 대표원과 중앙총회의 임원으로 조직했으며, 대표원회는 지방총회에서 선출한 대표원 각 3인으로 조직했다. 당시 지방총회는 북미, 하와이, 만주, 시베리아 등에 있었다. 이 헌장은 중앙총회의 위치를 북미 샌프란시스코에 두되, 때와 형세를 보아 이전할 수 있게 했다. 국민회가 시베리아와 만주 지역을 독립군 기지로 개척한 뒤 그곳으로 중앙총회를 옮길 수 있음을 염두에 둔 것이다. 대한인국민회는 미국 정부와 교섭하여 자치기관으로서 허가를 얻었으며, 이로써 미주 한인들은 일본 정부가 아닌 대한인국민회의 보증으로 여권을 받을 수 있게 되었다. 각 지역 지방총회와 지방회는 자치규정을 만들어 시행했다.

이처럼 대한인국민회는 각 지역 해외 한인들을 대표하는 자치기관으로서의 위상을 공고히 했다. 하지만 본래 목표처럼 임시정부로 발전하지는 못했다. 대한인국민회 간부들 스스로 자치기관으로서 일정한 훈련 기간이 필요하다고 생각했던 것으로 보이고, 또 임시정부를 자처하기 위해서는 국내외 민족운동가들의 동의가 필요했으나 아직 그런 동의를 충분히 얻지 못했다고 판단했기 때문인 듯하다.

대한인국민회는 독립전쟁을 위한 독립군 양성에도 큰 관심을 갖고 있었다. 국민회는 1909년 연해주 지역의 독립군 기지 건설을 위한 자금을 마련하기 위해 '태동실업주식회사'를 세우고 주식을 모집했다. 어느 정도 자금이 모이자 사업의 책임을 맡은 김성무는 1910년 중국과 러시아의 국경 지역인 흥개호 부근의 밀산부 봉밀산에서 중국인들로부터 토지를 구입하고 민가를 건축했다. 그리하여 봉밀산 지역에 약 500호에 달하는 한인 마을이 형성되었다. 그러나 중국 관리가 한인들이 구매한 토지는 국유지라고 밝힘으로써, 한인들은 그 지역에서 쫓겨나게 되었다. 이로써 이 지역에 독립군 기지를 건설하려던 계획은 무산되었다.

한편 1905년 미주로 건너간 박용만은 해외 한인들의 도움을 얻어 1909년 네브라스카주에 한인 소년병학교를 세워 군인을 양성하고자 했다. 소년병학교는 처음에는 농장에서 시작되었으나, 곧 헤이스팅스대학 구내로 옮겨졌다. 이후 유일한·정양필 등 한인 유학생들이 소년병학교에 속속 자원 입학했다. 이 학교는 여름방학 때 하계군사학교로 개설되어 3년간 훈련을 받는 체제로 운영되었다. 소년병학교는 1912년 13명의 졸업생을 배출한 것을 시작으로 1914년까지 100여 명의 졸업생을 배출했다. 1912 년 11월 박용만이 대한인국민회 북미 지방총회의 초청으로 『신한민보』 주필로 초빙되어 간 이후에는 박처후가 교장이 되어 학교를 운영했지만 학생 수가 점점 줄어들어 학교는 6년 만에 폐교되었다. 소년병학교는 미 국식 군사 훈련과 미 육군사관학교의 교과과정(국어, 영어, 한문, 일어, 수학, 지리, 역사, 성서, 이과학, 병학 등)을 모방하여 학생들을 훈련·교육시켰다. 이 학교 졸업생인 정한경·유일한·한시호·신형호·홍승국·김용성·김현구·백일규 등은 이후 재미 한인 사회의 중견 지도자가 되었다. 박용만의 한인 소년병학교 이후 멕시코의 국민회 메리다 지방총회도 숭무학교를 개설했고, 북미 각지와 하와이 등지에서 유사한 소년병학교가 개설되어 청소년들을 훈련시켰다. 또 박용만은 1914년 6월 하와이 오아후에서 '대조선국민군단'과 사관학교를 창설했다. 그는 하와이 군사령부로부터 대조선국민군단을 인가받아 군사 훈련을 실시할 수 있었다. 참여한 인원은 1백 명으로 시작하여 많을 때는 3백 명에 이르렀다. 그러나 1915년 일본은 박용만의 이와 같은 활동에 대해 미 국무장관에게 강력히 항의했다. 그에 따라 국민군단의 운영허가는 취소되었고, 대조선국민군단은 1917년 문을 닫았다.

스티븐스를 저격한 장인환(좌)과 전명운(우)

박용만(좌)과 대조선국민군단의 훈련 모습(우)

일제 침략에 저항하여 자결 순국한 이들

일본의 강제병합을 전후하여 수많은 유생들이 자결 순국했다. 자결 순국은 이미 을사늑약 이후부터 시작되었다. 당시 유생들은 유인석이 제기한 유생의 세 가지 길, 즉 ① 의병으로 봉기하여 싸우는 것, ② 자결 순국하는 것, ③ 은거하여 유학의 도를 지키는 것 중 하나를 선택해야 한다고 생각했다. 이 가운데 의병으로 봉기하지 못한 유생들과 전직 관료들로서 망국의 책임을 느끼거나 분을 참지 못한 이들은 자결 순국의 길을 택했다. 자결 순국한 이는 모두 57명이었는데, 시기별로 보면 다음과 같다.

⊙ 1905~06년: 이한응(주영공사 서리), 조병세(전 영의정, 을사조약 반대상소), 민영환
(전 의정부참정, 학부대신, 외부대신, 조병세와 함께 을사조약 반대상소), 김봉학(군인, 이
토 히로부미 처단 계획), 이상철(학부 주사), 홍만식(전 영의정 홍순목의 아들), 송병선
(유생, 을사조약 파기를 고종에 건의), 이봉환(유생, 화서 이항로의 문인), 이봉학(군인)
등 9명.

⊙ 1907년: 이규응(중추원 의관, 매국노 성토 상소), 정재홍(대한자강회 인천지회장), 박

승환(육군 참령, 군대 해산에 분개 자결), 김순흠(유생, 의병 참여, '토오적문') 등 4명.

○ 1910년 이후: 김근배(전 성균관 박사, 은사금 거부), 김석진(전 판돈녕부사, 을사조약 반대상소, 작위 거절), 김영상(유생, 은사금 거절), 김지수(유생, 은사금 거절), 김천술, 반하경(내시), 백인수(유생), 송병순(유생, '토오적문' 배포), 송주면(전 중추원 의관), 오강표(유생), 유병헌(유생, 을사조약 반대상소), 이근주(유생, 홍주 의병 참여), 이만도(전 공조참의, 의병 참여, 을사조약 반대상소), 이면주(전직 관인, 을사조약 반대상소), 이재윤(전직 관인, 의병 참여), 이중언(전직 관인, 의병 참여, 을사조약 반대상소), 이학순(유생, 은사금 거부), 이현섭(전직 관인), 이상철(전직 관인, 을사조약 반대운동), 장기석(유생), 장태수(전직 관인, 은사금 거부), 정동식(전직 관인, 포고문, 토적문), 정재건(전 사헌부 지평), 홍범식(금산 군수), 황현(유생, 『매천야록』 집필), 김도현(의병장, 영흥학교 설립), 김상태(이강진 의병 참여), 노병대(의병 참여, 체포 뒤 옥중에서 단식 순국), 박세화(유생, 의병 참여), 권용하(유생), 김성진(전 혜민원 주사), 박병하(유생), 송도순(전 참판), 송완명(유생), 송종규(전 승지), 최세윤(의병 참여, 옥중 단식 순국), 나철(대종교 창시자, 1916년 구월산에서 자결), 정태근(전직 관인), 조장하(유생), 김정환(호적 작성·납세 및 부역 거부, 처자가 구금되자 자결), 김제환(유생, 호적 작성 및 납세 거부), 최우순(유생, 의병 참여, 은사금 거부), 유병헌(유생, 세금 및 은사금 거부) 등 44명.

—권대웅, 『1910년대 국내 독립운동』(『한국독립운동의 역사』 시리즈 제15권) 참조.

위에서 본 것처럼 1905년 을사늑약, 1907년 고종의 강제 퇴위, 1910년 일본의 강제병합을 전후한 시기에 자결 순국한 이들이 가장 많았다. 특히 강제병합 이후 유생들과 전직 관인들에 대한 총독부의 은사금 지급은 이들에게 커다란 모욕으로 받아들여졌다. 당시 일제는 강제병합 한 달 뒤인 9월 29일에 대한제국의 관리와 귀족, 그리고 양반 유생들에게 은사금을 지급하겠다고 발표했다. 10월 7일에는 '조선귀족령'을 발표하여 조선 귀족 76명을 선정해 작위를 수여하고, 전직 관리와 유명한 유생들에게는 은사금을 지급했다. 은사금을 구체적으로 보면, 대한제국의 관리에서 퇴직하는 자들에게 주는 퇴관은사금, 군인들에 대한 은사금, 노유^{老儒}(나이 많은 선비)·절부^{節婦}(지조 있는 부인)·환과고독^{鰥寡孤獨}(홀아비, 과부, 고아, 무자식 노인) 등에게 주는 상치은사금, 포상금, 구휼금 등이 있었다. 많은 유생들이 이를 거부했고, 일부 유생들은 모욕감과 분노를 이기지 못해 음독, 단식, 자경^{自剄}(목을 베어 자살), 자일^{自縊}(목을 매 자살), 투수^{投水}(물에 투신하여 자살), 할복 등의 방법으로 자결했다.

자결 순국자가 특히 많이 나타난 곳은 경북이었고 전북과 전남이 뒤를 이었다. 모두 을사늑약 이후 의병투쟁이 가장 치열했던 곳이다. 자결 순국자 가운데는 전직 관리와 유생 등 의병봉기에 참여했던 이들이 많았다. 또 1910년대 들어 일제 통치를 거부하다가 투옥되어 단식 순국한 이들도 많았다. 자결 순국자들은 유언, 유서, 절명시^{絕命詩} 등을 많이 남겼다. 매천 황현이 남긴 절명시는 특히 유명하다. 그 일부만 보면 다음과 같다.

새와 짐승도 슬피 울고 강산도 찡그리니(鳥獸哀鳴海岳嚬)

무궁화 온 세상은 이제 망해버렸구나(槿花世界已沈淪)

가을 등불 아래 책 덮고 지난날 생각하니(秋燈掩卷懷千古)

인간 세상에 글 아는 사람 노릇, 어렵기도 하구나(難作人間識字人).

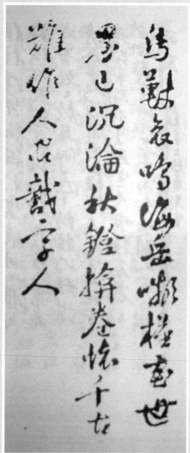

황현과 그가 남긴 절명시(일부)

02

1919년의 3·1운동은 한국인들이 거족적으로 참여한 독립운동으로서, 한국 독립운동사에서 가장 중요한 사건이었다. 그리고 대한민국임시정부는 바로 그 3·1운동의 결과물로서 성립되었다. 하지만 임시정부는 수립 이후 리더십, 재정, 외교운동 좌절 등으로 어려움을 겪었다. 이에 독립운동가들은 독립운동 전

3·1독립만세운동과 대한민국임시정부의 출범 (1919~1930)

선을 재정비하기 위하여 국민대표회의를 열었으나 뜻을 이루지 못했고, 민족유일당 운동도 결국 좌절되었다. 그런 가운데 국경 일대에서는 무장투쟁이 벌어졌으며, 독립군은 봉오동전투와 청산리전투에서 승리했다. 한편 의열단은 폭탄 투척, 암살 등의 방법으로 국내외에서 의열투쟁을 전개했다.

1919년, 독립만세의 함성이 메아리치다

3·1운동의 추진과정

3·1운동은 한국 민족이 일제의 한국병합, 즉 식민지화에 대한 원천적인 거부와 일제의 식민지 지배 정책에 대한 전면적인 저항을 표시한 운동이었다. 따라서 3·1운동의 동인을 찾는다면 우선적으로 일제의 식민 지배에 대한 한국 민족의 거부 의사를 들어야 할 것이다. 그러면 왜 한국인들은 일제가 한국을 병합한 지 거의 10년이 다 되어가는 1919년이라는 시점에 전 민족적 봉기를 감행했을까. 이는 당시 국제정세의 변동과 밀접한 관련이 있었다.

1910년대는 세계사에 커다란 변화가 일어난 시기였다. 1911년 중국에서 신해혁명이 일어나 청국이 무너지고 공화제국가인 중화민국이 출범했다. 1917년에는 러시아에서 볼셰비키혁명이 일어났다. 1918년에는 독일제정이 무너지고 이듬해 바이마르공화국이 출범했다. 그런 가운데 1914년 발발한 1차 세계대전이 1918년 말 종식되면서 세계정세에 큰 변화가 있을 것으로 예상되었다.

1918년 1월, 미국의 윌슨 대통령은 연두교서에서 새로운 전후질서의 14개조 원칙을 제안했다. 여기에는 비밀외교의 폐지, 민족자결주의, 무병합 무배상, 그리고 국제평화 유지기구인 국제연맹의 결성 등이 포함되어 있었다. 14개조 원칙 가운데 민족자결주의 원칙은 식민지나 반식민지 처지에 있던 약소민족들을 크게 고무시켰다. 따라서 많은 약소민족들은 민족자결주의에 희망을 걸었고, 한국의 지식인들도 민족자결주의에 깊은 관심을 갖게 되었다.

그런 상황에서 1918년 11월 미국 대통령 특사 찰스 크레인^{Charles R. Crane}이 중국 상하이를 방문했다. 이때 여운형은 그를 만나 미국이 한국의 독립운동을 지원해줄 것을 요청했다. 크레인은 파리강화회의에 한국인 대표를 파견할 것을 권유하고, 국내외에서 한국인들이 독립을 바라는 의사표시를 하는 것이 그 대표에게 도움이 될 것이라고 조언했다. 여운형·장덕수·조동호·선우혁 등은 즉각 이를 실행에 옮기기로 결의하고, 이를 위한 조직으로 '신한청년당'을 만들었다. 여운형은 1919년 1월 톈진에 있던 김규식을 상하이로 초빙하여 파리강화회의에 대표로 가줄 것을 부탁했다. 장덕수는 일본으로 건너가 유학생들과 접촉하여 2·8독립선언을 준비하도록 했다. 그에 따라 1919년 2월 8일 도쿄 조선기독교청년회관에 2백여 학생들이 모여 독립선언식을 가졌다. 선우혁은 1919년 2월 조선에 들어와 선천·평양 등지에서 기독교계의 이승훈·양전백·길선주 등과 접촉하고 국내에서 독립운동을 일으켜줄 것을 당부했다. 여운형은 또 직접 러시아령 니콜리스크에 가서 전러시아조선인대회에 참석하고, 이어 블라디보스토크에 가서 김규식이 파리강화회의에 갈 것이라는 소식을 전했다.

한편 국내에서도 운동의 준비가 이루어졌다. 천도교 지도자인 손병희·권동진·오세창·최린 등은 1918년 말부터 여러 차례 모임을 갖고 1차 대전 종전에 따른 독립운동 혹은 자치운동에 관해 논의했으며, 1919년 1월 중순경 만세시위운동의 형태로 독립운동을 전개하기로 합의했다. 천도교 지도자들이 이런 합의를 하게 된 데는 일본 유학생 송계백이 도쿄 유학생들이 독립선언을 준비하고 있다는 소식을 현상윤·최린 등에게 전한 것이 계기가 되었다. 천도교계는 만세시위운동을 결정하면서 대중화, 일원화, 비폭력의 3대 원칙을 정했다. 한편 최린 등은 김윤식·한규설 등 구한국 고위직을 지낸 인사들에게도 동참을 요청했지만 거부당했다.

기독교계도 독자적인 운동을 준비하고 있었다. 평양의 기독교계는 선우혁을 통해 상하이의 소식을 듣고, 1919년 2월 중에 교회 신자들과 기독교계 학생들을 동원하여 만세시위운동을 전개하기로 결정했다. 그런데 천도교 측이 2월 7일경 평양에 사람을 보내 이승훈을 서울로 불렀다. 이승훈은 서울로 가서 천도교계 지도자들을 만나 운동을 일원화하는 문제에 관해 협의했다.

2월 8일 도쿄에서 2·8독립선언이 있자, 이 소식에 자극을 받은 서울의 학생들도 따로 운동을 준비했다. 김원벽·강기덕 등 전문학교 학생들이 중심이 된 학생들은 3월 5일 시위를 갖기로 계획했다.

2월 24일 천도교와 기독교계는 마침내 연합에 합의하고 학생들에게도 함께 운동을 전개하자고 요청했으며, 불교계도 끌어들였다. 하지만 유림과의 연합은 끝내 성사되지 못했다. 곽종석 등 유림은 뒤에 파리강화회의에 참가한 각국 대표들에게 한국의 독립을 요구하는 파리장서를 따로 보내게 된다.

천도교와 기독교계의 운동 지도부는 운동의 방법으로 ① 독립을 선언하고, ② 일본·미국·파리강화회의에 독립을 청원하며, ③ 만세시위를 전개한다는 것에 합의했다. 물론 가장 중요한 것은 독립선언이었다. 운동 지도부는 독립선언에 서명할 33인을 선정하는 한편, 독립선언문의 작성을 최남선에게 맡겼다. 선언문의 인쇄는 천도교 측이 맡았으며, 인쇄가 완료

된 선언문은 전국 주요도시의 기독교와 천도교 조직에 전달되었다. 2월 28일 손병희의 집에서 서명자들의 모임이 열렸다. 이날 밤 서명자들은 독립선언식을 탑골공원이 아닌 태화관에서 독립선언식을 갖기로 계획을 바꾸었다. 탑골공원에서의 독립선언식이 흥분한 학생들과 대중에 의해 폭동으로 격화될 것을 우려했기 때문이다.

독립선언과 만세시위운동의 전개

국내의 만세시위운동은 크게 3단계로 나뉜다. 제1단계는 3월 상순의 발발 단계이다. 3월 1일 오후 2시 서울 종로 태화관에서는 민족대표로 서명한 33인 가운데 29인이 참석하여 독립선언식을 가졌다. 같은 시각 탑골공원에 모인 학생들은 따로 독립선언식을 열었다. 선언식을 마친 뒤 29인의 대표는 바로 경찰에 연행되었고, 학생들은 서울 시가지에서 만세시위를 전개했다. '민족대표'로 서명한 이들은 모두 종교인들로 독립선언식을 갖는 데 그쳤고, 대중들을 시위현장에서 지도하는 데까지 나아가지는 못했다. 하지만 그들은 독립만세시위운동을 촉발함으로써 주어진 역할을 다했다고 볼 수 있다.

같은 시각 서울 외에도 평양·진남포·안주·의주·선천·원산 등 주요도시에서 동시에 독립선언과 만세시위가 전개되었다. 이들 지방도시의 시위 주모자들은 기독교·천도교의 조직을 통해 서울과 사전에 연락을 주고받았고 선언문도 이미 전달받은 상태였다. 3월 상순의 만세시위는 특히 북부 지방, 부청·군청 소재지, 교통이 편리한 지역에서 주로 발생했다. 서울의 학생들은 예정대로 3월 5일 서울역 앞에서 만세시위를 전개했다.

거리로 쏟아져 나온 시위 인파
1919년 3월 1일, 만세시위 인파가 미영사관 앞에서 덕수궁 돌담길을 돌아 나오고 있다.

제2단계는 3월 중순의 확산 단계이다. 이 시기 만세운동은 청년·학생·교사 등 지식인, 도시노동자 및 상인층에 의해 전국 소도시로 확산되었다. 이 시기에는 중남부 지방, 면 단위 이하의 농촌 지역, 심지어 산간벽촌에 이르기까지 독립만세의 함성이 울려 퍼졌다. 참가계층의 폭도 넓어져 학생, 교사, 하층 종교 지도자, 학교 졸업자뿐만 아니라 노동자, 소부르주아, 하급관공리, 양반유생 등이 운동에 참여했다. 운동의 양상도 달라져 계급·계층 간, 종교단체 간 연대가 활발히 이루어졌으며, 시위 자체의 조직화·지속화 현상이 두드러졌다. 또 지역에 따라 각종 비밀결사, 결사대가 조직되어 시위를 준비하고 이끌어갔다. 그런 가운데 소규모 지역 단위의 고립 분산성을 극복하고 생활권을 중심으로 지역별 연대투쟁을 모색하는 경우도 나타났다.

제3단계는 3월 하순부터 4월 상순까지로 민중의 진출 단계이다. 이 시기에는 다수의 민중이 시위에 적극 참여하면서 시위가 다소 과격화되었다. 일제의 통계에 의하면, 3월 상순에는 총 183회의 시위 가운데 22%가 폭력성을 띠었지만, 4월 상순에는 총 292회의 시위 가운데 47%가 폭력성을 띠는 양상을 보였다고 한다. 물론 이때 이른바 '폭력성'이란 일본 경찰의 가혹한 탄압에 대한 정당방위의 성격을 지닌 경우가 많았고, 처음부터 공세적인 시위는 그리 많지 않았다.

3월 22일 서울에서는 노동자와 청년·학생들이 준비한 '노동자대회'에 많은 노동자들이 참여해 시위를 전개했다. 이 시위는 이후 서울 시가지 시위의 기폭제가 되어 23일 이후 매일 밤 시내 도처에서 게릴라식 시위가 벌어졌다. 26, 27일에는 전차 종업원, 경성철도 노동자, 만철 경성관리국

노동자들이 파업에 돌입했다. 서울의 시위는 이후 인근 지역, 즉 고양·시흥·부천·수원·김포 등의 시위에 불을 지폈다.

황해도 수안에서는 시위대가 헌병대 접수에 나섰고, 의주 옥상면에서는 시위대가 면사무소와 헌병주재소를 접수하려 했다. 경북 안동 임동면에서는 "만세를 부르고 관청을 타파하면 반드시 우리 조선은 독립의 운명에 도달할 것이다"라는 독립쟁취의식과 돌멩이·몽둥이·농기구 등으로 무장한 시위대가 초기부터 권력기관과 일본인 상점을 습격했다. 수원·안성·영덕·합천 등지에서도 비슷한 양상이 나타났다. 만세시위는 4월 10일을 고비로 점차 수그러들기 시작했지만 5월 말까지 계속되었다.

일본 경찰의 기록에 의하면, 3월 1일부터 5월 20일까지 경찰관서 87개소, 헌병대 72개소, 군청과 면사무소 77개소 등 278개 관공서가 파괴되거나 불에 탔다고 한다. 이 숫자는 일제의 가혹한 탄압에 대응한 시위대의 공세도 만만치 않았음을 말해준다.

그러면 각 지방에서의 운동은 어떻게 전개되었을까. 이를 중부, 북부, 남부 지방으로 나누어 살펴보기로 한다.

먼저 중부 지방의 만세시위운동을 살펴보자. 3월 1일 서울 탑골공원에서 시작된 시위는 3월 5일 학생들의 남대문역 앞 시위로 이어졌다. 3월 중순에는 잠시 소강상태를 보였으나 3월 22일 이후 노동자층이 주도하고 시민들이 참가하는 대규모 시위로 이어졌고, 서울 시가지에서의 게릴라성 시위는 27일까지 계속되었다.

경기도에서는 3월 초순 서울의 시위에 호응하여 각지에서 시위가 벌어졌는데, 보통학교 학생들이 주도한 시위가 많았다. 3월 18일 이후 시위는 대형화되고 공세적으로 변해갔다. 예를 들어, 강화도에서는 수천 명이 참가한 시위가 벌어졌다. 3월 하순에는 면과 면이 연대하여 시위 규모가 대형화되었으며, 주재소·면사무소·우편소 등을 습격하는 공세적인 시위도 나타났다. 4월 1일부터는 수원군의 장안면, 우정면에서 산상횃불시위가 있었고, 3일에는 1,500명의 주민들이 면사무소와 주재소를 습격했다. 순사의 총격에 의해 시위대의 일부가 죽고 다치자, 시위대는 이 순사를 살해했다. 그러자 일본 군경은 가혹한 보복에 나섰다. 수원 지역의 가옥 328채에 방화하고 47명을 죽였으며 442명을 검거했다. '제암리 학살 사건'은 이런 보복 과정에서 발생했다.

강원도에서는 특히 천도교와 기독교 등 종교 조직이 큰 힘을 발휘했으며, 각 마을의 구장이 주도하는 시위도 많았다. 양양의 경우 유교 세력과 기독교 세력이 연합하여 시위를 전개했다. 하지만 산간 지역이 많은 강원도에서는 시위가 그리 활발하지 못했다.

이어서 북부 지방을 살펴보자. 황해도에서도 천도교와 기독교의 조직과 인물이 시위를 주도했다. 황해도에서 가장 치열한 시위는 3월 2일 수안에서 일어났는데, 이 시위에서 13명이 즉사하고 18명이 부상을 입었다. 이후 시위는 황해도 전역으로 확산되었다. 황해도의 시위는 다른 지역에 비해 공세적이고 저항성이 강했으며, 따라서 피해도 컸다.

평안남도에서는 3월 1일 정오 평양에서 기독교 세력을 중심으로 집회와 시위가 시작되었고, 이후 각지에서 격렬한 시위가 벌어졌다. 이곳에서도 시위를 주도한 것은 천도교인과 기독교인들이었다. 도시의 시위는 주로 기독교인, 농촌의 시위는 주로 천도교인에 의해 주도되었다. 학생들도 다수 참여했다.

평안북도에서는 3월 1일 의주와 선천읍내에서 기독교도와 천도교도, 그리고 학생들이 중심이 되어 시위가 일어났고 이후 각지로 확산되었다(천도교와 기독교가 간여하지 않은 시위는 용천에서 일어난 2회의 시위뿐이었다). 평안북도의 시위 참가자는 서울 다음으로 많았으며, 인구 비례로 보면 전국에서 참여도가 가장 높았다. 일제는 경찰만이 아니라 군대, 국경수비대, 소방대 등을 동원해 시위를 탄압했다. 평안북도의 시위 양상도 격렬해서, 의주군 옥상면 면사무소는 10일 동안 시위대에 의해 점거되기도 했다.

함경남도에서는 천도교, 기독교 등 종교계와 학생들이 연결을 갖고 시위를 전개했다. 원산에서는 3월 1일 천여 명이 참여한 대규모 시위가 있었고, 함흥에서도 다음 날 역시 천여 명이 참여한 대규모 시위가 있었다. 시위 이후 함남에서 사법 처리된 참여자 중 천도교도들이 30.7%, 기독교인이 15.2%로 종교인 비율이 전국에서 가장 높았다. 함남에서도 격렬한 시위가 벌어져, 전신과 철도를 파괴하거나 관청을 습격한 경우가 많았다.

함경북도에서는 3월 10일 성진에서 시위가 시작되어 도내 각지로 퍼져나갔다. 하지만 함북의 시위는 나남 주둔 일본군부대(19사단 사령부)의 삼엄한 경계로 인해 그리 활발하게 전개될 수 없었다. 함남의 경우에도 시위를 주도한 이들은 주로 천도교인과 기독교인들이었다.

끝으로 남부 지방의 만세시위운동을 살펴보자. 충청 지방에서는 3월 1일 대전과 예산, 7일 청주 시위 이후 각지로 열기가 확산되었다. 시위는 3월 하순까지 거의 매일 2~4개 지역에서 일어났고, 3월 말~4월 초에 가장 활발했다. 충청 지방의 시위는 지방 유학자, 천도교인, 기독교인, 학생, 상인, 면직원 등 다양한 계층에 의해 주도되었다. 참여자들은 대부분 농민이었으며, 도시에서는 각종 직업을 가진 계층들이 참여했다. 충청 지방에서는 특히 밤에 마을 근처 산에 올라 횃불을 들고 만세를 부르는 경우가 많았다(산상횃불시위).

호남 지방에서는 천도교, 기독교 등 종교 세력과 학생층이 중요한 역할을 했다. 만세시위는 대부분 장날에 일어났고, 부분적으로 산상횃불시위가 있었다. 호남에서의 시위는 한말 의병전쟁기에 인적 손실이 컸던 탓으로 다른 지역에 비해 그리 활발하지 못했다.

영남 지방에서는 3월 8일 대구 시위, 3월 11일 부산 시위 등으로 다소 늦게 시위가 시작되었다. 하지만 3월 중순 이후 4월 중순까지 활발한 시위가 전개되었다. 경남에서는 하동, 합천, 창원, 진주, 김해 등에서 가장 활발한 시위가 전개되었다. 특히 합천군에서는 13회나 시위가 있었고, 3월 23일 시위는 수천 명이 참여한 대규모 시위였다. 경북에서는 각 군에서 골고루 만세시위가 있었지만, 특히 안동 11개 곳에서 14회의 시위가 있었다. 영남 지방 시위의 주체는 기독교도, 천도교도, 각급 학교 학생들이었으며, 참가계층은 농민, 어민, 상인, 노동자 등이었다. 일본군 측 자료에 의하면, 경남의 시위 참가자는 경기도 다음으로 많은 10만여 명이었다고 한다. 경남에서 군중들에 의해 습격·파괴된 일제 관서는 경찰관서 15개소, 헌병대 7개소, 군청과 면사무소 7개소, 우편소 6개소, 기타 8개소로 모두 39개소나 되었다. 경북에서 피습당한 관서는 경찰관서 12개소, 면사무소 3개소, 우편소 1개소, 기타 2개소로 모두 18개소였다.

국내뿐 아니라 국외에서도 만세시위가 활발하게 전개되었다. 압록강 너머 서간도에서는 3월 12일 부민단이 주축이 되어 유하현 삼원포와 통화현 금두복락에서 수백 명이 독립축하회를 갖고 만세시위를 전개했다. 두만강 너머 북간도에서는 3월 13일 1만여 명의 한인들이 용정 북쪽의 서전들에 모여 독립선언과 만세시위를 벌였다. 훈춘에서도 3월 20일 만세시위가 있었다.

러시아 연해주의 블라디보스토크 신한촌에서도 3월 17일 한인들이 만세행진을 했다. 미주 지역에서도 3월 15일 대한인국민회 중앙총회가 미주, 멕시코, 하와이 거류 동포 전체회의를 열어 독립을 다짐하는 12개항의 결의안을 채택하고 포고문을 발표했다. 재미 교포들은 서재필의 주선으로 4월 14일부터 16일까지 필라델피아에 집결하여 한인자유대회를 열고 독립선언식과 시가행진을 가졌다.

일제의 탄압과 3·1운동의 역사적 의의

만세시위운동이 일어나자 일제는 강력한 진압에 나섰다. 3월 1일 조선총독 하세가와는 즉각 "추호의 가차도 없이 엄중 처단한다"는 협박문을 발표하고 발포 명령을 내렸다. 육군성은 3월 7일 조선군사령관에게 "불상사를 속히 진압하고 거사를 미연에 방지하는 수단을 유감없이 발휘하라"고 지시했다. 비폭력적인 만세시위를 무력으로 진압한다는 방침을 세운 것이다. 당시 조선에 주둔하고 있던 일본군은 2개 사단 23,000여 명에 달했는데, 일제는 이 병력으로는 진압이 어렵다고 판단하고 4월 들어 본토에서 헌병과 보병부대를 증파했다.

3월 중순 이후 시간이 흐를수록 시위 도중 군경의 발포로 인한 사망자가 크게 늘어났고, 4월 15일 수원 제암리에서는 30명의 주민이 일제의 보복 만행으로 살해되는 제암리 학살 사건이 일어났다. 일제의 가혹한 탄압으로 조선 사람들이 얼마나 희생되었는지는 일제 측 자료도 각각 달라 정확히 알 수 없다. 일제 측 자료는 1919년 3월 이후 1년간 피살자를 350명 혹은 630명, 부상자는 800명 혹은 1,900명으로 기록하고 있다. 또 투옥된 이들은 8,000~9,000명으로 기록되었다.

〈표 3〉에 의하면 3·1운동으로 투옥된 이들은 8,511명이었다. 그 가운데 가장 많은 수를 차지한 것은 농민으로서 전체의 58.4%였다. 그 다음이 교사와 학생, 상인들이었다. 한편 감옥의 수용시설이 모자라 시위의 단순가담자들은 즉결심판을 거쳐 태형에 처해진 경우가 많았다. 만세시위를 준비한 민족대표들은 재판에서 보안법, 출판법, 제령 7호 위반 등으로 징역 1~3년을 언도받았다.

3·1운동은 한국 독립운동사에서 가장 큰 의미를 지닌 사건이다. 거의 대부분의 한국인이 대동단결해 독립을 외친 일은 3·1운동 외에 없었기

〈표 0〉 3 1운동 입감자이 계급·계층별 구성(3. 1~5. 31)

직업	농민	노동자	지식인, 청년, 학생				상공업자				무직자	합계
			교사 학생	종교인	기타 공무 자유업 자	계	상업 종사자	기타 자영업 자	공업 종사자	계		
입감자 수 (%)	4,969 (58.4)	328 (3.9)	1,226 (14.4)	267 (3.1)	283 (3.3)	1,776 (20.8)	718 (8.4)	173 (2.0)	283 (3.3)	1,174 (13.8)	264 (3.1)	8,511 (100)

* 출전: 近藤劒一, 『萬歲騷擾事件』(1), 1964, 223~227쪽.

때문이다. 3·1운동은 한국인들이 신분, 계급, 지역을 넘어 하나가 된 사건이었으며, 그런 점에서 한국인이 근대민족으로 거듭나는 계기가 되었다.

3·1운동은 한민족의 주체적 독립 쟁취에 강한 자신감을 부여했고, 이후 해방의 그날까지 독립운동을 지속시킨 원동력이 되었으며, 세계인들에게 한민족의 자주독립 의지와 역량을 알리는 절호의 기회가 되었다. 이 운동으로써 2차 대전 이후 한국의 독립은 자명한 사실이 될 수 있었다. 3·1운동은 대외적으로는 항일운동이요, 대내적으로는 공화주의운동의 의미를 가졌다. 3·1운동 과정에서 여러 공화주의 임시정부안들이 나왔고, 그 연장선상에서 대한민국임시정부가 탄생할 수 있었다. 3·1운동은 무장독립운동도 유발시켰다. 국경 일대에 독립군이 조직되어 1919년 가을부터 활발한 운동을 전개한 것은 3·1운동의 결과라 할 것이다. 3·1운동은 이후 대중운동을 고양하여 노동자와 농민층이 근대적인 주체로 거듭나게 했다. 또 일제의 식민 통치를 '무단통치'에서 '문화정치'로 전환시켰다. 이로써 국내 민족운동과 사회운동의 활동영역이 다소 넓어질 수 있었다. 국제적으로는 중국의 5·4운동에 영향을 주었으며, 인도·베트남·필리핀 등 아시아 각국의 민족운동에도 자극을 주었다.

민주공화제의 대한민국임시정부가 수립되다

상하이와 노령에서의 임시정부 수립

1919년 대한민국임시정부의 성립은 전적으로 3·1운동의 결과물이었다.

우선 3월 2일 천도교 쪽에서 제작해 뿌린 『조선독립신문』의 기사를 보면 "근일 중에 가정부假政府를 조직하고 가대통령假大統領 선거를 할 것이다"라는 내용이 들어 있다. 여기서 '가假'는 '임시'를 뜻하는 말로써, '가정부'는 임시정부, '가대통령'은 임시대통령을 뜻한다. 이 기사는 3·1운동 준비 과정에서 임시정부에 대한 논의가 있었음을 말해준다. 이후 만세운동을 통해 뿌려진 수많은 종류의 전단에는 크게 다섯 가지 정도의 임시정부 수립안이 제시되었다.

가장 먼저 나온 안은 4월 9일 서울에 뿌려진 전단의 '조선민국 임시정부'안이었다. 이 문서는 조선민국 기원을 썼고 조선국민대회와 조선자주당 연합회 명의로 되어 있다. 여기서는 천도교의 최고 책임자인 손병희를 임시정부 수석인 '정도령正都領'으로, 미국에 있던 이승만을 '부도령副都領'으로 지명했다. 또 내각총무경에 이승만, 외무경에 민찬호, 법무경에 윤익선, 식산무경에 오세창, 내무경에 김윤식, 군무경에 노백린을 지명하는 등, 천도교계 인사들이 다수 포함되었다(손병희·윤익선·오세창). 이런 점으로 미루어보아 천도교계에서 만든 전단이었을 것으로 추측된다.

한편 4월 23일에는 이른바 '한성정부'안의 전단이 뿌려졌다. '한성정부'안은 서울을 중심으로 이규갑·홍면희·한남수·김사국 등이 만든 것이었다. 이들은 3월 중순부터 임시정부 수립 계획을 세우고, 각 방면의 인사들을 모아 4월 2일 인천 만국공원에서 회의를 가졌다. 여기에는 기독교계의 박용희·장붕·이규갑, 유교계의 김규, 불교계의 이종욱 등이 참석했다. 이들은 서울에서 국민대회를 갖고 임시정부 조직을 선포하기로 계획했다. 다만 상하이의 사정을 알아본 뒤에 국민대회 개최 여부를 결정하기로 하고 한남수를 상하이로 파견했다. 서울에 남은 이들은 예정대로 국민대회를 준비하면서 이에 이름을 올릴 13도 대표를 물색했다. 이들은 4월 초순부터 「국민대회취지서」, 「선포문」 등의 문건을 만들기 시작해 4월 16일경 최종 확정한 것으로 보인다. 선포문에는 임시정부의 조직, 약법, 임시정부 각원과 평정관, 강화회의 출석위원 명단 등이 들어 있었다. 그 가운데 '약법'에는 제1조 "국체는 민주제를 채용함", 제2조 "정체는 대의제를 채용함", 제3조 "국시는 국민의 자유와 권리를 존중하고 세계평화와 행복을 증진하게 함" 등의 내용이 있다. 대의민주주의에 기초한 공화제 정부를 만들려 했던 것이다.

이들은 임시정부의 각원으로 집정관총재 이승만, 국무총리총재 이동휘, 외무부총장 박용만, 내무부총장 이동녕, 군무부총장 노백린, 재무부총장 이시영, 법무부총장 신규식, 학무부총장 김규식, 교통부총장 문창범, 노동국총판 안창호, 참모부총장 유동열 등을 선정했다. '한성정부'안에서 이승만이 집정관총재로 선임된 것은 이 안을 만든 '국민대회' 팀을 이끈 이들이 기호 지방 기독교인들이었던 것과 관련이 있는 것으로 보인다. 이규갑은 충남 아산 출신의 전도사였고, 장붕은 서울 출신의 장로였으며, 박용희는 서울 출신의 전도사였다.

4월 16일 상하이에 도착한 한남수는 뒤에 보듯이 4월 11일 상하이에서 이미 임정이 수립된 것을 보고 4월 21일 서울에 전보를 보내 국민대회를 중지하도록 요청했다. 그러나 서울에서 소식을 기다리던 이규갑·홍면희는 국민대회 개최의 일을 학생 조직인 김사국·현석칠에게 인계한 뒤 4월 20일경 상하이로 떠났기 때문에 이 전보를 받아보지 못했다. 4월 23일의 국민대회는 학생들인 김유인·이춘균·장채극·김옥결·이철 등에 의해 준비되었다. 그러나 4월 23일 서울 서린동 봉춘관에서 열기로 예정되었던 '13도 대표자회의'는 무산되었다. 13도 대표자 명단이 급히 작성되어 연락이 제대로 되지 않았고, 또 주동자라 할 수 있는 이규갑·한남수·홍면희 등이 상하이로 떠나버렸기 때문이었던 것으로 보인다. 결국 이날 국민대회는 학생들이 자동차에 '국민대회, 공화만세' 등의 깃발을 달고 임시정부 수립을 알리는 전단을 뿌리는 수준에 그쳤다. 이날 서울에서 발표된 정부안은 이후 '한성정부'안이라 불리게 된다.

그런데 그보다 6일 앞선 4월 17일경 평북 철산·선천·의주 등지에 「신한민국정부선언서」라는 전단이 뿌려졌다. '신한민국정부'안을 만든 이들은 이춘숙, 홍진의, 이봉수 등으로 추정되고 있다. 이 가운데 이봉수는 상하이에서 이광수의 지시를 받고 국내에 들어와 홍진의, 이춘숙의 도움을 얻어 앞서 본 한성정부 추진 세력과 접촉을 추진했다. 그리하여 홍진의는 한성정부 추진의 핵심인물이었던 홍면희와 접촉하여 한성정부 내각 명단의 초안을 전해 듣고, 이를 약간 수정하여 신한민국 내각 명단을 만든 것으로 보인다. 여기에 나온 각료 명단을 보면 집정관 이동휘, 국무총리 이승만, 내무부장 미정, 내무차장 조성환, 외교부장 박용만, 외교차장 김규식, 재정부장 이시영, 재정차장 이춘숙, 교통부장 문창범, 교통차장 이희경, 노동부장 안창호, 노동차장 민찬호 등으로 되어 있다. 가장 큰 차이는 한성정부의 '집정관 이승만, 국무총리 이동휘'안을 '집정관 이동휘, 국무총리 이승만'안으로 바꾼 것이다. 이춘숙·홍진의·이봉수는 모두 함경도 출신으로, 러시아에서 활동하던 이동휘에게 더 큰 기대를 가졌던 것으로 보인다. 이봉수는 4월 초 강대현을 상하이에 파견하여 독립임시사무소에 신한민국정부안을 전달했다. 그런데 강대현이 상하이에서 제시한 명단은 홍진의 등이 만든 본래의 신한민국정부안과 약간 차이가 있었다. '부장' 대신 '총장'이라는 명칭을 썼고, 노동부장과 차장이 없는 대신 안창호가 내무총장으로 되어 있으며, 교통차장에 이희경 대신 현순이 들어갔다. 상하이의 분위기를 감안하여 안창호를 요직인 내무총장으로 하고, 독립임시사무소의 주요 인물인 현순을 교통차장에 넣은 것으로 보인다. 뒤에 보듯이 강대현이 전달한 신한민국정부안은 4월 11일 구성된 상해 임시정부 각료 명단의 기초가 된다.

그 밖에 임시대한공화정부안, 대한민간정부안, 고려임시정부안 등이 국내에서 발표되었으나 모두 전단 속의 정부안에 그친 것들이었다. 하지만 이런 정부안들이 모두 공화제를 지향하고 있었다는 점은 주목할 만하다. 왜 이런 상황이 나타났을까. 국내적으로는 대한제국 정부가 이미 사라졌다는 것, 국제적으로는 1911년의 신해혁명, 1917년의 러시아혁명, 그리고 1918년의 독일혁명이 큰 영향을 미쳤을 것이다. 특히 대표적인 제정국가였던 러시아와 독일의 제정이 붕괴된 것은 세계 대세가 이미 공화정으로 기울었다는 의미로 받아들여졌다.

한편 국외에서는 러시아령에서 먼저 임시정부에 해당하는 '대한국민의회'가 조직되었다. 1919년 당시 러시아 연해주 지역에는 한인 동포 약 20만 명이 거주하고 있었다. 이들은 1918년 6월 니콜리스크(현 우수리스크)에서 전로한족대표회의를 개최하고, 한인 자치기관으로 '전로한족회 중앙총회'를 구성했다. 회장으로는 문창범이 선출되었고 지방 조직으로 포세트,

니콜리스크, 스찬, 하바롭스크, 아무르 등에 한족연합회를 두었다. 전로한족회 중앙총회는 러시아에 귀화한 한인과 귀화하지 않은 한인들이 연합하여 만든 조직이었다.

당시 연해주 지역에서는 볼셰비키 세력과 반볼셰비키 세력의 충돌이 치열하게 전개되고 있었다. 따라서 전로한족회 중앙총회도 불안한 상태에 놓일 수밖에 없었다. 그런 가운데 1차 세계대전의 종전이 다가오고, 파리강화회의 개최 소식이 전해졌다. 이에 1919년 1월 블라디보스토크의 신한촌 한민회는 파리강화회의에 대표를 파견할 것을 전로한족회 중앙총회에 건의했다. 니콜리스크의 중앙총회는 1월 27일 윤해·고창일을 대표로 파견하기로 결정했다. 중앙총회는 또 2월 7~11일 사이에 각 지방 한족회 대표자회의를 개최했는데, 여기에 130여 명의 대표자가 참여하여 파리강화회의에 파견할 대표의 여비 조달 방법을 논의했다. 2월 들어서는 도쿄 유학생들의 2·8독립선언 소식이 전해졌고, 상하이 신한청년당의 여운형이 니콜리스크와 블라디보스토크에 와서 상하이와 도쿄의 움직임을 전하고 독립운동 방안을 논의한 뒤 3월 6일 상하이로 돌아갔다.

전로한족회 중앙총회는 2월 25일 니콜리스크에서 러시아령의 각지, 서북간도, 국내 등에서 온 대표자 약 130명이 참석한 가운데 녹립운동 난체 대표회의를 열었다. 그들은 이 대회에서 '임시정부와 같은 중앙기관'을 창설하고 정부 각료의 인선을 마친 뒤 그 명의로 일본 정부에 한국 독립 승인의 최후통첩을 발하고, 일본 당국으로부터 회답이 없을 경우 중국과 러시아의 한인 및 국내 한인 일반의 명의로 영구적인 혈전을 선언하기로 했다. 그에 따라 이들은 임시정부의 성격을 띠는 기구로서 '대한국민의회'를 조직하기로 했다.

대한국민의회는 3월 17일 대한국민의회 의장 문창범, 부의장 김철훈, 서기 오창환의 명의로 독립선언서를 발표함으로써 그 성립을 대외적으로 선포했다. 이로써 대한국민의회는 3·1운동 이후 선포된 최초의 임시정부 성격의 기관이 되었다. 대한국민의회 간부진으로는 위의 사람들 외에 외교부장에 최재형, 선전부장에 이동휘, 재정부장에 한명세가 선임되었다. 하지만 이동휘가 선전부장직을 거절하여 김하석이 이를 대신 맡았다. 대한국민의회는 당초 전로한족회 중앙총회가 확대된 형태를 취했기 때문에 간부진도 대체로 러시아에서 활동하던 이들을 중심으로 구성되었다. 대한국민의회는 소비에트 방식의 의회제도를 채택했기 때문에 입법 기능뿐만 아니라 행정·사법의 기능까지 겸하고 있었으며, 상설의원 30명과 통상의원 40~50명으로 구성되었다.

국내와 러시아령뿐만 아니라 상하이에서도 임시정부 수립운동이 진행되었다. 상하이는 1910년대 독립운동가들이 가장 많이 몰려든 곳의 하나였다. 그들은 이곳에서 중국의 신해혁명에 큰 관심을 가지면서 독립운동의 새로운 방향을 모색했다. 신규식·박은식 등 주로 상하이의 '동제사'를 중심으로 독립운동을 전개하던 이들은 1917년 7월 '대동단결선언'을 발표하고 국민대표회의를 열 것을 국내외에 제창했지만 이렇다 할 호응을 받지 못했다. 그러나 이들은 선언문을 통해 대한제국의 망국과 함께 주권은 황제로부터 국민에게 넘어왔다고 주장했다. 국민에게 주권이 있다는 것은 향후 세워질 국가가 군주국이 아닌 민주공화국이 되어야 한다는 의미였다. 일부 독립운동가들은 1910년대에도 여전히 복벽운동, 즉 대한제국의 복구운동에 미련을 갖고 있었다. 예를 들어 이상설·성낙형은 1915년 신한혁명당을 조직하고 고종을 당수로 추대했으며, 국내에 들어가 고종황제의 위임장을 받으려 했지만 좌절되었다. 그런 가운데 1917년 4월 미국이 세계대전에 참전하여 정세가 크게 바뀌자, 신규식·박은식 등은 군주제를 포기하고 공화주의에 기초한 민주공화국을 세워야 한다는 데 의견을 모은 것이다.

한편 1918년 11월 상하이의 한인 청년들은 신한청년당이라는 조직을 결성했다. 이들은 파리강화회의뿐만 아니라 국내(선우혁·김철 등), 러시아·만주(여운형), 일본(장덕수)에 사람을 보내, 각지에서 독립선언 등 독립운동을 전개해줄 것을 당부했다.

당시 국내에서 3·1운동을 준비하던 천도교·기독교 인사들은 상하이에서 온 선우혁의 전언을 듣고 국내에서 독립선언과 만세시위운동을 전개하고, 일본 정부와 총독부에 독립청원서를 보내며, 상하이에 대표를 보내 열강에 독립청원문서를 발송할 것을 결정했다. 그리고 이러한 사실을 알리고 지속적인 독립운동을 펴기 위해 상하이에 현순을 파견했다.

현순은 3월 1일 상하이에 도착하여 신규식·이광수·김철·선우혁 등을 만나 국내의 만세운동 준비 소식과 독립선언서를 전하고, 프랑스 조계 내에 독립임시사무소를 개설했다. 국내의 만세운동 소식이 언론을 통해 국외에 널리 알려지자, 상하이로 모여드는 독립운동가들이 크게 늘어났다. 3월 말경까지 일본에서 온 신익희·윤현진, 만주와 러시아에서 온 이동녕·조성환·이시영·조소앙·김동삼, 국내에서 온 최창식 등과 본래 상하이에 머무르고 있던 신규식·김철·선우혁 등은 독립임시사무소에 함께 참여했다.

상하이 독립임시사무소의 독립운동가들은 독립운동을 이끌어갈 최고기관을 만드는 논의를 진행했다. 정당을 설립하자는 의견도 일부 있었지만, 임시정부를 수립하자는 의견이 다수였다. 임시정부를 수립하여 독립의 의지를 보다 확실하게 보여줄 필요가 있다는 주장이었다. 그런 가운데, 앞서 본 것처럼 4월 8일 강대현이 신한민국정부안을 가지고 상하이에 도착했다. 현순의 말에 따라 그동안 국내에서의 정부수립안을 기다리고 있던 이들은 상하이의 독립임시사무소에서 4월 9일부터 정부 수립을 위한 회의를 진행했다. 이들은 4월 11일 먼저 각 지방 대표들로 의회를 구성하기로 하고, 그 이름을 '임시의정원'이라 정했다. 4월 11일 제1차 임시의정원 회의에 출석한 이들은 현순, 손정도, 신익희, 조성환, 이광, 이광수, 최근우, 백남칠, 조소앙, 김대지, 남형우, 이회영, 이시영, 이동녕, 조완구, 신채호, 김철, 선우혁, 한진교, 진희창, 신철, 이영근, 신석우, 조동진, 조동호, 여운형, 여운홍, 현창운, 김동삼 등이었다.

임시의정원은 초대 의장에 이동녕, 부의장에 손정도를 각각 선출했다. 이들은 11일 회의에서 '대한민국'이라는 국호와 '민국'이라는 연호를 제정했다. 국호로는 '대한민국', '조선공화국', '고려공화국' 등의 의견이 나왔다. '대한민국'을 주장한 이들은 '대한'에는 일본에게 빼앗긴 나라를 되찾는다는 의미가 있으며, '민국'에는 중화민국처럼 공화제국가임을 분명히 보여주는 의미가 있다고 주장하여 결국 '대한민국'으로 결정되었다.

같은 날 이들은 관제(정부 조직 구성)와 국무원에 관한 문제도 토의했다. 관제는 신한민국정부안을 참고했지만, 집정관제를 없애고 국무총리제만 두고 법무·군무부를 증설하기로 했다. 그에 따라 국무총리를 수반으로 하는 국무원 안에는 내무·외무·재무·법무·군무·교통의 6부를 두고 각 부에 총장과 차장을 두게 되었다. 국무원의 인선과 관련해서는 우선 국무총리에 이승만, 국무원 비서장에 조소앙을 선임했다. 국무총리의 선거와 관련해서는 신석우·조완구의 동의·재청으로 국내의 신한민국정부안에 나온 대로 국무총리에 이승만을 선거하자는 제의가 있었다. 이에 대해 신채호는 "이승만은 위임통치 및 자치 문제를 제창한 자이니 국무총리로 선임할 수 없다"고 반대하고 나섰다. 결국 이승만 외에 다른 후보자 2인을 구두로 추천받은 뒤 투표하기로 하여, 안창호, 이동녕, 이승만 3인이 후보자가 되었다. 그리고 무기명 단기식 투표의 결과 이승만이 다수의 표를 얻어 당선되었다.

여기서 신채호가 제기한 이승만의 위임통치 청원이란 무엇을 말하는 것이었을까. 파리강화회의에 가고자 했던 이승만의 측근 정한경은 1919년 2월 파리행이 불가능해지자 이승만을 찾아가 위임통치 청원문안이 담긴 청원서라도 윌슨에게 제출하자고 제안했다. 이에 이승만은 3월 7일 이 청원서를 국무장관 대리에 전하고, 파리에 가 있는 랜싱Robert Lansing 국무장관에게 전달해달라고 요청했다. 그리고 이승만은 3월 16일 기자회견을 열고 위임통치 청원서를 공개했다. 그 내용은 미국이 국제연맹의 위임을 받아 한국을 통치해달라는 것이었다. 이승만과 정한경이 위임통치를 청원한 것은 한국의 즉시 독립이 불가능하다는 판단 때문이었다. 이들은 한국 스스로의 힘으로는 독립이 불가능하다는 생각을 갖고 있었다. 그러나 이들의 위임통치 청원은 3·1운동 직후 한국인들의 정서와는 거리가 너무

멀었다.

어쨌든 당시 상하이에서는 이런 사실을 자세히 알 수 없었고, 신채호의 문제제기는 일종의 의혹 제기 수준에 그쳤다. 이승만을 국무총리로 선출한 임시의정원은 이어서 각부 총장과 차장으로 내무총장 안창호, 차장 신익희, 외무총장 김규식, 차장 현순, 재무총장 최재형, 차장 이춘숙, 군무총장 이동휘, 차장 조성환, 법무총장 이시영, 차장 남형우, 교통총장 문창범, 차장 선우혁 등을 선출했다.

임시의정원은 같은 날 「대한민국임시헌장」을 선포했다. 임시헌장은 서두의 헌법 전문 형식의 선포문, 그리고 이어지는 10개 조항의 규정으로 구성되었다. 주요 내용은 다음과 같았다.

제1조 대한민국은 민주공화국제로 함.

제2조 대한민국은 임시정부가 임시의정원의 결의에 의해 이를 통치함.

제3조 대한민국의 인민은 남녀, 귀천 및 빈부의 계급이 없고 일체 평등이다.

제4조 대한민국의 인민은 신교信敎, 언론, 저작, 출판, 결사, 집회, 신서信書, 주소이전, 신체 및 소유의 자유를 향유함.

제5조 대한민국의 인민으로서 공민公民 자격이 있는 자는 선거권 및 피선거권이 있음.

제6조 대한민국의 인민은 교육, 납세 및 병역의 의무가 있음.

제7조 대한민국의 인민은 신神의 의사에 의하여 건국한 정신을 세계에 발휘하며, 나아가 인류의 문화 및 화평에 공헌하기 위하여 국제연맹에 가입함.

제8조 대한민국은 구황실을 우대함.

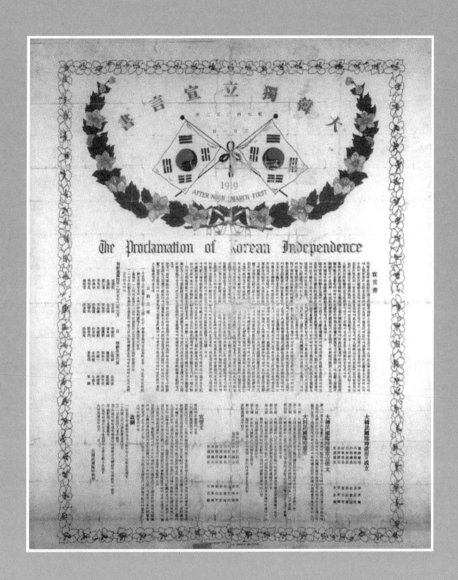

대한독립선언서

1919년 4월 미주에서 발행된 대한독립선언서. 3·1독립선언서 전문과 대한민국임시정부 각료 명단, 임시헌장, 선언문, 정강 등이 실려 있다.

제9조 생명형, 신체형 및 공창제를 전폐함.

제10조 임시정부는 국토 회복 후 만 1년 내에 국회를 소집함.

임시헌장은 제1조에서 "대한민국은 민주공화국제로 함"을 선언했다. 이는 당시 국내외에서 발표된 다른 정부안들이 명확히 천명하지 않은 대목이었다. 그리고 당시 중국의 헌법도 공화제를 천명했을 뿐 민주공화제를 내세우지는 않았다. 1919년 8월의 바이마르공화국 헌법도 마찬가지였다. 당시 임시정부의 임시헌장을 만든 이들은 공화제에는 귀족공화제와 민주공화제가 있다고 있었고, 따라서 임시정부는 귀족공화제가 아닌 민주공화제를 지향한다는 점을 분명히 하려 한 것이었다. 제8조의 구황실 우대조항은 반대론도 많았지만, 대중들의 구황실에 대한 정서를 고려하여 포함시켰다. 또 제2조에서 임시정부는 임시의정원의 결의에 의해 통치한다고 하여, 정부의 통치권을 임시의정원이 뒷받침한다는 것을 역시 명기했다. 그리고 제10조에서 국토 회복 후 1년 내에 '국회'를 소집한다고 명기했다. 현재 대한민국 '국회'의 명칭은 이로부터 온 것이다. 제3조부터 제6조까지는 민주공화국에 필수적인 인민의 권리와 의무에 대해 규정하고 있다.

한편 임시의정원은 4월 25일 임시의정원법을 제정했다. 이에 의하면, 임시의정원은 각 지방 인민의 대표위원으로 조직하고, 위원의 자격은 대한국민으로서 중등교육을 받은 만 23세 이상 남녀에 한정하도록 되어 있었다. 의원 수는 인구 30만 명에 각 1인을 선출하는 것으로 했으나, 정밀한 인구조사가 이루어지기 전에는 경기·충청·경상·함경·평안도는 각 6

인, 전라·강원·황해도는 각 3인, 중국령·러시아령·미국령에서는 각 3인을 선출하도록 했다. 이에 따르면 의원 정수는 48인이 된다. 의원의 임기는 2년으로 했다.

임시의정원법에 의하면, 임시의정원은 일체의 법률안 의결, 임시정부 예산 및 결산 의결, 전국의 조세·화폐·도량형 준칙 의결, 공채 모집과 국고 부담에 관한 사항 의결, 국무원 및 주외 공사의 선정, 선전宣戰·강화講和와 조약 체결의 동의, 대사大赦·특사·감형·복권의 동의, 임시정부의 자문에 대한 답변, 인민의 청원 수리, 국무원에 대한 질문서 제출과 답변 요구, 국무원 탄핵 등의 권리를 가졌다.

이상과 같이 상해 임정은 4월 11일 정부를 구성한 이후 체제를 정비해 나갔지만, 러시아령의 대한국민의회와 통합하는 과제가 남아 있었다.

상해 임시정부와 대한국민의회의 통합

상해 임시정부와 러시아령의 대한국민의회 통합 논의는 대한국민의회 측이 먼저 제기했다. 대한국민의회는 1919년 4월 29일 블라디보스토크 신한촌에서 회의를 열어 상해 임시정부를 '가승인'하기로 하고, 일본군이 시베리아를 떠난 뒤 상해 임시정부를 러시아령으로 이전하도록 한다는 방침을 결정했다. 국민의회 측이 의회는 구성했지만 내각은 구성하지 못했기 때문이었던 것으로 보인다. 대한국민의회 측은 이런 뜻을 전하기 위해 원세훈을 교섭특사로 선출하여 상하이로 파견했다. 5월 7일 상하이에 도착한 원세훈은 러시아령에도 국민의회가 있으니 임시의정원과 통합하고 장차 정부를 러시아령으로 옮기자는 의견을 제시하면서 통합 논의를 시작했다.

상해 임시정부 측에서는 5월 25일 안창호가 상하이에 도착한 이후 통합 문제가 논의되기 시작했다. 6월 17일 국무원에서는 국무총리 이승만의 명의로 된 「공함」을 의정원에 제출했다. 이 「공함」은 ① 임시정부는 상하이에 두고, ② 임시의정원과 대한국민의회를 통합하여 의회를 구성하되, 국민의회 측에서 그 위치를 러시아령 쪽에 절대로 두자고 할 때에는 이를 허용하고, ③ 의회는 단순한 의사기구로서만 기능해야 한다는 등의 내용을 담고 있었다. 그러나 임시의정원의 입장에서는 임시정부는 상하이에 두고 통합의회는 러시아령에 둘 수 있다는 안을 받아들이기 어려웠다. 따라서 임시의정원은 이 안건을 국무원에 돌려보냈다.

여기서 안창호는 상해 임시정부와 노령의 대한국민의회 통합 방안으로 '한성정부'안을 원용하는 안을 생각해냈다. 한성정부안에 국민의회의 유력한 지도자인 이동휘가 서열 2위인 국무총리로 이름을 올리고 있었기 때문에, 양자를 통합하는 하나의 방안이 될 수 있다고 생각한 것이다. 그동안 상해 임정 쪽에서는 4월 중순 이규갑·홍면희 등이 한성정부안을 상하이로 가지고 온 이후, 사실상 이를 무시하는 태도를 보여왔다. 이미 신한민국정부안을 참고하여 상해 임시정부를 구성한 뒤였기 때문이다. 그런데 이제 안창호가 한성정부안을 상해 임정과 러시아령 대한국민의회 통합안으로 활용하고자 한 것이다. 안창호는 상해 임시정부 대신 한성정부안으로 내각을 재구성한다는 안을 만들어, 현순과 김성겸을 8월 20일경 대한국민의회 측에 파견했다.

현순과 김성겸은 러시아령으로 가서 이동휘 등 대한국민의회 측 사람들을 만났다. 현순과 김성겸은 대한국민의회와 상하이 임시의정원을 모두 해산하고, 13도 대표가 한성에서 국민대회의 이름으로 조직·발표한 임시정부를 봉대하는 것으로 하고, 임시의정원은 한성정부 각원이 취임하여 적법한 신국회를 소집할 때까지 잔무만을 처리하기로 했다고 전했다. 그리고 이들은 국민의회 측에 국민의회 의원 5분의 4가 임시의정원에 참여할 수 있도록 하겠다고 약속한 것으로 보인다. 대한국민의회 측은 이 조건을 받아들이고, 8월 30일 총회를 열어 만장일치로 해산을 결의했다. 그리고 국무총리로 지명된 이동휘는 곧 상하이로 출발하여 9월 18일 상하이에 도착했다.

그런데 그 사이 상하이에서는 안창호에게 난처한 일이 일어났다. 안창호는 8월 25일 국무총리대리의 명의로 이승만에게 전보를 보내 한성정부나 상해 임정 어느 쪽에도 '대통령'이라는 직명이 없으므로 대통령 직명을 사용하지 말아달라고 요청했다. 이승만이 한성정부의 집정관총재로 지명되었다는 소식을 들은 이후 영어로 President, 한글로 '대통령'이라는 직함을 사용하고 있었기 때문이다. 안창호의 전보를 받은 이승만은 8월 26일 전보를 보내 "대통령이라는 명칭은 변경할 수 없다"는 거부의 답변을 보내왔다. 한성정부안을 토대로 통합정부를 만들고자 했던 안창호는 '집정관총재' 대신 '대통령'이라는 직함을 사용하겠다는 이승만의 주장을 따를 수밖에 없었다. 안창호는 8월 28일 임시의정원에 임시정부 개조안과 임시정부 헌법 초안을 제출했다.

임시정부 개조안은 ① 총리제를 대통령제로 고치고, 현 국무총리 이승만 박사를 대통령으로 선거하며, ② 조직을 확장하여 행정 6부를 7부 1국으로 하고, 총리·총장 및 총판을 선임한다는 것 등이었다. 이는 한성정부안을 대체로 따르면서 '집정관총재'의 명칭을 '대통령'으로 변경한 것이었다. 각원은 총리에 이동휘, 내무총장에 이동녕, 외무총장에 박용만, 군무총장에 노백린, 재무총장에 이시영, 법무총장에 신규식, 학무총장에 김규식, 교통총장에 문창범, 노동국총판에 안창호 등으로, 한성정부의 내각안을 그대로 따랐다. 그런데 주목할 것은 이 개조안에 한성정부의 "집정관총재를 대통령으로 고친다"고 되어 있는 것이 아니라, "총리제를 대통령으로 고친다"고 되어 있다는 것이다. 즉 한성정부안을 고치는 형식이 아니라 기존의 상해 임시정부를 '개조'하는 형식을 취한 것이다. 이는 상해 임정을 해산하고 한성정부를 승인·봉대하는 것이 아니라, 상해 임정을 개조하는 형식을 취한 것이었다. 그렇게 한 이유는, 만일 한성정부를 승인·봉대하는 형식을 취하게 되면 한성의 국민대회를 인정하고 임시의정원의 권위를 부정해야 했는데, 그렇게 할 수는 없었기 때문이다.

임시정부의 임시헌법 공포

한편 임시의정원은 8월 30일부터 안창호가 제출한 임시헌법 초안의 축조심의에 들어갔다. 임시헌법 초안은 8장 57조로 되어 있었다. 그 내용은 임시헌장과 임시의정원법을 부연·보강한 것이었다. 초안에는 임시헌장에 포함되었던 제7조의 국제연맹 가입, 제8조의 구황실 우대안, 제9조 생명형·신체형·공창제 폐지 등에 관한 내용이 삭제되어 있었다. 그러나 임시의정원의 독회와 토론 과정에서 구황실 우대조항은 다시 들어갔다. 또 한성정부안에 있던 노동국총판 대신 농무총장을 넣자는 안도 계속 제기되었지만, 안창호의 강력한 반대로 노동국총판이 그대로 들어갔다. 그 밖에도 임시대통령의 임기가 없는 점, 내각 조직의 책임소재, 임시대통령 및 국무총리의 대리 문제 등이 논의되었다. 임시대통령의 임기 문제와 내각 조직의 책임소재에 대해서는 이 헌법 초안을 만든 내무차장 신익희가 "대통령의 임기는 임시이기 때문에 정하지 않는다. 내각 조직은 국무총리가 책임을 지고 조직한다"고 답변했다. 임시대통령대리 문제에 대해서는, 국무총리가 이를 대리하고 국무총리도 유고일 경우에는 임시의정원에서 임시대통령대리 1인을 선거하여 대리케 한다고 정했다.

임시의정원은 9월 6일 헌법 검토를 마무리 짓고 최종 확정된 안을 7일 국무원에 넘겼다. 국무원은 11일 「대한민국 임시헌법」을 공포했다. 그 가운데 가장 중요한 제1장 '강령' 부분을 보면 다음과 같다.

제1조 대한민국은 대한 인민으로 조직함.
제2조 대한민국의 주권은 대한 인민 전체에 있음.
제3조 대한민국의 강토는 구한국 제국의 판도로 함.
제4조 대한민국의 인민은 일체 평등함.
제5조 대한민국의 입법권은 의정원이, 행정권은 국무원이, 사법권은 법원이 행사함.
제6조 대한민국의 주권 행사는 헌법 범위 내에서 임시 대통령에게 맡김.
제7조 대한민국은 구황실을 우대함.

1919년 3월의 임시헌장 제1조는 "대한민국은 민주공화국제로 함"이었는데, 9월의 임시헌법 제1조는 "대한민국은 대한 인민으로 조직함"으로 바뀌었고, 제2조에 "대한민국의 주권은 대한 인민 전체에 있음"이라는 표현이 새로 들어갔다. 이는 3월의 임시헌장을 주도하여 만든 조소앙이 '민주공화국'이라는 표현을 선호했던 반면, 이 임시헌법 초안을 주도하여 만든 신익희는 그런 표현을 별로 선호하지 않았기 때문으로 보인다. 당시 조소앙은 스위스 제네바에서 열린 만국사회당대회에 참석 중이었기 때문에 헌법 개정에 관여하지 못했다.

임시헌법 제2장 '인민의 권리 의무'는 제8조 인민의 자유, 제9조 인민의 권리, 제10조 인민의 의무 등으로 구성되었다. 인민의 자유와 관련해서는 모든 인민은 신교의 자유, 재산의 보유와 영업의 자유, 언론·저작·출판·집회·결사의 자유, 서신 비밀의 자유, 거주 이전의 자유 등을 가진다고 규정했다.

제3장 '임시대통령' 부분은 선출과 자격, 직권 등으로 구성되었다. 임시대통령 선출은 임시의정원에서 기명 단기식 투표로 선출하며, 투표 총수의 3분의 2 이상을 얻은 자를 당선인으로 한다고 규정했다. 임시대통령의 자격은 대한 인민으로 공권상 제한이 없고 연령이 40세 이상인 자로 한다고 규정했다. 제15조에 서술된 임시대통령의 직권은 법률의 집행, 육해군 통솔, 문무관 및 외교관 임명, 개전 및 강화 선포, 조약 체결, 계엄 선포, 임시의정원의 소집, 법률안의 임시의정원 제출, 사면권 행사 등이었다. 대통령에게 임시의정원의 소집권, 유사시 긴급명령이나 긴급재정처분을 할 수 있는 권리, 법률안 거부권을 부여하고 재의결시 정족수를 4분의 3으로 한 것 등은 대통령에게 상당히 강한 권한을 준 것이었다.

제4장 '임시의정원'은 의원의 자격과 선출, 임시의정원의 직권, 회의 등으로 구성되었다. 의정원 의원의 자격은 대한민국 인민으로서 중등 이상 교육을 받은 만 23세 이상의 자로 한다고 규정했다. 의원은 경기·충청·경상·전라·함경·평안도 및 중국 영토 내 교민, 러시아 영토 내 교민들 가운데 각 6인을 선출하고, 강원·황해도 및 미주 교민들 가운데 각 3인을 선거하도록 규정했다. 이렇게 하면 의원 수는 모두 57인이 된다. 그해 4월 25일 제정된 임시의정원법이 의원 정수를 48인으로 한 것에서 9명이 늘어난 것이다. 전라·중국령·러시아령에서 각 3인씩이 늘어났기 때문이다. 그런데 임시헌법을 만들 당시의 의원 수는 28명밖에 되지 않았다. 많은 이들이 그 사이 임시의정원을 떠났기 때문이다.

임시의정원은 그 직권을 규정한 21조에 의해 법률안의 의결, 예산 의결, 조세·화폐제도와 도량형의 준칙 의정議定, 공채 모집과 국고 부담에 관한 사항 의결, 임시대통령의 선거, 국무원 및 주외 대사·공사 임명의 동의, 선전·강화와 조약 체결 동의, 임시정부의 자문에 대한 회답, 인민의 청원 수리, 법률안의 제출, 임시대통령과 국무원에 대한 탄핵 등의 권리를 갖게 되었다. 임시대통령에 대한 탄핵은 총원 5분의 4 이상 출석, 출석원 4분의 3 이상 찬성으로 가결할 수 있게 했으며, 국무원 탄핵은 총원 4분의 3 이상 출석, 출석원 3분의 2 이상의 찬성으로 가결할 수 있게 했다.

제5장 '국무원' 부분은 국무원의 구성, 책임, 직권 등으로 구성되었다. 국무원國務院은 국무총리, 각 부 총장, 노동국 총판 등 국무원國務員으로 구성하며, 행정사무 일체의 처판處辦을 맡도록 했다. 국무원은 오늘날의 국무회의와 같은 것으로, 여기서 의정하는 사항들은 법률·명령·관제에 관

한 사항, 예산·결산에 관한 사항, 군사에 관한 사항, 조약과 선전·강화에 관한 사항, 고급관리 진퇴에 관한 사항 등이었다. 행정사무는 내무·외무·군무·법무·학무·재무·교통의 각 부와 노동국을 두어 각기 업무를 분장하도록 했다.

제6장 '법원' 부분은 법원의 구성, 직권, 사법관 등으로 구성되었다. 법원은 사법관으로 조직하며, 사법관의 자격은 법률로써 따로 정하도록 했다. 법원은 법률에 의해 민사소송 및 형사소송을 재판하며, 행정소송과 특별소송도 다룰 수 있게 했다. 사법관은 독립하여 재판을 행하며, 상급 관청의 간섭을 받지 아니한다고 규정했다. 사법관은 사법의 선고 또는 징계처분에 의하지 아니하면 면직당하지 않도록 했다.

제7장 '재정' 부분은 조세, 세입, 세출, 예산, 결산 등으로 구성되었다. 임시정부가 조세를 새로이 부과할 때는 법률로써 이를 할 수 있게 했다. 임시정부의 세입·세출은 매년 예산을 임시의정원에 제출하여 의결해야만 했다. 결산은 회계검사원^{會計院}이 검사·확정한 뒤 임시정부가 그 검사 보고와 함께 임시의정원에 제출하여 승인을 받게 했다. 회계검사원의 조직과 직권은 따로 법률로써 정하도록 했다.

위에서 살펴본 것처럼 이 임시헌법은 제대로 된 체계를 갖춘 헌법이었다. 그러나 이 임시헌법에는 독립운동과 관련된 내용이 거의 없었다. 왜냐하면 이 헌법이 당시 중국의 헌법문서들을 크게 참고하여 만들어졌기 때문이었다. 당시 신익희는 「중화민국 임시약법」(1912. 3), 「중화민국 헌법 초안」(1913. 10), 「중화민국약법」(1914. 5) 등 세 헌법 문서를 참고하고 번안하여 임시헌법 초안을 만들었다. 다만 임시대통령과 임시의정원의 관계에서 임시대통령의 권한을 전반적으로 강화한 점, 임시대통령의 임기를 미정으로 한 점, 임시대통령과 국무원(내각)의 관계에서 후자의 지위를 강화한 점, 부통령 대신 국무총리를 대통령 권한대행자로 규정한 점 등에서 차이가 있었다. 여기는 임시대통령의 권한을 강화하여 이승만의 임정 참여를 유도하고, 신익희 자신이 참여하고 있는 국무원의 권한을 강화하려는 의도가 담겨 있었던 것으로 보인다. 결국 이 헌법은 독립운동을 주된 임무로 해야 하는 임시정부의 성격과는 전혀 맞지 않는 헌법이었다. 따라서 6년 뒤인 1925년에 대대적으로 개정되는 운명을 맞게 되는데, 이때는 중국 헌법 문서들의 영향이 크게 약화된다.

통합 임시정부 수립과 그 의의

9월 6일 임시헌법이 통과된 뒤 임시의정원은 정부 개조안에 대해 토의했다. 임시의정원은 새 임시헌법에 따라 한성정부의 내각 명단대로 새 정부 각원들을 선출했다. 그 결과 대통령 이승만 이하 각원들이 선출되었다. 대통령 이승만이 미국에 있어 대리를 선출해야 할 것인지가 논란이 되었지만, 대리는 선출하지 않기로 했다. 마침 9월 18일 국무총리로 선출된 이동휘가 상하이에 도착했으며, 이어서 문창범도 도착했다. 그리고 항저우·베이징 등지에서 이동녕·이시영·신규식 등이 상하이로 왔다.

이동휘와 문창범은 상하이 임시의정원도 해산했을 것으로 예상하고 왔지만, 임시의정원은 그대로 있고 정부만 한성정부로 '개조'하기로 했음을 알게 되었다. 이에 이동휘와 문창범은 통합정부 내각에 취임하는 것을 거부하고 나섰다. 문창범은 민의에 부합하지 않는 정부의 각원에는 참여할

大韓民國臨時政府國務院
大韓民國元年十月十一日

대한민국임시정부 수립 초기의 내각 각료들(1919. 10. 11)
1919년 11월 통합 임시정부가 본격 출범하기 전까지 국무원은 차장 중심으로 운영되었다. 앞줄 왼쪽부터 신익희(법무부 차장), 안창호(노동국총판), 현순(내무부 차장), 뒷줄 왼쪽부터 김철(교통부 차장), 윤현진(재무부 차장), 최창식(국무원 비서장), 이춘숙(군무부 차장).

수 없다고 밝히고 교통총장에 취임하지 않은 채 블라디보스토크로 돌아가 대한국민의회를 다시 세웠다. 그에 따라 임시정부와 대한국민의회의 완전 통합은 사실상 물거품이 되고 말았다. 그러나 11월 3일 이동휘가 국무총리에 취임하고 내무총장 이동녕, 재무총장 이시영, 법무총장 신규식 등이 함께 취임식을 가짐으로써, 임정은 불완전하지만 통합정부의 모습을 갖출 수 있게 되었다.

임시정부, 리더십 문제로 어려움을 겪다

인구세와 애국금의 모집

임시정부의 존립과 활동을 위해 우선 해결해야 할 문제는 재정이었다. 임정은 창립 초기에는 상하이에 도착하는 주요 인물들이 가지고 온 자금이나 국내에서 전달해온 자금으로 운영되었다. 이후 임시정부는 보다 안정적인 재정 운용을 위해 대내적으로 인구세와 애국금을 모집하고, 대외적으로 외국에 독립공채를 발행하기로 했다. 그러나 인구세는 국내의 일부 지방에서만 걷혔고, 애국금도 안정적인 수입원이 될 수는 없었다. 이에 임정은 1919년 11월 29일 '독립공채조례'를 제정·공포하여 1920년 4월부터 시행하기로 했다. 그리고 애국금은 1920년 2월 폐지했다. 애국금 수합제도를 폐지한 것은, 일제의 단속이 심해져 국내에서 자금 모금이 어려워진 점도 있었고, 가짜 애국금 모집원의 등장 등 폐해도 있었기 때문이었다.

독립공채는 임시의정원의 결의에 의거하여 모집하되 기채起債 정액은 4천만 원으로 하고 명칭은 '대한민국원년 독립공채'로 했다. 액면 금액은 1,000원, 500원, 100원의 세 가지로 했으며, 공채의 이자는 연 100분의 1, 공채의 본금은 한국이 독립한 뒤 5년부터 30년 이내에 수시로 상환하는 것으로 했다.

임정은 '임시주외재무관서제'를 만들어 임정에서 위탁한 재무관이 각지의 거류민단 또는 사설단체의 국고금 수납사무를 감독하도록 했다. 이는 미주, 러시아, 간도 등지에서 징수하는 국고금의 수납을 임정이 일괄 관리하겠다는 의도에서 나온 것이었다. 또 '공채모집위원규정'을 만들어 도道에 도위원, 부·군府郡에 부·군위원을 두고, 도위원은 부·군위원을 감독하도록 했다. 도나 부·군위원은 임시정부의 재무총장이 임명하되, 도위원은 그 도 독판부 재무사장이 겸임할 수 있게 했다. 이로써 임시정부는 국내외 동포를 대상으로 하는 인구세, 독립공채의 수납제도를 일원적으로 정비했다.

1920년 임정의 총수입은 69,000달러였는데, 이 가운데 인구세는 2,940달러로 4.3%, 애국금은 44,583달러로 64.6%를 차지했다. 또 구미위원부에서 송금해온 돈도 12,354달러로 17.9%를 점했다. 애국금의 제도는 폐지되었지만 1920년까지 애국금이 가장 큰 비중을 차지했으며, 공채 판매액은 얼마 되지 않았다. 애국금 수납이나 공채 판매 지역은 평안도가 압도적으로 많았고, 그 다음이 전라도, 경상도, 충청도 순이었다. 독립자금 모금과 공채 판매가 이처럼 평안도 지역을 중심으로 이루어진 것은, 이 지역이 압록강과 연해 있어 임정 요원들의 국내 침투에 유리하고, 임정이 비밀리

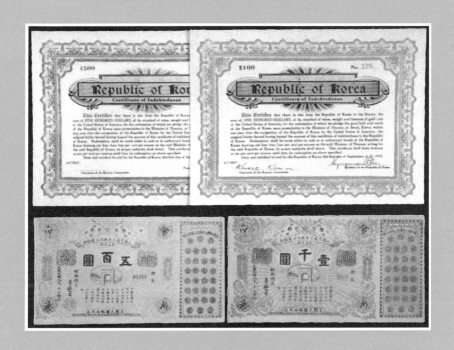

대한민국임시정부가 발행한 독립공채
영문으로 된 것은 구미위원부에서 발행한 500달러, 100달러짜리 공채이다.

에 개설한 '안동-신의주-평양-서울'로 연결되는 국내 교통선의 주요 통로였기 때문일 것이다.

임정 지출내역을 보면 1919년의 경우 기밀비, 여비, 교제비, 보조비, 통신비, 급료 등의 순이었다. 부서별 지출내역은 외무부, 재무부, 국무원의 순으로 많았고, 이들 3개 부서가 전체 지출의 71.6%를 차지하고 있었다.

재정 문제는 곧 권력 문제로 이어지기 때문에, 상해 임정과 미주의 이승만 사이에는 처음부터 이를 둘러싼 갈등이 있었다. 이승만은 직접 미주지역의 모든 재정을 관할하고 공채도 자신의 책임하에 발행하겠다고 주장했다. 그 결과 임정으로부터 미주의 재정업무를 위임받아 애국금 등을 관장하고 있던 대한인국민회 중앙총회와 갈등을 빚게 되었다. 임정은 국무회의를 열어 애국금은 중앙총회가 이미 임정으로부터 위임을 받아 수납해온 것이니 취소할 수 없고, 공채는 장차 주미재무관을 파견하여 발행하겠다고 이승만에게 통보했다. 이승만은 크게 반발했다. 결국 임정은 이동녕, 이시영의 주장에 따라 공채 발행을 구미위원부에 위탁하기로 결정했다. 이승만의 구미위원부는 1920년 6월부터 임정에 송금을 시작했는데, 그 액수는 1919년 8월 이후 2년 동안 구미위원부 총 지출액 91,640달러의 18%인 16,452달러에 지나지 않았다. 이후 임정과 구미위원부 사이에는 재정 문제를 둘러싼 갈등이 계속되었다.

교통국의 설치와 연통제·거류민단제의 실시

임시정부는 상하이에 근거지를 두고 있었지만, 국내외 각지에서 나름의 영향력을 행사하고 독립운동 자금을 모으기 위해 국내외 각지에 임시교통국을 설치하고 연통제를 실시했다.

임정은 우선 국내외 동포를 상대로 독립운동을 선전하고 각지의 독립운동단체나 개인들과 통신·연락을 주고받기 위해 교통부 산하에 임시교통국을 설치했다. 그에 따라 1919년 5월 교통부 안동지부를 안동현의 영국 국적의 아일랜드인 조지 쇼우^{George L. Show}가 경영하는 이륭양행 2층에 설치하고, 그 책임자로 교통차장 공남해를 파견했다. 초창기 임시교통국은 통신 연락·인물 소개 외에 애국금과 같은 독립자금 모금에도 깊이 관계했다. 그러나 1919년 11월 이곳에 재무부 파주소가 설치되면서부터 재정문제는 재무부에서 독자적으로 관리하게 된다. 1920년 3월 임정 교통부는 교통국의 임무를 독립자금 모금과 전달보다는 통신 전달과 적정 탐사에 집중하도록 변경했다.

임정은 안동뿐만 아니라 각지에 교통국을 설치하는 노력을 기울여 1922년 4월까지 강변8군 임시교통사무국, 함남 임시교통사무국, 평양·황해도·경성 교통사무국 등을 개설했다. 경상남북도에도 교통국을 설치하기 위해 김태길을 파견했지만 경찰에 체포되고 말았다. 그 결과 한강 이남에는 교통국을 설치하지 못했다.

각지에 설치된 교통국은 교통원을 통해 임정에서 발행한 각종 선언문, 신문, 지령 등을 국내에 배포하는 한편, 국내 사정을 임정에 보고하고 각지에서 모금된 독립자금을 전달하는 역할을 했다. 당시 임정의 선전물이 국내로 반입된 경로를 보면, 강남공사로 위장한 임정이 중국 우편을 이용하여 『독립신문』 등의 문서를 이륭양행으로 보내면, 안동 교통사무국에서 이를 마대에 넣어 중국인을 이용해 은밀히 의주지국으로 보내고, 의주

지국에서 다시 이것을 평양·사리원·서울 등지의 지국으로 보냈다.

그러나 안동 교통사무국은 1920년 1월, 7월 등 두 차례에 걸쳐 경찰의 급습을 받아 다수 조직원이 검거되고, 1922년에는 이륭양행의 주인 조지 쇼우마저 본국으로 소환됨으로써 활동이 어려워졌다. 1919년 7월 평남 강서군 출신 정진현 목사가 설치한 평양지국은 가장 활발한 활동을 보여 주었으나, 1919년 11월 경찰에 의해 조직이 발각되었다. 경성 교통사무국 은 1919년 11월 이후 황해도 사리원지국과 연락하여 상하이에서 오는 각 종 문서들을 배포하고 독립공채를 판매하기도 했는데, 역시 1920년 8월 경찰에 의해 이원직 등 십여 명이 체포되고 말았다.

안동과 국내에 설치된 교통국은 이와 같이 임정과 국내 각지의 통신· 연락 및 문서·지령의 전달, 독립자금의 모금과 전달 등의 중요한 역할을 했지만, 일제의 경계가 강화되고 마침내 조직이 드러남으로써 1921년 이 후 각지에 통신원 수 명만 겨우 배치할 정도로 활동이 위축되었다.

한편 임정은 지역적 제한성을 극복하기 위해 국내외 동포를 대상으로 연통제와 거류민단제를 실시했다. 연통제는 임정의 지방자치제 구상과 관련이 있었다. 임정은 1919년 4월 '임시정부령 제2호'를 통해 면마다 자 치제를 조직하여 행정·사법 및 경찰의 각 위원을 선출해 국토 회복이 완 성될 때까지 질서유지의 임무를 다할 것을 지시했다. 또 5월에는 국내에 도와 군의 구획을 정하여 자치단체를 설정한다는 '통유 제1호'를 공포했 다. 그리고 7월에는 '연통제 실시에 관한 정부령'을 통해 "국민 간에 기맥 을 상통하고 복국사업의 완성을 기하며 내외의 활동을 일치시키고자 내 외와 외국 거류지에 연통부를 둔다"고 하여, 국내뿐만 아니라 해외 동포들까지도 그 대상에 포함시켰다.

연통제의 조직은 '내무부-독판부(도)-총감부(부·군)-사감부(면)'로 이루어
졌으며, 중요 사무는 정부가 발행하는 법령과 기타 공문의 전파, 독립만
세운동 진행에 관한 상황 보고, 장래 독립전쟁에 대비한 군인·군속·군수
품 징발 및 수송, 구국재정단원 모집, 애국금과 인구세의 수합, 공채 판매
등이었다.

임정은 국내 각지에 은밀히 특파원을 보내 연통부를 설치하려 노력했
다. 그 결과 1921년 11월까지 국내 11개 도에 독판부, 1부 45개 군에 총감
부가 설치되었다. 부·군의 경우 평안도, 황해도, 함경도에 집중적으로 설
치되었으며, 경상·전라·강원도 등지에는 거의 설치되지 못했다.

국내에 설치된 연통부는 일본 경찰의 경계가 엄중해지면서 계속 수난
을 겪었다. 각지에서 수많은 연통부 조직원들이 경찰에 체포되었다. 예를
들어 1919년 12월에는 평안북도 창성군 통신원 및 면감, 이듬해 5월에는
만주 관전현에 있던 평북독판부의 독판 안병찬이 체포되었다. 또 1920년
12월에는 평북의 초산군에서 군감을 비롯하여 55명이 체포되었다.

한편 임정은 1919년 12월 연통제를 개정하여, 국외 거류민들에게는 연
통제가 아닌 거류민단제를 실시하기로 했다. 그에 따라 1920년 3월에 '임
시거류민단제'가 발표되었는데, 이는 각지의 임시거류민단을 감독하기 위
해 임시총판부를 둔다는 것이었다. 그에 따라 노령총판부 총판으로는 최
재형을 임명했으며, 간도의 경우에도 현지 주민들의 총판부 설치에 대한
동의를 받았다.

거류민단제는 1920년 10월에 다시 '임시교민단제'로 바뀌었다. 그리하

여 동포들이 가장 많이 거주하던 간도 각지에도 임시총판부가 설치되었다. 간서총판부 총판으로 여준, 간북남부총판부 총판으로 구춘선, 간북북부총판부 총판으로 서일이 각각 임명되었다. 그러나 임시교민단제는 상하이에서는 실행되었지만 간도·노령·미주 등지에서는 실제로 실행되지 못했다. 미주에서는 경비곤란 때문에 실행이 어렵다고 보고했다. 또 간도의 경우 1920년 10월 이른바 '훈춘 사건'과 '경신참변庚申慘變'이 발생하여 총판부제도의 실행이 어려워졌다. 결국 임정은 이들 지역의 교민들을 직접 장악하지는 못했다.

파리위원부와 구미위원부의 외교 활동

임시정부는 수립 이래 파리강화회의와 태평양회의를 향한 외교운동, 그리고 미국·러시아·중국 정부를 향한 외교운동에 큰 힘을 기울였다.

1918년 상하이의 신한청년당으로부터 파리강화회의 대표로 선임된 김규식은 1919년 2월 1일 상하이를 출발해 3월 31일 파리에 도착했다. 4월 13일 임시정부가 수립되자, 그는 임시정부의 외무총장 겸 파리위원부 대표 자격으로 활동하기 시작했다. 그는 「독립공고서」를 강화회의에 제출하고 각국 대표단에게 한국 문제를 상정해달라고 주문했지만, 일본의 집요한 방해공작과 열강들의 한국 문제에 대한 외면으로 소기의 성과를 거둘 수 없었다. 그러나 그의 노력은 1920년 7월 스위스 제네바에서 열린 제2인터내셔널(만국사회당대회)에 파리위원부 부위원장 이관용과 조소앙이 대표로 참석하여 한국 독립의 승인 결의안을 통과시키는 데 밑거름이 되었다.

한편 미국에서는 구미위원부가 외교 활동을 전개했다. 이승만은 1919
년 4월 서울에서 발표된 한성정부에 집정관총재로 자신이 지명된 것을
근거로 그해 8월 25일 워싱턴에 구미위원부를 설립했으며, 9월에 통합임
시정부에서 자신이 대통령으로 선출되자 이를 공식화시켰다. 또 북미주
와 하와이, 멕시코와 쿠바 등지의 교민 사회에도 '지방위원부'가 설치되
었으며, 서재필이 이끌던 필라델피아의 '한국통신부', 김규식이 주재하고
있던 프랑스의 파리위원부도 구미위원부의 관할 아래 포함시켰다.

이승만의 구미위원부는 대한제국 시기 한국과 외교관계를 맺었던 나라
들에게 서한을 보내 한국에 새 임시정부가 탄생했다는 사실을 알렸다. 또
미국에서 한국에 대한 동정적인 여론을 일으키기 위해 '한국친우회'를 조
직하기도 했다. 아울러 의회에 한국 문제에 관한 결의안을 상정시키기 위
한 운동을 전개하여 1920년 상원에 한국과 에이레의 독립을 지지하는 결
의안이 상정되었으나 부결되고 말았다.

1921년 11월에는 워싱턴D.C.에서 태평양회의가 열렸다. 이 회의는 미
국·영국·중국·일본 등 9개국이 군비 축소와 태평양 지역의 여러 문제를
다루는 국제회의였다. 상해 임시정부는 그해 8월 이 회의에 한국의 독립
문제를 상정시키기 위한 운동을 전개하기로 하고, 태평양회의 외교후원
회를 조직했다. 후원회는 간사장 홍진, 서무전임간사 장붕 등 11명의 간
부를 선출했다. 후원회는 외교 활동에 필요한 자금을 모집하기 위해 상
하이의 동포들을 대상으로 여러 차례 연설회를 열었으며, 기관지『선전宣
傳』을 발행하기도 했다. 후원회는 이승만·서재필·김규식 등을 대표로 파
견해 청원서를 전달하고 회의에 직접 참석해 발언하려 했지만, 이 회의는

강대국의 이권 재조정을 목적으로 한 자리였기 때문에 한국 문제는 그들의 관심 밖이었다.

임시정부는 소련과의 외교도 중시하지 않을 수 없었다. 특히 이동휘가 통합임시정부의 국무총리를 맡아 상하이에 도착한 뒤 소련과의 관계에 대한 관심이 증대되었다. 1920년 초 임시정부는 이동휘 주도로 국무회의를 열고, 1920년 1월 22일에 한형권·여운형·안공근 세 사람을 소련에 파견할 외교원으로 선정했다. 그런데 이동휘가 한인사회당 간부였던 한형권만 몰래 보내는 바람에 큰 물의가 빚어졌다. 게다가 한형권이 레닌 정부로부터 받아온 자금을 임시정부에 전혀 내놓지 않는 바람에 임정 내의 갈등은 더욱 심화되었다.

1922년에는 모스크바에서 극동인민대표대회가 열렸다. 이는 코민테른 측이 서구 열강의 태평양회의에 맞서 '약소민족은 단결하라'라는 표어를 내걸고 극동 여러 나라의 공산주의운동과 민족해방운동을 지원하기 위해 개최한 것이었다. 대회 소집을 주관한 기관은 코민테른 극동비서부였으며, 한국인 대표자 선정은 극동비서부 고려부가 담당했다. 당시 극동비서부 고려부는 고려공산당 이르쿠츠크파와 가까웠으며, 이르쿠츠크파는 1921년 11월 상하이에 조직을 만들었다. 따라서 극동인민대표대회에 참석할 대표의 선정은 주로 상하이 이르쿠츠크파에 의해 이루어졌다. 그리하여 한인 대표로 모두 56명이 선정되어 11월 대회 개최지인 이르쿠츠크로 향했다. 그러나 코민테른은 개회 날짜를 1922년 1월로 늦추고 대회 장소도 모스크바로 바꾸었다. 1922년 1월 7일 대표들이 모스크바에 도착하고, 대회는 1월 22일에 열렸다. 극동 지역 9개국의 국가 혹은 민족 대표들이 참가했는데, 참가자 144명 가운데 한국인이 52명으로 가장 많았다. 의장단에는 김규식과 여운형이 포함되었다. 대회는 2월 2일까지 13일 동안 진행되었으며, 한국 문제와 관련하여 ① 한국은 농업국으로 아직 공산주의에 대한 지식이 없기 때문에 농민 가운데 민족주의에 공명한 자를 움직여 민족운동을 일으킬 것, ② 임시정부를 지지할 뿐만 아니라 이를 개량하고 촉진시킬 것 등 2개 사항을 결의했다. 결의사항은 공산주의운동보다는 임시정부를 중심으로 한 민족주의운동을 지지한 것이었다. 대회에 참석한 대표들은 3월 중순에 상하이 등 본래의 활동 근거지로 돌아왔다.

임시정부의 군사 활동

임시정부는 1920년 1월 13일 '국무원 포고 제1호'를 통해 러시아와 만주 지역 동포들에게 지금이 바로 전쟁을 일으킬 시기라고 말하고, 독립전쟁을 수행하기 위한 군대 양성과 조직에 참여할 것을 촉구했다.

임시정부는 독립전쟁을 준비하기 위한 4가지 방책을 마련했다. 첫째는 제도와 법령을 마련하고, 둘째는 국내 지역에 군사주비단을 조직하여 군사 기초 조직을 결성하며, 셋째는 육군무관학교를 세워 군사 간부를 양성하고, 넷째는 직할부대를 조직하거나 기존 독립군을 임정 산하 부대로 직할시키는 것이었다.

먼저 임정은 '대한민국임시군제'를 통해 임시대통령 직할기관으로 대본영·참모부·군사참의회를 두도록 했으며, 비서·육군·해군·군사·군수·군법 등 6개의 국을 두도록 했다. 또 육군임시군제陸軍臨時軍制, 육군임시군구제陸軍臨時軍區制 등을 만들었다. 군구로는 서간도 군구, 북간도 군구, 그리고 강동 군구(연해주 일대)를 두도록 했다. 다음으로 임시정부는 군사 간부를 양성하기 위한 육군무관학교를 세웠다. 1919년 말 개교한 육군무관학교는 이듬해까지 모두 43명의 졸업생을 배출했다.

1919년부터 이듬해에 걸쳐 북간도와 서간도에서 조직된 군사단체는 모두 46개에 달했다. 이 가운데 대한국민회, 북로군정서, 서로군정서, 대한청년단연합회, 대한광복군총영, 대한독립군, 한족회, 대한독립단, 보합단 등은 임시정부 계열이거나 임시정부 지지를 표방한 단체들이었다. 그리고 대한광복군총영(영장 오동진)은 임시정부 직속기관으로 독립전쟁을 펼치고 있었다. 이 단체는 1920년 5월 상하이에서 안창호·김희선·이탁 등이 논의를 시작해 6월 남만주에서 대한독립단과 대한청년단연합회의용대가 합쳐 결성된 것이었다.

임시정부가 유사시 국내 군사 활동을 위해 조직한 비밀결사로는 의용단이 있었다. 의용단 지도자는 김석황으로, 그는 1920년 4월 국내에 잠입해 서울, 평양 등 서북 지방에 의용단 지단을 만들었다. 그러나 그와 의용단원 13명이 그해 9월 경찰에 검거되어 의용단 조직은 무너지고 말았다.

임시정부의 교육·문화 활동

임시정부는 정부의 존재를 널리 알리고 독립운동 진영을 지도하기 위해 『독립신문』을 발간했다. 1919년 8월에 창간된 이 신문은 당초 한 주에 3회씩 발간되었으나, 뒤에는 재정난으로 두 달에 한 번 발행되기도 했다. 그리고 결국 1925년 11월 발행을 중단했다. 창간 당시 사장 겸 주필은 이광수였고, 출판부장은 주요한, 기자는 조동호 등이었다.

『독립신문』은 창간사에서 이 신문의 역할이 ① 민족사상 내지는 독립사상의 고취와 민심 통일, ② 우리 국민 스스로 보도기관을 운영하여 여러 사정과 사상을 우리의 입으로 알리는 일, ③ 임시정부를 독려하고 국민의 진로를 제시하는 일, ④ 문명국민으로서 필요한 새로운 학술과 사상을 소개하는 일, ⑤ 새로운 국민성을 조성하는 일 등이라고 밝혔다.

『독립신문』은 임시정부뿐만 아니라 중국 관내와 만주, 미주 등 한인이 거주하는 모든 곳에서 전개되는 독립운동을 보도하고, 일제의 지배 정책을 비판하고 한인의 자립정신을 고취하는 기사와 논설을 게재함으로써 독립운동 진영의 구심점이 되고자 했다.

그러나 『독립신문』의 발행은 순탄치 않았다. 일제의 온갖 방해공작으로 한때 발행을 중단하기도 했다. 여기에 자금난이 더해지면서 주 2회 발행으로 발행 횟수를 줄였다. 또 주필을 맡고 있던 이광수가 임시정부를 버리고 조선으로 돌아가버렸기 때문에 주필을 윤해로 교체하기도 했다. 그런 가운데도 임정은 1922년 7월 중문판 『독립신문』을 40여 호 발행했다. 『독립신문』은 상하이를 중심으로 중국 관내와 만주, 미주 등 해외에 거주하는 동포들뿐만 아니라 국내에도 교통국과 연통제의 조직을 통해 비밀리에 배포되었다.

임시정부는 또 1919년 7월부터 두 달간의 작업을 거쳐 『한일관계사료집』을 편찬했다. 임정이 이처럼 급히 사료집을 편찬한 것은, 이를 갓 출범한 국제연맹에 제출하고 3·1운동의 상황을 국제사회에 정확히 알리기 위해서였다. 임정은 사료집 편찬을 위해 임시사료편찬회를 조직했는데, 안창호가 총재, 이광수가 주임, 김홍서가 간사의 역할을 맡았다. 위원으로는 김병조·이원익·장붕·김한·김두봉·박현환·김여제·이영근 등이 선임되었으며, 그 외에도 22명이 조역으로 일을 도왔다. 이 사료집은 삼국시대 이후의 한일관계사를 역사적으로 검토하고, 일제 침략과 강제병합에 이르는 전 과정과 식민 지배의 잔학상을 서술했으며, 3·1운동을 비롯한 독립운동을 자세히 서술했다. 따라서 이 책은 한일관계사라기보다는 '항일독립운동사'라고 볼 수 있다.

임정 내부의 노선 및 정파 갈등

1921년에 들어서면서 임정은 안팎으로 많은 어려움에 처했다. 국내로 연결되는 연통제와 교통국이 무너지기 시작하고, 이승만의 위임통치 건의 문제로 임시정부 비판 세력이 베이징을 중심으로 대두했다. 1920년 말 상하이에 왔던 임시대통령 이승만은 반 년 만에 미국으로 돌아갔다. 1919년의 파리강화회의와 1921년 태평양회의를 상대로 한 외교 활동은 모두 이렇다 할 성과 없이 끝나고 말았다. 그런 가운데 임정 내부에서는 독립운동의 노선을 둘러싼 지도자들 간의 갈등, 출신 지역을 둘러싼 각 정파 간의 갈등이 심화되고 있었다.

당시 임정 안팎의 독립운동 지도자들 사이에서는 독립운동의 방략을 둘러싸고 갈등이 있었다. 이승만은 태평양회의를 계기로 미국 정부를 상대로 한 외교운동에 주력하고 있었지만 별다른 성과를 보이지 못하자 이에 대한 비판이 고조되었다. 임정 내부의 이동휘파, 만주의 독립군단체 지도자들, 베이징의 반이승만파 등은 외교운동보다는 독립전쟁이 필요하다고 주장했다. 상하이에 와서 통합임시정부를 출범시키는 데 크게 기여했던 안창호는, 외교나 독립전쟁도 중요하지만 장기적으로 실력을 양성할 필요가 있다고 보고 있었다.

당시 임정 안팎에는 여러 정파가 존재하고 있었다. 즉 미국파(이승만·현순), 기호파(이동녕·이시영·신익희·윤기섭·조소앙), 서북파(안창호·선우혁·차리석·김구·이광수·안공근), 북경파(박용만·신숙·신채호), 고려공산당 상해파(이동휘·윤해·한형권·김립), 고려공산당 이르쿠츠크파(원세훈·여운형·김만겸·박헌영), 의열단계(김원봉) 등이다. 이 가운데 당시 상하이에서 가장 큰 세력을 가졌던 것은 기호파와 서북파였다. 기호파는 대체로 이승만을 지지했고, 서북파는 안창호를 지지하고 있었다.

각 정파의 분열과 갈등은 임정 내부의 권력투쟁으로 이어졌다. 1920년 2월, 임정 차장들은 정부개혁을 주장하고 나섰다. 이승만 대통령을 퇴진시키고 이동휘를 대통령, 안창호를 국무총리로 하자는 것이었다. 안창호는 거부했지만 이동휘는 이에 동조했다. 차장급 간부들은 다시 대통령 불신임안을 제출했는데, 이 또한 안창호의 반대로 무산되었다. 이동휘는 이승만과는 함께 일할 수 없다면서 국무총리직을 사직하고 상하이를 떠났다가 다시 복귀하기도 했다. 이승만에 대한 불신임안이 제기된 것은 그가 미국에 머무르면서 상하이에 오지 않고 있었으며, 위임통치 청원 문제고 임정 안팎에서 비판을 받고 있었기 때문이었다.

이승만은 이런 임정 내 분위기를 의식하여 결국 1920년 12월 상하이에 왔다. 이승만이 상하이에 온 뒤 이동휘는 이승만의 위임통치 문제로 인해 임정이 비난을 받고 있다면서 대책 마련을 요구했다. 1921년 1월 국무회의도 이승만의 위임통치 청원 문제에 대한 논란 끝에 위임통치 청원의 동

상하이에 도착한 임시대통령 이승만 환영식
1920년 12월 28일 교민단이 개최한 이승만 환영식. 단상의 인물들은 왼쪽부터 손정도, 이동녕, 이시영, 이동휘, 이승만, 안창호, 미상, 신규식, 박용만이다.

기가 독립을 부인하려던 고의가 아니었다는 성명서를 발표하여 일반 동포의 의혹을 풀게 하자고 의결했지만, 이승만은 성명서 발표를 거절했다. 또 대통령이 상하이에 없을 때 국무총리에게 행정결재권을 위임해달라는 이동휘의 요청도 거부했다. 이동휘는 결국 1921년 1월 총리직을 사직하고 임정을 떠났다.

이승만 탄핵과 임정 지도체제의 개편

1923년 4월 국민대표회의가 진행되는 가운데 임정에서는 임시의정원 의원들이 이승만 탄핵안을 제출했다. 그러나 국민대표회의가 진행 중이었기 때문에 탄핵안이 본격적으로 논의되지는 못했다. 1924년 9월 임정의 임시의정원은 임시대통령이 유고有故 상태에 있다고 결정하고 국무총리 이동녕에게 대통령직을 대리하도록 명했다. 이승만은 이에 크게 반발하여, 하와이민단장 등에게 임시정부에 보내는 각종 독립자금의 송금을 중단하라고 지시했다. 그러나 임시의정원은 그해 12월 박은식을 국무총리 겸 대통령대리로 추대함으로써 임정의 새로운 지도체제를 만들기 시작했다.

이승만은 임시의정원의 이런 조치를 인정할 수 없다고 반발했나. 그는 "한성정부 약법 제6조에 '본 약법은 정식 국회를 소집하야 헌법을 반포하기까지 이를 적용함'이라 한 법문法文과 위반되는 일을 행하야 한성 조직의 계통을 보유치 못하게 되는 경우에는 결코 준행치 않을 것"이라고 주장했다. 이에 대해 임시의정원은, 이승만을 대통령으로 선출한 것은 한성정부가 아닌 임시의정원임에도 마치 자신이 여전히 한성정부의 집정관총재인 것처럼 행세하고 있다고 이승만을 비판했다. 임시의정원은 이승만의 주장이 임시의정원의 존재 자체를 부정하는 것이며, 임시정부의 헌법에 위배되는 것이라고 보았다.

임시의정원은 결국 1925년 3월 23일 이승만을 탄핵·면직시키고 박은식을 임시대통령으로 선출했다. 당시 임시의정원이 구성한 탄핵심판위원회의 이승만 탄핵 사유는 다음과 같았다.

이승만은 외교를 구실로 하여 직무지를 마음대로 떠나 있은 지 5년에, 바다 멀리 한쪽에 혼자 떨어져 있으면서 난국 수습과 대업의 진행에 하등 성의를 다하지 않을 뿐 아니라, 허황된 사실을 마음대로 지어내 퍼뜨려 정부의 위신을 손상하고 민심을 분산시킴은 물론이어니와, 정부의 행정을 저해하고 국고 수입을 방해하였고 의정원의 신성을 모독하고 공결公決을 부인하였으며 심지어 정부까지 부인한 바 사실이라. 생각건대 정무를 총람하는 국가 총책임자로서 정부의 행정과 재무를 방해하고 임시헌법에 의하여 의정원의 선거를 받아 취임한 임시대통령이 자기 지위에 불리한 결의라 하야 의정원의 결의를 부인하고 심지어 한성 조직의 계통 운운함과 같음은 대한민국의 임시헌법을 근본적으로 부인하는 행위라, 이와 같이 국정을 방해하고 국헌을 부인하는 자를 1일이라도 국가원수의 직에 두는 것은 대업의 진행을 기하기 불능하고 국법의 신성을 보존키 어려울뿐더러 순국 제현을 바라보지 못할 바이오 살아 있는 충용의 소망이 아니라. 고로 주문과 같이 심판함.(『대한민국 임시정부공보』 42호)

이승만은 탄핵 직후 대통령 선포문을 발표하여 자신은 한성정부의 대통령임을 거듭 강조하고, 임시대통령 면직처분은 상하이의 일부 인사들이 파괴를 시도한 위법의 망령된 태도라고 비난했다. 그리고 자신은 구미위원부를 유지하면서 외교 선전사업을 계속하겠다고 천명했다. 임시정부는 탄핵 이전인 3월 10일 구미위원부 폐지령을 내리고 대미 외교사무를 맡을 외교위원을 새로 파견하기로 했으며, 재정업무는 대한인국민회와 하와이교민단에게 넘기도록 지시했다. 그러나 이승만은 이 명령을 듣지 않고, 1928년까지 구미위원부를 그대로 두고 동포들로부터 거둬들인 애국금과 각종 성금을 쥐고 있었다.

박은식은 취임 직후 노백린을 국무총리 겸 군무총장, 이유필을 내무총장, 오영선을 법무총장, 조상섭을 학무총장, 이규홍을 재무총장 등에 임명했다. 이어서 헌법을 고쳐 대통령제를 일종의 내각책임제라 할 국무령제로 바꾸었다. 대통령제가 독재로 흘렀던 점을 고려하여 대통령이 아닌 의회가 중심이 되는 내각책임제를 채택한 것이었다. 또 대통령의 임기가 없었던 것이 여러 문제를 야기했음을 반성하여 국무령의 임기를 3년으로 정했다. 박은식은 헌법을 개정한 뒤 그해 8월에 사임하고 11월에 서거했다. 이후 임정은 이상룡·양기탁·안창호 등을 국무령으로 추대했지만 내각 구성에 실패하거나 본인들이 고사했다. 결국 1926년 7월 홍진이 국무령에 취임하여 겨우 내각을 구성했다. 홍진은 국무령 취임 이후 '대혁명당'의 조직을 천명하고, 안창호와 함께 민족유일당 결성운동에 뛰어들었다. 그리고 그해 12월 민족유일당 운동에 전념하기 위해 국무령직을 사임했다.

홍진이 국무령에서 물러나자 임시의정원 의장 이동녕은 내무부총장을 맡고 있던 김구에게 국무령직을 권했다. 김구는 처음에는 거절했지만 결국 그해 12월 말 국무령직에 취임하고, 초창기 임정에서 차장을 맡았던 인물들을 각 부의 장으로 선정했다. 김구는 다시 헌법 개정에 착수하여 1927년 3월 5일 「대한민국임시약헌」을 공포했다. 「임시약헌」에서는 국무위원제를 채택하고 국무령제는 폐지했다. 즉 5~11인의 국무위원 가운데 한 사람을 주석으로 선출하되, 주석은 대통령이나 국무령과 같이 특별한 권한을 갖지 않고 다만 회의를 주재하는 권한만 갖게 했다. 이로써 임시정부는 단일지도체제에서 집단지도체제로 바뀐 셈이었다. 또 임정의 최고권력은 임시의정원에 있다는 것과 '광복운동자의 대단결인 당'이 완성될 때는 국가의 최고권력이 이 당에 있다는 것을 명시했는데, 이는 당시 진행 중이던 민족유일당 운동을 의식한 것이었다.

헌법을 개정한 이후 김구는 국무령직을 사임했고 새 주석에 이동녕이 추대되었다. 이동녕 내각에서는 김구가 내무장, 오영선이 외무장, 김철이 군무장, 김갑이 재무장을 맡았다.

한편 안창호는 1929년 만주에서 상하이로 돌아와 이동녕·김구 등과 제휴하여 1930년 1월 한국독립당을 창당해 임정을 뒷받침했다. 임정은 1931년 한독당의 창당 이념인 삼균주의(정치·경제·교육의 균등)를 정부 이념으로 채택하게 된다.

국민대표회의와 민족유일당 운동

국민대표회의의 개최

1921년에 들어서자 상하이의 주요 독립운동가들은 국민대표회의를 소집할 것을 제창했다. 이승만이 상하이에 온 뒤에도 기대되던 시국 수습은 잘 되지 않고 정부의 내분이 더욱 악화되자, 박은식·김창숙·원세훈 등 14명은 1921년 2월 국민대표회의 소집을 제창하고 나섰다.

이에 대해 베이징의 신채호·박용만 등은 전폭적인 지지를 표명했다. 그리고 1921년 4월에는 베이징에서 군사통일주비회를 개최했으며, 여기서 이승만의 위임통치 건의 사실을 들어 임정 및 의정원의 해산을 요구하고 나섰다. 아울러 새로운 독립운동 지도기관을 세우기 위한 국민대표회의를 소집할 것을 요구했다. 1921년 5월, 만주의 독립운동단체들도 이승만의 퇴진과 임정 개조를 요구했으며, 여준·김동삼 등도 여기 참여했다.

1922년 5월 북경파와 상하이의 이르쿠츠크파는 국민대표회의주비회의 소집을 선언하고 나섰다. 이에 안창호도 회의 개최에 동의했다. 이 문제를 둘러싸고 서북파는 분열했다. 김구와 이시영은 국민대표회의에 반대하고 임시정부 유지를 주장하면서 한국노병회를 조직했다.

결국 1923년 1월 지역 대표와 단체 대표로 인정된 130여 명이 상하이에 모여 국민대표회의를 개최했다. 의장에는 김동삼, 부의장에는 윤해와 안창호가 선출되었다. 이 대회는 독립운동 사상 최대 규모의 회의로 4개월 정도 계속되었다. 그러나 대회 참석자들은 점차 창조파와 개조파로 나뉘었다. 창조파는 임시정부를 해산하고 신정부를 세우자고 주장했고, 개조파는 임정을 유지하면서 개혁하는 길을 주장했다. 창조파의 입장에 선 정파는 북경파, 이르쿠츠크파 고려공산당이었으며, 개조파의 입장에 선 것은 안창호파, 상해파 고려공산당이었다. 창조파와 개조파가 팽팽히 맞서는 동안, 1923년 5월 의장 김동삼이 만주로 돌아가고 개조파는 대회에서 탈퇴해버렸다.

결국 대회에는 창조파 80여 명만 남아 6월 2일 '조선공화국' 혹은 '한韓'이라는 새 정부를 만들기로 결의하고 해산했다. 창조파는 8월 말 새 정부를 두기로 한 러시아의 블라디보스토크로 갔다. 그러나 1924년 2월 소련 정부가 이들의 국외 퇴거를 요구하여, 블라디보스토크에서의 조선공화국 수립은 무위로 돌아갔다.

민족유일당 운동

민족유일당 운동은 좌우를 가리지 않고 독립운동의 모든 세력을 통일하여 하나의 정당을 조직하자는 것이었다. 민족유일당 운동은 1920년대 초부터 코민테른이 조선에서 계급해방운동보다 민족해방운동이 먼저 필요하다는 입장을 취해온 것으로부터 영향을 받았으며, 1924년 중국 국민당과 공산당이 국공합작을 성공시킨 것으로부터도 큰 영향을 받았다.

국민대표회의가 실패로 돌아간 뒤 안창호는 민족운동의 침체국면을 돌파하기 위해서는 민족유일당을 결성할 필요가 있다고 보고, 1926년 7월 상하이의 연설회에서 "주의 여하를 불문하고 단합된 통일전선을 결성할 것"을 촉구했다. 그는 또 중국과 같은 정치 형태인 '이당치국以黨治國', 즉 당이 중심이 되는 정부에 필요한 '대당大黨' 건설을 촉구했다. 임정의 새 국무령 홍진도 안창호의 '대혁명당' 조직론에 찬동하고 나섰다. 힘을 얻은 안창호는 베이징의 원세훈과 협의하여 1926년 10월 대독립당 조직 북경촉성회를 결성케 했다. 1927년 들어 상하이·광둥·우한·난징에서도 연이어 유일당촉성회가 결성되었다. 5개 지역 촉성회 대표는 그해 11월 상하이에서 한국독립당 관내촉성회 연합회를 개최했으며, 이당치국의 유일독립당주비회를 결성하기로 했다.

그러나 1928년 들어 유일독립당주비회의 추진은 정체 상태에 놓였다. 좌우파는 독립당 결성에 앞서 각각 자파 세력을 확대하는 데 주력했다. 또 1927년 7월 중국 국민당과 공산당의 제1차 국공합작이 깨졌으며, 코민테른이 1928년 「12월테제」를 통해 사회주의자들에게 부르주아민족주의자들과의 결별을 요구했다. 그 영향으로 상하이의 ML파(재중국한인청년동맹)는 민족유일당 대신 대중적 협동전선이 필요하다고 주장하고 나섰다. 그리고 1929년 10월 이들의 주도에 의해 한국유일독립당 상해촉성회는 해체되었다. 이후 중국 관내에서의 민족유일당 운동은 중단되고 말았다.

독립군, 봉오동과 청산리에서 대승을 거두다

봉오동전투와 청산리전투

3·1운동 이후 만주 지역의 민족운동가들은 본격적인 무장투쟁을 준비했다. 압록강 이북 서간도 지역의 부민단은 1919년 1월 자치기관으로서 '한족회'를 발족시켰으며, 한족회는 '서로군정서'라는 군정부로 개편되었

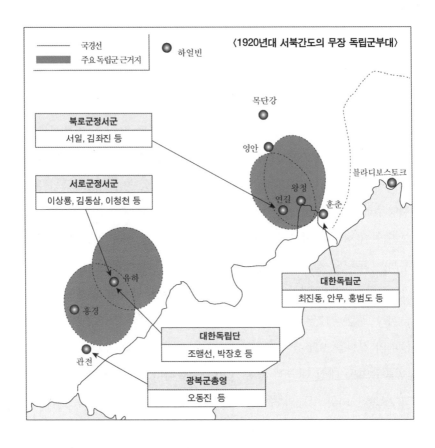

다(이상룡·이청천 등). 두만강 이북의 북간도 지역에서는 자치단체인 '간민
회'가 '대한국민회'로 이름을 고치고 본부를 연길현에 두었으며, '국민회
군'이라는 독립군부대를 편성했다(구춘선·안무 등). 또 북간도의 왕청현 지
역에는 대종교 세력이 '북로군정서'라는 부대를 편성했다(김좌진 등). 그 밖
에도 서간도 지역에는 유하현 삼원보의 대한독립단(조맹선·박장호 등), 안동
현의 대한독립청년단연합회(안병찬 등), 장백현 팔도구의 대한독립군비단
(이은경 등), 관전현의 대한광복군총영(오동진 등)이 있었다. 또 북간도 지역
에는 왕청현의 대한독립군(홍범도), 훈춘현의 대한신민단(김규황 등), 왕청현

의 군무도독부(최진동 등) 등의 부대가 있었다. 이와 같이 서북간도에서 조직된 무장부대는 모두 50여 개에 달했다.

독립군부대들은 1920년부터 국내 진공 작전을 개시했다. 독립군이 함남·함북·평북에 침입해 전개한 전투는 1920년 1,651여 건, 1921년 602건, 1922년 397건, 1923년 454건으로 집계되었다. 여기 동원된 독립군은 1920년에 4,643명, 1921년에 3,148명, 1922년에 2,127명, 1923년에 2,797명으로 집계되었다. 이와 같이 독립군이 자주 국경을 넘어 들어왔기 때문에, 일제는 국경 3도에 군사 및 경찰 경비력을 대폭 강화해야 했다.

독립군부대들은 국경을 넘어 일제의 통치시설에 기습 타격을 가한 뒤 다시 국경을 넘어가곤 했다. 이에 일본군은 1920년 6월 북간도의 독립군을 추격하기 위해 250명의 추격대를 편성하여 훈춘 인근의 봉오동 쪽으로 진격해왔다. 정보를 입수한 홍범도의 대한독립군과 최진동의 군무도독부, 안무의 국민회군, 이흥수의 대한신민단 등은 6월 7일 일본군을 봉오동 골짜기로 유인하여 대파했다. 당시 독립군 연합부대는 봉오동 골짜기의 산 속에 매복해 있다가 일본군을 포위망 안으로 유인하여 일시에 공격함으로써 큰 승리를 거둘 수 있었다. 『독립신문』은 이 전투에서 일본군 157명이 사살된 반면, 독립군 측은 4명의 전사자만을 냈다고 보도했다.

봉오동전투 이후 일제는 독립군에 대한 근본적인 대책이 필요하다 생각하고 만주의 군벌 장쭤린張作霖에게 독립군 진압을 위한 협조를 요청했다. 하지만 장쭤린이 소극적인 태도를 보이자, 일제는 독자적으로 독립군을 진압하기로 하고 1920년 8월 소위 '간도지방 불령선인 초토 계획'을 세우고 '훈춘 사건'을 조작했다. 훈춘 사건이란 일제가 중국 마적을 매수해 1920년 10월 훈춘의 민가와 일본영사관을 습격하도록 한 사건이다. 일제는 훈춘 사건을 구실로 약 2만 명의 대병력을 서북간도로 침입시켰다.

이에 독립군부대들은 일본군과의 정면승부를 피하고 백두산 서쪽 산록으로 이동하여 당분간 은신하기로 결정했다. 그리하여 1920년 10월 북로군정서·대한독립군·대한신민단·국민회군 등의 독립군단은 백두산록으로 향하는 길목인 화룡현 2도구와 3도구에 집결했다. 당시 독립군단의 병력은 약 2천 명 정도였다.

독립군의 동태를 파악한 일본군은 2, 3도구에 추격부대를 파견했다. 10월 21일 김좌진이 이끌던 3도구 방면의 북로군정서는 일본군을 백운평 골짜기 깊숙이 유인하여 섬멸했다. 당시 백운평의 공터 양쪽에는 경사가 60도 이상인 험한 산들이 있어, 독립군단은 이곳에 매복해 있다가 일본군이 접근해오자 일시에 기습공격을 가해 승리를 거둘 수 있었다. 이 전투에서 일본군 2백 명 정도가 거의 전멸했다. 이어 2도구 방면의 완루구에서도 홍범도가 지휘하는 독립군 연합부대가 밤에 산간마을에 숙영하는 것처럼 가장하고 마을 입구의 산에 매복해 있다가 일본군이 마을을 야습하러 들어오는 것을 집중 공격하여 대승을 거두었다. 일본군은 이 전투에서 약 4백 명 정도의 사상자를 낸 것으로 보인다. 또 22일 새벽에는 북로군정서 부대가 백운평에서 철수하여 2도구 갑산촌에 도착했는데, 일본군 1개 기병대가 천수평 마을에 주둔하고 있다는 소식을 듣고 선제공격을 가해 1개 중대 병력을 거의 몰살시켰다. 곧이어 22일 오전 7시 반부터 6백 명가량의 김좌진 부대는 어랑촌 서남방 고지를 선점했는데, 일본군이 9시경부터 공격을 시작했다. 양측이 치열한 전투를 벌이고 있다는 소식을 들은 홍범도 연합부대는 그날 오후 현장에 도착하여 일본군 배후의 고지를 점령하고 일본군을 공격했다. 전투는 하루 종일 계속되었으며, 결국 밤이 되면서 북로군정서는 서북쪽으로 퇴각하고 홍범도 연합부대도 안도현 방면으로 철수하여 전투가 끝났다. 상해 임정은 어랑촌 전투에서 전사한 일본군이 3백 명에 달했다고 발표했다. 이후에도 천보산전투, 고동하전투 등이 있었는데, 이 전투를 모두 합하여 '청산리전투' 혹은 '청산리대첩'이라 부른다. 양측의 정확한 피해는 알 수 없지만, 일본군이 크게 패하고 독립군단이 크게 승리했다는 사실은 의심의 여지가 없었다.

청산리 전투의 대승리는 일본군의 무모한 작전, 독립군의 지리를 이용한 전술과 분투에 의한 것이었다. 또 독립군이 러시아에서 철수하던 체코군으로부터 사들인 총기도 큰 도움이 되었다. 청산리전투 이후 독립군단 일부는 북쪽으로 이동하여 북만주 밀산에 집결했다가 이듬해 러시아령으로 건너갔고, 그중 일부는 다시 남북만주 지역으로 돌아왔다.

경신참변과 자유시사변

봉오동과 청산리전투에서 대패한 일본군은 그 보복으로 북간도에서 '경신참변'이라는 한인 대학살을 자행했다. 일본군은 한인 촌락을 습격하여 한인을 살해하고 부녀자를 강간했으며, 가옥·학교·교회 등에 불을 질렀다. 피해 상황을 정확히 알기는 어렵지만, 1920년 10월과 11월 2개월 동안 북간도의 8개 현에서 3,600여 명이 피살되었으며, 3,200여 채의 가옥과 41채의 학교, 16채의 교회가 불에 탄 것으로 알려져 있다.

한편 독립군은 북만주의 밀산을 거쳐 러시아령으로 이동해 1921년 초

청산리전투
청산리전투에서 승리한
독립군(위)과 전투에서 부
상당한 병사를 실어나르
는 일본군(아래)

이만(달네레첸스크)에 도착했다. 여기서 김좌진의 북로군정서 등 일부 부대는 소련의 지원을 기대하기 어렵다고 판단하고 북만주로 되돌아왔다. 그러나 홍범도·이청천·안무·최진동이 이끄는 독립군부대는 북으로 이동해 그해 3월 러시아의 자유시(알렉세예프스크)에 도착했다. 그동안 연해주 지역에서 소련의 적군과 함께 활동해온 최고려가 지휘하는 자유대대, 사할린의용대 등 유격대들도 자유시에 집결했다. 이곳에 모여든 한인 병력은 총 4천여 명에 달했다.

그런데 자유시에 집결한 한인 부대를 러시아인 총사령관의 지휘하에 고려혁명군으로 통합하는 과정에서 자유대대와 사할린의용대 간에 갈등이 빚어졌다. 개편 과정의 주도권을 장악한 자유대대 측은 각 부대를 통합·재편하려 했지만, 사할린의용대와 독립군 일부 부대가 이에 반발한 것이다. 고려혁명군 측은 이들 부대의 무장해제를 결정했다. 하지만 사할린의용대 등은 이에 따르지 않았다.

1921년 6월 28일 러시아혁명군과 자유대대 측은 사할린의용대와 일부 독립군부대 주둔지를 포위하고 공격을 가했다. 그로 인해 많은 사상자가 발생하고, 사할린의용대 등은 사방으로 흩어졌다. 이것이 '자유시사변'이라 불리는 사건이다. 자유시사변의 피해 상황은 기록에 따라 다르기만, 수십 명이 사망하고 수백 명이 포로가 된 것으로 알려져 있다. 나머지는 자유시를 탈출하여 북만주로 되돌아왔다.

독립군단의 정비와 3부의 성립

경신참변과 자유시사변으로 큰 타격을 입은 만주의 독립운동 세력은 흩어진 진영을 정비하기 위해 노력했다. 그 결과 1922년 8월 북만주 지역에서는 '대한독립군단'이, 남만주 지역에서는 '대한통의부'가 성립되었다.

하지만 1924년 5월 일부 세력이 대한통의부를 이탈해 '참의부'를 조직했다. 참의부는 서간도 지역을 근거지로 하고 임정 직속을 표방하면서 무장투쟁에 중점을 두었다(중심지 집안). 대한통의부는 이후 남만주 지역의 세력결집을 계속해 1924년 11월 '정의부'로 확대개편되었다. 정의부는 군사기구이자 자치기구의 성격을 지니고 있었으며, 하얼빈 이남의 만주 중앙 지역을 근거로 했다. 한편 북간도와 그 이북 지역에서도 대한독립군단과 북로군정서가 통합해 1925년 3월 '신민부'를 창립했다. 신민부 역시 군사기구이자 자치기구의 성격을 띠면서 만주 동부 지역을 근거로 했다.

1920년대 중반 만주 지역에 이와 같이 군정부의 성격을 띤 3부가 성립된 이후, 1920년대 말에는 다시 이를 통합하려는 움직임이 일어났다. 하지만 통합의 방법을 둘러싸고 의견이 서로 달라 1929년 북만주의 '혁신의회'와 남만주의 '국민부'로 재편되는 데 그치고 말았다. 두 군정부는 휘하에 정당과 무장부대를 거느리고 있었다. 혁신의회 측은 한국독립당과 한국독립군, 국민부 측은 조선혁명당과 조선혁명군을 각각 거느렸다.

의열단, 총독부와 동척에 폭탄을 던지다

의열투쟁의 대상

'의열투쟁'이라는 용어는 독립운동 당시에는 사용되지 않았고, 1970년대 이후 학계에서 사용된 것이다. '의열'이라는 말은 옛 문헌의 '천추의열千秋義烈'이라는 말에서 따왔다. 예부터 천추에 빛날 충의로 열렬하게 행동한 인물을 가리켜 '의열지사'라 했던 것인데, '의열'은 결국 '의'를 '열'로 표출했다는 의미를 갖는다. 따라서 '의열'이란 생사를 가리지 않는 정신이 낳은 행동의 장렬함과, 그 행동에 깃든 의로움의 가치를 존숭하여 기리는 뜻이 담긴 용어이다.

독립운동에서 의열투쟁은 일종의 무장투쟁이다. 그러나 비교적 큰 규모의 군사 활동과는 달리 개인적인, 혹은 소규모 조직적인 차원에서 암살과 파괴를 주로 하는 활동을 가리킨다. 이와 같은 방법의 독립운동을 처음 제시한 것은 1919년 길림에서 발표된 「대한독립선언서」로, 이 선언서는 '육탄혈전'의 독립운동을 제시했다. 이어서 대한민국임시정부는 1920년 1월 '국무원 포고 제1호'를 통해 대적對敵 방법의 하나로서 "필요하다고 인정될 시에는 작탄 등으로써 적괴 및 창귀를 격살하며, 혹은 그 영조물을 파괴케 함"을 제시했다.

또한 『독립신문』은 1920년 2월 15일자 사설에서 '7가살可殺론'을 제기하여, 적괴(총독, 정무총감 등), 매국적(이완용, 송병준, 민원식 등), 창귀(고등경찰, 밀정 등), 친일 부호, 적의 관리된 자, 불량배(독립운동을 해치거나 독립운동을 빙자하여 금품을 강탈하는 자), 모반자(독립운동가 중 배반자) 등을 처단 대상에 포함시켰다. 뒤에 보게 될 의열단의 경우에도 조선총독 이하 고관, 군부 수뇌, 대만총독, 매국적, 친일파 거두, 적탐敵探, 반민족적 토호열신土豪劣神 등을 암살 대상으로, 조선총독부, 동양척식회사, 매일신보사, 각 경찰서, 기타 중요기관 등을 파괴 대상으로 명시했다. 이처럼 의열투쟁은 투쟁 대상을 적과 그에 동조하는 세력으로 명확히 제한함으로써, 무차별적 살상을 서슴지 않는 21세기의 테러리즘과 분명한 차이를 지니고 있었다.

3·1운동 직후의 의열투쟁

3·1운동 직후의 의열투쟁으로는 27결사대 사건, 구국모험단 사건, 강우규의 서울역 의거, 철혈광복단의 간도 의거 등을 들 수 있다.

27결사대 사건은 1918년 12월 17일 만주 봉천 서탑거리에서 이동녕·이시영·이탁·안태국 등이 모여 고종 황제의 국장일에 매국적들을 암살하자는 의견을 모으면서 시작되었다. 거사의 총책임을 지기로 한 이탁은 아우 이석을 국내에 잠입시켜 준비하도록 했으며, 자신은 서간도에서 27명의 결사대원을 모았다. 이탁이 이끄는 결사대원 27명은 3개 소대로 나뉘어 1919년 2월 24일 봉천을 출발해 26일경 서울에 잠입했다. 그러나 이탁은 3월 3일까지 무기를 손에 넣을 수 없었고, 3월 15일에야 권총 6정과 탄환 수백 발을 받을 수 있었다. 그리하여 다시 기회를 엿보던 중 5월 5일 23명의 대원이 체포되고 말았으며, 이탁 등 몇 명은 검거망을 돌파해 5월 말 서간도로 귀환했다. 체포된 이우영·주병웅은 8년을 선고받는 등 모두 옥고를 치렀다. 비록 미수에 그쳤지만 의열투쟁의 시발점이 된 사건이라 할 수 있다.

구국모험단은 1919년 6월 상하이에서 창설되었으며, 초대 단장은 여운형이었으나 곧 김성근으로 바뀌었다. 단원은 약 40명으로 앞서 본 이탁, 이석 형제도 여기 참여했다. 구국모험단은 단칙에 "작탄炸彈으로 구국의 책임을 부담함을 목적으로 하였으며, 목적을 달성하기 위하여 희생을 돌아보지 않는다"고 명기했다. 이들은 영국인과 중국인을 초빙하여 폭탄 제조법을 배우고 국내 침투를 준비했다. 그러던 중 1920년 2월 왕삼덕·이석·나오 등 3명의 단원이 프랑스 조계에서 폭탄을 제조하다가 사고가 발생했다. 이로 인해 이석은 일본 경찰에 체포되었는데, 구국모험단은 이석의 체포가 밀정 김겸헌의 밀고 때문이었음을 알아내고 그를 처단했다.

1919년 9월 2일 신임 조선총독으로 임명된 사이토 마코토^{齊藤實}가 서울 남대문역에 도착했다. 총독부 고관, 조선군 고급장교, 재경 일본인 유력자 등의 영접을 받고 쌍두마차에 올라 출발하려던 참이었다. 그때 10미터쯤 떨어진 지점에서 천지를 뒤흔드는 폭음과 함께 폭탄이 터졌다. 환영 군중 속에 섞여 있던 65세의 노인 강우규가 총독의 마차를 겨냥해 수류탄을 던진 것이었다. 강우규는 1855년 평남 덕천 태생으로, 함경도 홍원에 영명학교를 세우기도 한 인물이다. 그는 경술국치 이후 50대 중반의 나이로 독립운동에 투신하기 위해 북간도로 망명했으며, 길림성 요하현에서 광동학교를 세워 한인 이주민 자녀들을 가르쳤다. 1919년 3월 하순에 블라디보스토크의 신한촌에서 46세 이상의 노인들이 대한국민노인동맹단을 결성하자, 강우규도 여기 가입하여 요하현 지부장이 되었다. 그는 사이토 총독의 부임 소식을 듣고 총독을 저격하기로 결심하고, 러시아인에게서 영국제 수류탄 한 개를 구입했다. 그리고 8월 초 서울에 들어와 사이토 총독의 부임 날짜를 확인하고, 9월 2일 단독으로 거사를 결행한 것이다. 강우규가 던진 폭탄의 파편은 사방으로 튀어 그중 하나가 총독의 마차를 뚫고 들어왔지만, 사이토는 다치지 않았다. 그러나 현장에 있던 정무총감, 조선군 사령관 등 모두 37명이 중경상을 입었으며, 경기도 경찰부 경시 1명과 오사카 아사히신문 경성특파원은 결국 사망했다. 폭탄 투척 후 현장을 유유히 빠져나간 강우규는 일경의 탐문 수사에 행적이 포착되어 거사 보름 뒤에 조선인 순사 김태석에게 체포되었다. 강우규는 재판정에서 일본이 불의로 한국을 병탄한 것을 꾸짖었으며, 일본은 한국을 지배할 능력이 없다고 말했다. 강우규는 결국 사형을 선고받고 1920년 11월 29일 서대문형무소에서 형이 집행되어 66세로 순국했다.

1920년 1월 4일에는 일단의 청년들이 북간도 용정촌 남쪽 2리 지점에서 조선은행 회령지점으로부터 용정출장소로 가는 현금 수송대를 습격하여 운송 중인 일화 15만 원을 탈취했다. 이 사건으로 현금 수송대 요원 중 일본인 순사 1명이 현장에서 즉사했고, 이튿날 수송대 동행인이던 중국인 1명도 사망했다. 이른바 '간도 15만 원 사건'이라고도 불리는 이 사건은 철혈광복단의 단원 6명이 결행한 의거였다. 철혈광복단은 1918년 말에 결성된 단체로, 블라디보스토크에 본부를 두었다. 1920년 당시 단장은 계봉우였으며 단원은 1,353명에 달했다고 한다. 이 거사는 철혈광복단 간부 김하석이 지도했다. 거사 후 김준 등 2명은 약속대로 귀가했고, 4명은 간도를 탈출해 블라디보스토크에 당도했다. 탈취한 자금은 대한국민의회 선전부가 주관하여 사용하기로 했다. 일제 관헌 당국은 1월 28일 김하석 등이 조선은행권을 가지고 다니며 총기 2천 정을 구입하려 한다는 정보를 입수하고, 헌병경찰 1개 소대를 보내 철혈광복단 숙소를 습격했다. 그리하여 윤준희·임국정·한상호 등 3명을 체포하고 보관 중이던 13만 원도 모두 압수하였다. 체포된 3인은 사형을 선고받고 1921년 8월 29일 서대문형무소에서 형이 집행되어 순국했다.

의열단의 조직과 초기 투쟁

보다 조직적이고 계획적인 의열투쟁은 '의열단'에 의해 이루어졌다. 의열단은 1919년 11월 10일 만주 길림성의 길림에서 황상규의 지도와 김원봉의 주도로 단원 13명이 참여한 가운데 창립되었다. 창립 단원의 거의 반수는 경남 밀양 태생으로, 대부분 밀양 동화학교 출신이었다.

의열단은 암살과 파괴공작을 주 임무로 삼았는데, 앞서 본 것처럼 암살 대상과 파괴 대상을 명확히 한정하고 있었다. 특히 의열단은 식민통치의 심장부인 총독부와 총독, 그리고 식민통치기관들을 직접 겨냥한 거사에 주력했다.

의열단의 초기 의거들로는 밀양 폭탄 사건, 박재혁 의거, 최수봉 의거가 있다. 밀양 폭탄 사건은 김원봉과 이성우가 1920년 5월 폭탄 13개를 의류 상자 속에 섞어서 부산으로 보냈다가 발각된 사건이다. 당시 김원봉 외 2인을 제외한 의열단원 전원이 국내로 잠입하여 거사를 준비했는데, 6월 16일 서울 인사동에서 회의 중에 경기도 경찰부 경부 김태석과 부하들의 급습을 받아 곽재기·이성우·황상규·윤세주 등 6명이 체포되었다. 부산과 마산으로 내려간 단원들도 잇따라 검거되었고, 폭탄 13개, 권총과 탄환 등도 모두 압수되었다. 이 사건으로 총 20명이 검거되어 15명이 기소되었으며, 곽재기·이성우는 징역 8년을 선고받았다.

의열단이 거사에 처음 성공한 것은 1920년 9월 14일 단원 박재혁이 부산경찰서에 폭탄을 던져 서장을 절명케 한 사건이었다. 부산상업학교를 졸업한 박재혁은 상하이로 건너가 1920년 의열단에 가입했다. 그는 쓰시마 섬을 거쳐 부산에 들어온 뒤 고서상으로 위장하고 부산경찰서를 찾아갔다. 서장과 마주앉아 고서를 꺼내는 척하던 박재혁은 폭탄을 꺼내 안전 장치를 풀고 마룻바닥에 던졌다. 서장은 폭탄 파편에 맞아 피투성이가 되었고, 병원으로 옮기는 중 사망했다. 박재혁도 무릎뼈에 부상을 입고 현장에서 체포되었다. 그는 결국 사형을 언도받았으며, 1921년 5월 단식투쟁 끝에 순국했다.

밀양 폭탄 사건 당시 검거망을 벗어났던 이종암·김상윤은 최수봉·최경학을 포섭하여 밀양경찰서에 폭탄을 던지게 했다. 최수봉은 1920년 11월 김상윤을 만나 의열단에 가입하고, 이종암과 김상윤이 제조해준 폭탄 2개를 받아 12월 27일 밀양경찰서 조회 시간에 이를 던졌다. 2개의 폭탄 가운데 하나는 터졌지만 위력이 크지 않았고, 하나는 터지지 않았다. 최수봉은 결국 경찰에 체포되었으며, 재판에서 사형을 언도받고 1921년 7월 8일 형 집행으로 순국했다.

의열단의 후기 투쟁

1921년 들어 의열단의 투쟁은 더욱 본격화되었다. 1926년까지 김익상 사건, 황포탄 사건, 김상옥 사건, 황옥 사건, 김지섭 사건, 나석주 사건 등을 연이어 일으켰다.

김익상 사건은 1921년 9월 12일 남산 왜성대 총독부에 들어가 폭탄을 던지고 나온 사건이다. 김익상은 1895년 경기도 고양 태생으로, 평양 숭실학교를 졸업한 뒤 교사 생활 등을 하다가 상하이를 거쳐 베이징에 가서 의열단에 입단했다. 그는 1921년 9월 10일 폭탄 2개와 권총 2정을 휴대하고 봉천을 거쳐 서울로 향했다. 12일 오전 총독부 문 앞에 전기공 차

림으로 나타난 김익상은, 입초 헌병을 속이고 총독부 청사 안으로 들어간 뒤 2층에 올라가 첫 번째 방이 총독의 집무실이라 여기고 폭탄을 집어넣었다. 폭탄은 요란한 폭음과 함께 폭발했지만 그곳은 비서실이었다. 그는 총독부를 빠져나와 용산에서 기차를 타고 평양을 거쳐 베이징에 도착했다. 이 사건은 미궁에 빠졌다가, 6개월 뒤 상하이 황포탄 사건에 참여한 김익상이 체포된 뒤에야 자세한 경위가 밝혀졌다.

황포탄 사건은 1922년 3월 28일 일본 육군대장 다나카 기이치田中義一를 암살하기 위해 상하이의 황포탄에서 오성륜·이종암·김익상이 거사를 단행했다가 실패한 사건이다. 일본 조슈 군벌의 우두머리인 다나카가 필리핀을 방문하고 돌아오는 길에 싱가포르와 홍콩을 거쳐 상하이에 들른다는 보도가 있었다. 소식을 접한 오성륜 등은 이 기회에 다나카를 암살하기로 했다. 당일 상하이 황포탄에 도착한 여객선에서 내린 다나카가 하선하여 육상으로 발걸음을 옮기기 시작했을 때, 오성륜이 권총 2발을 쏘았다. 그런데 불운하게도 서양 여성 한 사람이 바쁜 걸음으로 다나카를 앞지르려다 탄환을 맞았다. 깜짝 놀란 다나카가 대기 중인 자동차로 달음질치자, 이번에는 김익상이 그를 겨누어 총을 쏘았다. 총알은 빗나갔다. 김익상은 다시 폭탄을 꺼내 던졌지만 불발되고 말았다. 이에 이종암이 다나카가 탄 차량을 향해 폭탄을 던졌는데, 폭탄이 터지기 전에 영국 군인이 강물 속으로 발로 차 넣었다. 이로써 저격은 실패로 돌아갔다. 이종암은 도피했지만 김익상과 오성륜은 체포되었다. 이들은 일본총영사관 경찰서로 넘겨져 조사를 받았으며, 조사 과정에서 김익상이 총독부 폭탄 사건의 장본인임이 드러나 경기도 경찰서 경부 김태석이 상하이에 와서 조사를 하기도 했다. 오성륜은 조사 도중 같은 방에 있던 일본인 사상범 다무라 다다카즈田村忠一와 모의하여 유치장을 탈출해 홍콩과 독일을 거쳐 소련으로 갔다가 1926년 광저우의 의열단으로 복귀했다. 김익상은 일본 나가사키로 압송되어 재판에서 사형을 선고받았는데, 복역 중에 무기징역으로 감형되고 다시 20년으로 감형되어 21년 만에 석방되었다. 그러나 귀향 이후 얼마 안 있어 일본인 형사에게 연행된 뒤 종적을 알 수 없다.

김상옥 사건은 1923년 1월 서울에서 발생한 김상옥과 경찰의 총격전 사건이다. 1922년 12월 서울에 잠입한 의열단 단원 김상옥이 폭탄이 도착하기를 기다리던 중, 이듬해 1월 12일 누군가 종로경찰서에 폭탄을 던진 사건이 일어났다. 경찰은 김상옥의 입국 사실을 탐지하고 그를 범인으로 지목하여 추적했다. 1월 17일 경찰이 김상옥의 은신처를 습격하자, 김상옥은 경찰과 총격전을 벌이면서 남산 숲을 가로질러 장충단과 왕십리를 우회해 효제동 동지의 집에 은신했다. 그러나 경찰은 김상옥의 동지 전우진을 체포하여 은신처를 알아낸 뒤, 22일 경찰 4백 명을 동원해 은신처를 포위하고 습격했다. 김상옥은 양손에 권총을 쥐고 3시간여 동안 격전을 벌였으며, 최후의 1발로 자결했다.

황옥 사건은 1922년 하반기에 의열단이 조선총독부 등 주요 통치시설과 총독 등 총독부 요인을 암살하는 공작을 추진하다가 실패한 사건이다. 이 사건의 중심인물은 단원 김시현이지만, 추진 과정에 현직 경부였던 황옥이 가담했기 때문에 흔히 '황옥 사건'이라 부른다. 1920년 밀양 폭탄 사건으로 1년간 복역하고 나온 김시현은 상하이로 건너가 고려공산당원이 되었다. 그러나 그는 1922년 5월 의열단에 복귀하여, 국내에서 일대 암살 파괴 사건을 일으킬 것을 구상하고 김원봉의 지원을 받아 일을 추진했다. 그는 7월에 서울에 잠입하여 경기도 경찰부 고등과 경부이면서 고려공산당 비밀당원이었던 황옥을 만나 협조를 구했다. 황옥은 종로서 폭탄 사건 수사를 위한 중국 출장길에 톈진에서 김원봉을 만나 폭탄 반입 방책 등을 논의했다. 김시현·황옥·유석현 등은 3월 초 톈진에서 거사용 무기와 문서를 인수해서, 폭탄과 권총 등을 서울로 무사히 반입시키는 것까지 성공했다. 그러나 황옥의 석연치 않은 행동과 오종섭의 밀고로 김시현 등 일행이 체포되었으며, 황옥도 체포되었다. 재판에서 김시현과 황옥은 징역 10년을 언도받았으나, 황옥은 1년 뒤 신병을 이유로 가출옥했다. 황옥이 과연 김시현의 동지였는지, 아니면 김시현을 유인하여 체포하려 한 것인지 아직은 명확히 알 수 없지만, 최근 학계에서는 후자의 가능성이 높은 것으로 보고 있다.

김지섭 사건은 1924년 1월 5일 의열단원 김지섭이 도쿄 황궁 앞의 이중교=重橋에서 폭탄을 던져 일본 정가에 큰 파문을 일으킨 사건이다. 김지섭은 1884년 안동 태생으로 보통학교 교원, 지방법원 서기 등을 지낸 인물인데, 1921년 상하이로 가서 상해파 고려공산당에 가입하고 1922년에는 의열단에 가입했다. 1923년 간토대지진 당시 재일 조선인 6천여 명이 학살당했다는 소식이 전해지자, 중국의 독립운동가들은 크게 분노했다. 이에 의열단 간부 윤자영은 1924년 초에 일본 제국의회 의사당을 급습할 계획을 세웠다. 이 계획을 들은 김지섭은 자신이 그 일을 하겠다고 나섰다. 경비는 겨우 40엔, 폭탄은 3년 전 마련한 대추형 수류탄 3개가 전부였다. 김지섭은 1923년 12월 20일 석탄운반선을 타고 상하이를 출발해 12일을 항해한 끝에 규슈의 후쿠오카에 도착했다. 그는 후쿠오카에서 기차를 타고 도쿄로 가는 도중에 신문을 보고 제국의회가 휴회 중임을 알았다. 여비가 거의 없던 김지섭은 제국의회 대신 황궁 앞에 가서 폭탄을 던지기로 작정했다. 1월 5일 도쿄에 도착한 김지섭은 석양 무렵 황궁 앞으로 가서 이중교에 접근했다. 순찰 경관이 검문하려 하자, 김지섭은 그를 뿌리치고 이중교로 뛰어들어 폭탄 3개를 연이어 던졌다. 그러나 폭탄은 하나도 터지지 않았다. 아마도 배를 타고 오는 도중에 폭탄에 습기가 스며들었던 것 같다. 김지섭은 현장에서 체포되어 무기징역을 선고받았으며, 1927년 징역 20년으로 감형되었으나 1928년 지바형무소에서 돌연 사망했다.

나석주 사건은 1926년 12월 의열단원 나석주가 서울 남대문 부근의 조선식산은행과 황금정(현재의 을지로) 입구의 동양척식회사 경성지점에 폭탄 한 발씩을 던지고 일인 경찰 7명을 총격, 사살한 뒤 자결한 사건이다. 나석주는 1890년 황해도 재령 태생으로 김구가 세운 안악 양산학교를 다녔다. 1919년 3·1운동 당시 재령군 북율면에서 만세시위를 주도한 그는 옥고를 치르고 출옥한 뒤 권총단을 구성하여 부호들로부터 군자금을 받아내고, 은율군수와 일경 1명을 처단하기도 했다. 경찰의 추적을 받자 그는 단신 탈출하여 상하이로 건너갔다. 상하이에서 김구를 만나 군자금을 전달하고, 임시정부 경무국 경호원으로 근무하다 한단의 중국군관학교에 파견되어 훈련을 받았다. 수료 후 중국군 장교가 되었으나, 얼마 뒤 퇴역했다. 그 사이 재령의 동척농장에는 일본인 농업 이민들이 계속 들어와 조선인 농민들이 소작까지 빼앗기는 상황이 이어졌다. 소식을 들은 나석주는 동척을 응징하겠다고 결심하고, 1926년 5월 김구의 소개로 김창숙과 의열단의 유자명, 한봉근 등을 만나 지원을 요청했다. 그는 12월 27일 중국인으로 위장하고 서울에 잠입하여 1박을 한 뒤, 여관에 유서 세 통을 남기고 나왔다. 28일 오후 2시 식산은행으로 가서 폭탄을 던졌으나 터지지 않았다. 그는 다시 동척으로 달려가 총을 난사하며 나머지 폭탄 1개를 던졌다. 그러나 이 폭탄도 터지지 않았다. 나석주는 달려온 경찰들과 총격전을 벌였으며, 결국 일경의 포위망이 좁혀지자 세 발의 총탄을 가슴에 쏘아 병원에 옮겨졌다가 4시간 만에 숨지고 말았다. 김창숙은 이 사건의 배후조종 혐의로 수배되어 1927년 2월 상하이에서 체포된 뒤 국내로 압송되었다. 그는 재판에서 14년형의 징역을 선고받고 옥고를 치러야 했다.

이와 같은 활동을 펴오던 의열단은 1927년 암살 파괴 활동을 중단하고 군사 활동 노선을 취하게 된다. 그것은 폭탄 투척 방식의 활동이 성공보다 실패가 많았고, 충격 효과는 컸지만 실제 성과는 거의 없었기 때문이다. 의열단은 「조선혁명선언」을 통해, 혁명은 민중의 직접적인 봉기에 의해서 가능하고, 의열투쟁은 이를 자극하기 위한 것이라 선언한 바 있었다. 그러나 의열투쟁이 민중의 봉기를 이끌어내리라는 기대는 너무나 순진했음을 인정하지 않을 수 없었다. 그런 가운데 국내에서는 노동·농민·청년단체들이 주도하는 대중운동이 크게 일어나고 있었다. 단원들 가운데도 사회주의 쪽으로 기울어지는 이들이 늘어갔다. 상하이에서는 의열단을 탈퇴하고 상해청년동맹회에 참여하는 이들이 적지 않았다. 또한 1925년 이후 의열단은 심각한 재정난에 봉착했다. 그리하여 의열단은 군사 활동으로 방향을 전환하기로 결정하고 본부를 광저우로 옮겼으며, 핵심 단원들을 황포군관학교에 입학시켰다.

03

3·1운동 이후 조선총독부는 '무단통치'를 철회하고 '문화정치'로 통치의 방향을 전환했다. 그에 따라 국내에서는 '문화운동'이 전개되었고, 이어서 일부 타협적 민족주의자들은 '자치운동'을 펴고자 했다. 한편 새로운 이념인 사회주의가 들어오면서 사회주의운동과 청년·노동·농민운동이 거세게 일어났

'문화정치'와 민족·
사회주의운동의 분화
(1919~1930)

다. 총독부는 사회주의자들의 운동을 탄압하기 위해 치안유지법을 실시
했다. 이에 비타협적 민족주의자들과 사회주의자들은 서로 손을 잡고 민
족협동전선인 신간회를 조직했다. 또 1920년대에는 6·10만세운동과 광주
학생운동 등 학생층이 중심이 된 민족운동도 활발했다.

사이토 총독의 이른바 '문화정치'

기만적인 '문화정치'로의 전환

1919년 3·1운동으로 '무단통치'는 더 이상 불가능해졌다. 이에 일본의 하라 다카시^{原敬} 수상은 조선인들을 무마하기 위해 '조선총독부관제'를 개정했다. 즉 무관이 아닌 문관 출신도 총독이 될 수 있게 하고, 교육을 관장하는 학무국을 신설했으며, 경무총감부를 폐지하는 대신 경무국을 설치하여 총독부를 4국체제에서 6국체제로 바꾸었다. 동시에 지방관관제를 개정하여 도장관을 도지사로 이름을 바꾸고, 헌병경찰제도를 폐지하고 보통경찰제도를 실시하며, 도 경찰부를 폐지해 도지사가 경찰권을 행사할 수 있도록 했다. 또 헌병분대와 분견소만 있고 경찰관서가 없던 곳에도 경찰관서를 두도록 하고, 이를 위해 경찰 인력을 보충하도록 했다.

그러나 하라 수상은 신임 총독으로 문관이 아닌 해군제독 출신 사이토 마코토를 임명했다. 이후에 임명된 수상도 모두 무관 출신이었다. 또 헌병경찰제도는 폐지되었지만 보통경찰을 충원하여 헌병이 빠져나간 자리를 메움으로써 경찰병력도 이전 수준을 그대로 유지했다.

1919년 8월 조선에 부임한 신임 총독 사이토는 '문화의 발달과 민력의 충실'이라는 슬로건을 내걸고 이른바 '문화정치'를 표방했다. 우선 양반유생들의 원성을 사고 있던 '묘지규칙'을 개정하여 과거처럼 선산에 묘지를 쓸 수 있도록 했다. 이는 3·1운동 당시 양반 유생들이 대거 참여한 것을 의식하고, 그들을 회유하기 위함이었다. 사이토 총독은 또 한글신문으로『시사신문』,『조선일보』,『동아일보』의 발간을 허가했으며,『개벽』·

『조선지광』·『신천지』·『신생활』 등 한글잡지의 발간도 허용했다. 그러나 다른 한편으로는 대한제국기에 제정된 신문지법과 출판법으로 이들 신문과 잡지를 통제했다. 신문의 경우 납본을 받아 문제가 되는 기사가 있다고 판단되면 압수·정간·인신구속 등의 조치를 취했다. 또 잡지의 경우에는 아예 사전에 원고를 검열했으며, 문제가 있는 잡지의 경우 정간과 폐간조치를 내렸다.

한편 사이토 총독은 명목만 있던 중추원제도를 활용하여 을사늑약·병합조약 등에 협조했던 적극적 친일파들을 이에 끌어들여, 그동안 총독부로부터 소외되어 있던 그들의 불만을 누그러뜨리고 더 나아가 그들을 활용하고자 했다. 또 지방제도를 개정하여 부府와 면面에 협의회를, 도에 평의회를 신설하여 부윤·면장·도지사의 자문기구 역할을 맡도록 했다. 부·면 협의회 일부에서는 의원선거를 실시했는데, 피선 자격자는 25세 이상 남자, 1년 이상 동일 지역 거주자, 부세府稅 또는 면 부과금을 5원 이상 납부한 자 등이었다. 결국 이 제도는 각 지방의 유력한 조선인들을 포섭하여 그들에게 권력의 부스러기를 나누어줌으로써 회유하려는 것이었다.

총독부는 각종 친일 어용단체를 조직하는 일에도 적극 나섰다. 1920년 사이토 총독에게 보고된 「조선 민족운동에 대한 대책」이라는 문서를 보면, "친일분자를 귀족·양반·유생·부호·실업가·교육자·종교가 등에 침투시켜 그 계급과 사정에 따라 각종 친일단체를 조직해야 한다"고 건의하고 있다. 이후 조선경제회, 대정친목회, 국민협회, 동광회, 대동사문회, 조선불교중앙교무원, 유교진흥회, 시천교, 청림교, 상무단(보부상) 등 각계각층에 친일단체가 조직되었다. 또 총독부는 조선인 귀족·관료·교사·유생

조선총독부 '문화정치'의 허구성과 가혹한 착취를
풍자한 시사만화

〈문화정치〉(김동성, 『동명』, 1923. 1. 21) 왼쪽 위.
작렬하는 태양에 말라 비틀어져가는 문어가 차차
꼴뚜기로 변해가는 모습을 통해 문화정치가 문어정
치, 나아가 꼴뚜기 정치로 전락하고 말 것이라고 비
판하고 있다.
〈이렇게 빨리고야〉(윤상찬, 『동아일보』, 1923. 5.
26) 왼쪽 아래. 유럽인, 중국인, 일본인이 둘러서서
가운데 앉은 조선 사람에게 빨대를 꽂은 채 피를 빨
자 조선 사람이 "가뜩이나 빈혈증이 있는 내가 이렇
게 빨리고 살 수 있나?"라고 탄식하고 있다.
〈작작 짜내어라〉(경성 낙천자, 『동아일보』, 1923.
5. 25) 오른쪽 아래. 지주가 한쪽 손으로 소작인의
목을 틀어쥐고 누르자 입에서 동전이 쏟아져 나오
는 것을 다른 쪽 손으로 받아내고 있다.

등을 모아 일본 시찰을 보냄으로써 그들을 회유하고, 더 나아가 적극적인 친일분자로 육성하고자 했다.

산미증식계획과 관세 철폐

1920년대 사이토의 조선총독부가 가장 심혈을 기울인 사업은 '산미증식계획'이었다. 당시 일본에서는 매년 인구가 60~70만 명씩 늘어나고 있었고, 이로 인해 심각한 식량부족 사태가 야기되어 1918년에는 '쌀소동'이라는 폭동이 전국적으로 일어나기도 했다. 따라서 일본 정부는 1918년 650만 석, 1919년 950만 석의 쌀을 수입했는데, 그 가운데 조선에서 실어 간 쌀이 1918년 170만 석, 1919년 280만 석에 달했다. 일본 정부는 조선에서 더 많은 쌀을 실어 오기 위해 조선총독부로 하여금 산미증식계획을 세워 더 많은 쌀을 생산하도록 한 것이다.

산미증식계획은 30년 동안 40만 정보의 논의 관개를 개선하고, 20만 정보의 밭을 논으로 변환하며, 20만 정보의 땅을 개간·간척하고 경종법을 개선해 쌀의 생산을 크게 늘린다는 것이었다. 총독부는 이와 같은 사업, 특히 토지개량사업을 위해 민간의 지주들에게 수리조합을 설립하도록 유도했다. 총독부는 특히 일본인 지주들에게 보조금을 지원하여 수리조합을 설립하도록 권장했다. 수리조합이 설립된 지역에서는 수리조합이 개설한 저수지의 물을 이용하는 농민들은 조합원이 되어 조합비를 내야 했는데, 이는 사실상 수세水稅나 마찬가지였다. 일부 지주들은 이를 소작농민에게 전가하기도 했다.

1920년대 조선에서 쌀 생산은 크게 증가했다. 총독부 통계에 의하면,

1921년의 1,400만 석에서 1928년 1,700만 석으로 300만 석이 증가했다. 그런데 일본으로의 쌀 이출은 1921년의 300만 석에서 1928년 7백만 석으로 400만 석이나 증가했다. 이로 인해 조선에서의 쌀 소비량은 1921년 1,100만 석에서 1928년 1,000만 석으로 오히려 줄어들어, 조선인 1인당 쌀 소비량도 크게 감소하지 않을 수 없었다. 총독부는 조선에서 식량이 크게 부족해지자 이를 보충하기 위해 값싼 외국산 쌀이나 만주의 조(粟)를 수입하여 충당하려 했다.

또한 산미증식계획이 진행되는 동안 시장에서 쌀값이 계속 오르면서 지주들은 호황을 누릴 수 있었다. 이에 지주들은 계속 토지를 사들이고 가난한 농민들은 계속 토지를 팔아, 농민들은 더욱 빈곤해지는 결과를 가져왔다. 지주의 수는 1920년 90,930호에서 1930년 104,004호로 늘어났으며, 소작지는 약 220만 정보(전체 경지의 50.8%)에서 약 244만 정보(전체 경지의 55.6%)로 늘어났다. 소작농의 호수도 1920년 39.8%에서 1930년 46.5%로 크게 늘어났다. 농민들은 점차 빚을 잔뜩 짊어진 채무농민이 되어갔다. 1930년 농가 1호당 평균 부채는 137원에 달했다. 봄만 되면 식량이 떨어져 굶주리는 농민들이 1926년의 296,000명에서 1930년 1,048,000명(전체 농민의 48.3%)으로 크게 늘어났다. 이와 같이 경제적으로 몰락한 농민들 가운데 상당수는 해외 유망의 길을 떠났다. 1921년부터 1930년 사이 일본으로 건너가 노동자가 된 이들이 27만 명에 달했고, 만주와 연해주로 떠난 농민들은 40여만 명이었다.

1920년대 일본 정부와 조선총독부는 일부 품목을 제외하고 일본과 조선 사이의 관세를 거의 철폐해버렸다. 그러자 일본 상품이 조선에 물밀듯이 밀려들어왔다. 조선에 이입된 물품 가운데는 완제품이 60~70%를 차지했다. 주로 직물, 의류, 술, 연초, 일용품, 기계류, 금속제품 등이 많았다. 이와 같은 관세 철폐로 인해 조선은 일본 경제권에 완벽하게 편입된 셈이었다. 또 총독부는 '회사령'을 폐지하고 회사 설립을 신고제로 함으로써 일본 자본이 조선에서 자유롭게 회사를 설립할 수 있도록 했다. 그 결과 일본 자본들이 대거 조선에 진출하기 시작했으며, 조선에 와 있던 일본인들도 회사를 설립하여 본격적인 경제 활동에 나섰다. 1928년 일본인 회사의 자본액은 조선인 회사 자본액의 20배에 달했다.

1920년대에 설립된 공장을 보면 경공업이 주류를 이루었고, 특히 식료품 가공업이 전체의 63%, 방직공업이 10.9%를 차지했다. 이런 공장들 중 규모가 큰 것은 대부분 일본 자본이었고, 조선인이 세운 공장은 규모가 작은 것들이 많았다.

'문화운동'과 자치운동의 모색

실력양성론과 '문화운동'

1920년대 초반, 이른바 '문화정치'의 공간에서 각종 청년회운동, 교육진흥운동, 물산장려운동 등 문화적·경제적 실력양성운동이 전개되었는데, 이를 가리켜 이른바 '문화운동'이라 부른다. '문화운동'이라는 용어는 본래 학술·문학·종교·언론운동 등을 가리키는 것이지만, 1920년대 초반 문화적·경제적 실력양성운동을 표방한 이들이 스스로 '문화운동'이라 칭했기 때문에 오늘날 학계에서는 이들 운동을 모두 묶어 '문화운동'이라 부르고 있다. 1920년대 초반의 '문화운동'은 신문화 건설, 실력양성론, 정신개조, 민족개조론을 그 이론적 기초로 삼고 있었다.

'신문화 건설론'은 세계개조의 시대적 기운에 부응하여 조선에서도 신문화 건설이 필요하다는 주장으로, '신문화 건설'이란 사회적 측면에서의 봉건적 잔재 청산, 경제적 측면에서의 낙후된 생산력 증진 등 자본주의 문명의 수립을 뜻했다. 신문화 건설의 구체적인 방법으로 제시된 것은 교육과 실업의 발달, 구습舊習의 개량 등이었다.

'실력양성론'은 이미 1905~1910년 계몽운동(자강운동) 시기에 국권회복을 위한 방법론으로 제기되었다. 1910년대에도 대부분의 신지식층은 실력양성론을 신봉하고 있었으나, 3·1운동기에는 민족자결론, 즉 실력이 없는 민족도 독립할 수 있다는 주장에 밀려 일시 잠복했다. 그러나 3·1운동의 좌절, 그리고 1921년 말 태평양회의에서 외교운동의 좌절 이후 실력양성론이 다시 수면 위로 떠올랐다. 신지식층은 세계는 아직도 생존경쟁, 적자생존의 원칙 위에서 움직이고 있다면서, 당분간 독립은 절망적이므로 교육과 산업의 진흥 등 실력양성에 주력해야 한다고 주장했다. 또 이들은 설사 독립의 기회가 오더라도 독립할 수 있는 능력이 있어야 그 기회를 이용할 수 있으므로, 먼저 실력을 기르는 것이 급선무라고 주장했다.

'정신개조·민족개조론'은 조선에 신문화를 건설하기 위해서는 먼저 사회를 구성하는 개개인의 능력 발전과 인격 향상이 선결과제이며, 그런 개인을 만들어내기 위해서는 개인개조, 특히 내적인 정신개조가 필요하다는 주장에서 나온 것이었다. '정신개조론'은 1922년경에 이르러 '민족성

개조론'으로 발전하게 된다. 민족개조론은 정신개조론에 한말 이래 일본인들의 한국 민족 열등성론, 한국인 신지식층의 구관습 개혁론, 그리고 1920년경에 소개된 민족심리학 이론이 결합되어 나타난 것이었다. 1920년대 초 민족개조론은 『동아일보』의 송진우, 『개벽』의 이돈화·김기전, 현상윤, 이광수 등에 의해 제창되었고, 이광수와 현상윤은 이를 르·봉le Bon 등의 민족심리학 이론과 결합시켜 설명했다. 이광수는 특히 민족개조론의 실천을 위해 '개조동맹'으로서 수양동맹회를 결성하기도 했다.

'문화운동'은 크게 ① 청년회운동, ② 학교 설립운동 등 교육진흥운동, ③ 물산장려운동 등 산업진흥운동으로 나누어볼 수 있다.

청년회운동은 이미 한말에 서울에서 등장했지만, 1919년 말 이후 전국 각지에 청년회가 조직되면서 본격적으로 시작되었으며, 이후 신문화 건설운동의 중심적인 역할을 하게 되었다. 청년회는 대체로 지·덕·체의 함양 등 인격수양, 풍속개량, 실업장려, 공공사업 지원 등을 그 설립 목적으로 했고, 강연회, 토론회, 야학강습회, 운동회 등을 주요사업으로 설정했다. 이 운동은 1920년 말 전국 청년회들의 연합체인 조선청년회연합회 결성으로 절정에 달했다. 이 연합회도 낡은 관습의 개혁, 인격수양, 지식의 교환, 산업의 진흥, 세계 문화에의 공헌 등을 내세웠다. 그리고 연합회는 구체적인 사업 시행보다는 '수양修養'에 목적을 둔 수양단체임을 천명했다. 총독부 측은 청년회운동을 '온건한 방향'으로 유도하는 한편, 관제청년회를 만들어 청년회운동을 체제 내적인 방향으로 유도하려 했다. 〈표 4〉는 각 도별 청년회 분포 상황이다. 이 표에서 보듯이 청년회가 가장 많이 조직된 곳은 황해도와 전남, 경남, 경북 등이었다.

<표 4> 각 도별 청년회 분포 상황

연도	경기	충북	충남	전북	전남	경북	경남	황해	평북	평남	강원	함북	함남	계
1920	2	10	13	24	28	20	29	44	21	28	15	11	6	251
1921	22	10	17	30	44	49	58	78	14	33	15	57	19	446
1922	14	12	22	13	84	54	66	91	13	39	24	28	28	488

* 출전: 『조선치안상황』, 1922, 179쪽.

신교육운동은 초기에는 '신문화 건설', 뒤에는 '실력양성'을 위한 신지식 습득을 표방하며 전개되었다. 1920년대 초 교육열이 크게 일어나 각 학교의 입학 지원자가 크게 늘어났다. 이를 뒷받침하기 위해 보통학교, 고등보통학교 등 각종 학교 설립운동이 전개되었으나, 학교 설립조건이 강화되어 있었기 때문에 이 운동은 대부분 좌절되었다. 1923년에는 민립대학 기성운동이 지주 등 부호의 성금과 민중들의 거족적인 참여를 기대하면서 시작되었으나, 곧 열기가 식으면서 실패로 돌아가고 말았다. 또 학교에 입학하지 못한 이들을 위해 개량서당의 설립, 야학과 강습회 설치를 위한 운동도 전개되었다. 그러나 이들 신교육운동은 민족의식의 고취보다는 신지식의 교육을 기본적인 목표로 했고, 교육 내용도 일일이 총독부의 간섭을 받아야 하는 처지였다.

조선인들의 산업을 진흥하려는 운동은 물산장려운동을 중심으로 전개되었다. 이 운동은 조선인 자본가들의 위기가 심화된 1922년 말에 시작되어 1923년 초에 절정에 이르렀다. 조선인 자본가들은 위기의식을 느끼고 1921년 조선인산업대회를 조직하여 총독부 측에 조선인 중심의 산업 정책을 취해줄 것을 건의했지만 받아들여지지 않았다. 그런 가운데 1923년 4월 일본과 한국 사이의 무역에서 면직업과 주류를 제외한 모든 상품의

조선민립대학기성회 창립총회(1923. 3. 30)

관세가 면제될 시기가 눈앞에 다가오자, 위기의식이 심화된 자본가들이 자구책으로서 일으킨 운동이 바로 물산장려운동이었다. 이 운동은 1923년 봄 상당한 기세를 올려 '토산품 애용'이라는 측면에서는 어느 정도 성과를 거두었다. 그러나 민족자본은 늘어난 수요를 뒷받침해줄 수 있는 생산력을 갖추고 있지 못했고, 새로운 회사나 공장의 설립도 별로 이루어지지 않았다. 그에 따라 토산품 애용운동은 상인들에게 이용당하여 상품의 가격만 올려놓은 채 열기가 식어버리고 말았다. 물산장려운동이 실패로 돌아간 뒤 조선인 자본가들은 위기를 타개하기 위해 다시 총독부 측에 보조금 교부 등 보다 적극적인 보호와 장려를 요구하게 된다.

총독부는 '문화운동'을 독립을 궁극 목적으로 하는 실력양성운동으로 파악했지만, 조선인들이 문화적 방법에 의한 운동으로 노선을 전환하는 것은 크게 환영했다. 총독부는 '문화운동'이 온건 노선의 운동으로서 대두한 데 대해 크게 안도했으며, 이 운동을 체제 내적인 운동, 더 나아가서는 동화주의同化主義를 지향하는 친일 어용적인 운동으로 유도하고자 했다. 일제의 의도는 상당한 성과를 거두어 청년회운동, 물산장려운동, 민립대학 기성운동, 그리고 민족개조론 등이 모두 스스로 비정치성을 표방했으며, 1924년에 이르러서는 마침내 자치운동까지 출현하기에 이르렀다.

또 '문화운동'은 어디까지나 식민지 지배하에서 신교육 보급, 구관습 개혁, 민족자본 육성을 목표로 했다는 근본적인 한계를 지녔다. 신채호는 「조선혁명선언」에서 일제 지배하에서 '신문화의 건설'은 일제 지배자들에 의해 한계가 뚜렷이 주어져 있거나, 아니면 그들에 의해 왜곡된 방향으로 진행될 수밖에 없다고 지적하기도 했다.

타협적 정치운동으로서의 자치운동

자치운동은 조선의 독립 대신 자치를 요구하는 운동으로서, 주권은 일본이 갖되 내정은 조선인들이 담당하게 해달라거나, 조선총독부는 그대로 두고 조선에 자치의회를 구성해달라는 운동을 말한다.

자치운동은 이미 1910년대부터 일본 유학생들 사이에서 거론되기 시작했으며, 3·1운동 전후에는 국내의 일부 민족주의자들이 이를 추진하는 구체적인 움직임을 보이기도 했다. 자력에 의한 독립의 획득과 유지는 불가능하다고 보고, 일제 지배하에서 자치권을 획득하는 운동을 구상했던 것이다. 이런 구상은 3·1운동 전후 민족자결주의 열풍에 밀려 전면에 나설 수 없었다. 그러나 1923년 봄 대표적인 '문화운동'이었던 물산장려운동과 민립대학 기성운동이 모두 벽에 부딪치자, 이제 '정치적 측면에서의 실력양성운동'으로서 자치운동이 본격적으로 거론되기 시작한다.

'민족자본'의 보호육성을 핵심 내용으로 하는 물산장려운동이 실패로 끝나자 조선인 자본가들은 크게 동요했다. 그 가운데 가장 동요가 심했던 조선인 대자본가와 그들을 대변하는 타협적 민족주의자들은 한편으로는 총독부 측에 '보호'를 호소하고, 다른 한편 경제적 실력양성운동을 뒷받침하기 위해 최소한의 정치권력이 필요하다는 논리를 내세워 자치운동을 추진하게 된다. 이 시기 그들의 동요를 더욱 자극한 것은 사회주의 세력과 노동·농민운동이 크게 대두하고 있었다는 사실이었다. 조선인 자본가들은 노동·농민운동의 본격화에 커다란 위협을 느꼈고, 이에 총독부 권력에 보다 접근해가기 시작했던 것이다.

한편 이 시기 자치운동은 일본인들의 자치론으로부터도 영향을 받고 있었다. 3·1운동 직후 일본인들은 식민지 조선의 지배방식을 놓고 '자치제 실시론'과 '참정권 부여론'으로 나뉘어 논쟁을 벌였다. 자치제 실시론은 조선에 자치의회를 구성하자는 것이었고, 참정권 부여론은 조선인 대표들을 일본 국회에 의원으로 참여시키자는 것이었다. 조선에 동정적이던 일부 일본 지식인들은 조선에서 자치제를 실시할 것을 주장했지만, 일본 정부나 조선총독부 측은 훗날 민도가 향상되면 조선에도 참정권을 부여한다는 입장을 견지했다. 그런데 1920년대 중반이 되면서 조선총독부를 중심으로 종전과 다른 움직임이 나타나기 시작했다. 1920년대 중반 조선에서는 사회주의운동과 노농운동이 크게 활성화되는 가운데, 비타협적 민족주의자들과 사회주의자들의 연합전선이 모색되었다. 총독부 측은 이런 움직임이 조선에 대한 영원한 식민 지배에 중대한 위협이 될 것이라고 보았다. 이에 총독부 주변의 일본인 어용 지식인들은 조선에 대한 식민 지배를 보다 안정화시키기 위해서는 조선에서 자치제 실시가 필요하다고 보고 이를 총독부에 건의하여, 사이토 총독의 긍정적인 반응을 얻었다. 그 사실을 알게 된 조선인 자치론자들은 크게 고무되어 자치운동을 펼치기 시작했다. 1925년 말부터 1930년대 초에 걸친 자치운동은 이런 배경 위에서 전개된 것이었다.

또 조선의 자치운동에는 아일랜드 자유국 수립, 인도의 자치운동도 상당한 영향을 미쳤다. 4백 년 동안 잉글랜드의 식민통치를 받았던 아일랜드는 19세기 말부터 자치운동을 개시하여 1914년 자치를 약속받았다. 그러나 1차 대전 발발로 자치가 유보되었고, 1916년 부활절 봉기 이후 아일랜드는 자치운동에서 독립운동으로 방향을 전환하게 된다. 그리하여

1919년 1월 아일랜드공화국을 선포하고 1921년 영국-아일랜드 조약을 체결함으로써 아일랜드의 32개 주 가운데 남부 26개 주가 아일랜드 자유국으로 독립했다. 하지만 이는 아일랜드의 외교, 군사, 경제 등의 실권은 여전히 영국 정부가 장악하고 있는 제한적인 독립이었다. 한편 영국의 식민통치하에 있던 인도에서도 1920년대 초 커다란 변화가 일어났다. 영국은 1859년 세포이항쟁을 진압한 뒤 인도에 정청을 두고서 인도를 직접 지배하기 시작했다. 그리고 이에 대한 인도인들의 저항을 누그러뜨리기 위해 1885년 인도인들로 하여금 국민회의를 조직하도록 했다. 그런데 처음에는 영국에 협조적이었던 인도 국민회의는 점차 인도 민족운동의 구심점이 되어갔고, 1906년 캘커타 대회에서 스와라지Swaraji(자치)운동, 스와데시Swadeshi(국산품애용)운동, 영국 상품 배척, 국민교육의 4대 강령을 채택하기에 이르렀다. 1차 대전기 영국은 전쟁에 협조하는 대가로 인도에 자치권을 줄 것을 약속했으나, 전쟁이 끝나자 자치권은커녕 인도인들의 자유를 더 속박하는 롤레트Rowlatt 법안을 만들었다. 이에 마하트마 간디Mahatma Gandhi는 국민회의를 영국 식민정치에 대항하는 대중적 운동 조직으로 전환하여, 1919~22년 불복종·비협력의 저항운동을 전국적으로 벌여 나갔다. 아일랜드와 인도에서 전개된 이와 같은 자치운동과 독립운동은 조선에도 큰 영향을 끼쳤다. 조선에서도 일단 자치운동을 먼저 전개하자는 움직임이 나타나게 된 것이다.

1920년대 조선에서 자치운동은 세 차례에 걸쳐 전개되었다. 첫 번째는 물산장려운동이 실패로 끝난 직후인 1923~24년에 있었던 것으로, 국내의 동아일보계, 천도교 신파의 최린 등이 연결되어 '독립운동을 위한 준비

단계로서의 자치권 획득운동'이라는 구상으로 정치결사를 구성하려 한 것이다. 그러나 이는 비타협적 민족주의자들과 사회주의자들의 강력한 반발로 무산되고 말았다.

두 번째 자치운동은 1925~27년의 것으로, 1925년 말 총독부와 경성일보 사장 소에지마 미치마사副島道正 등 일부 일본인들이 먼저 자치론을 들고 나오면서 한국인 자치론자들을 고무한 데서 비롯되었다. 총독부와 일부 일본인들은 한국인들의 민족운동의 분열과 일제의 안정적 식민지 지배를 위해 자치제 문제를 검토하면서 이를 타협적 민족주의자들에게 귀뜸하여 그들의 자치운동을 고무시켰다. 최린을 중심으로 동아일보계가 지원한 제2차 자치운동은 총독부와 연결되면서 진행되었기 때문에, 한때 그 실현 가능성이 상당히 커보였다. 이에 위기의식을 느낀 비타협적 민족주의자들은 자치운동 배격을 위해 사회주의자들과 연합전선을 형성, '신간회'를 탄생시켰다. 그러나 총독부 측이 구상한 자치제안은 일본 정부 측의 '내지연장주의'를 고집하는 식민지 지배 정책에 부딪혀 유보되고 말았다. 이로써 한국인들의 자치운동도 당분간 잠복하게 된다.

세 번째 자치운동은 1929~32년의 것으로, 1929년 사이토 총독의 재부임과 함께 시작되었다. 최린과 동아일보 간부들은 총독부 측과 연결을 가지면서 자치제 실시에 대비하여 각각 천도교 내와 지방사회에서 자신들의 세력 기반을 구축하는 데 열중했다. 수양동우회와 기독교 일부 세력도 이 움직임과 연결되었다. 한편 1930년경부터 신간회와 청년총동맹 내부에서 본부 간부들을 중심으로 '합법운동', '당면이익 획득운동'을 내걸면서 자치운동으로의 방향전환을 모색하는 움직임이 나타났다. 이로써 자치운동은 제1차 자치운동 이래 가장 크게 세력을 확대하게 되었다. 1930년 말 일본 정부가 자치제 문제를 일단 지방제도의 개정이라는 방향으로 매듭지었음에도, 제3차 자치운동은 타협적 민족주의자들의 자치운동을 위한 민족단체 결성운동 등으로 1932년경까지 이어졌다.

1920년대 비타협적 민족주의자들은 3·1운동에서 표출된 민중운동의 거대한 잠재력을 확인한 위에서, 그리고 1920년대 초반 대두했던 '문화운동'이 한계를 드러내는 가운데, 문화운동론자들 중 일부 우파가 운동의 방향을 보다 타협적인 자치운동으로 전환하기 시작하자 이에 반대하면서 하나의 세력으로 형성되기 시작했다. 즉 비타협적 민족주의자들은 1920년대 초반 '문화운동' 시기에는 비록 소극적이고 또 입장을 약간 달리하면서도 여기 같이 참여하고 있었지만, 타협적 민족주의자들이 자치운동을 들고 나오자 이에 반발하면서 독자적인 세력을 본격적으로 형성하기 시작했던 것이다.

비타협적 민족주의자들은 자치운동을 '관제적 타협운동'이라고 보았다. 예를 들어 안재홍은 "조선인의 타협운동은 통치군의 조선인에 대한 회유적 양보로 나타날 것"이며 "타협적 운동은 반드시 통치군들과 연락되고 호응함이 아니고서는 용이하게 나타나지 못할 것"이라면서 자지운동을 분명한 '관제적 타협운동'이라고 규정했다. 또 민족주의 좌파는 자치운동이 일제 지배자들과 조선인 공리주의자들의 야합에 의해 조선 민중의 기세를 꺾기 위해 등장한 것이라고 보았다. 즉 소에지마 등 일부 일본인들이 조선에서의 자치제 실시를 주장하는 것은 한편으로는 식민지 조선의 안정적 지배, 그리고 영원한 지배를 목표로 한 것이며, 다른 한편으로는 설사 자치제를 당장 실시하지 않는다 하더라도 조선인들 가운데 자치운동이 일어나게 함으로써 민족운동을 분열시키려는 것임을 간파했던 것이다. 따라서 비타협적 민족주의자들은 민족운동의 유일한 목표는 '완전한 해방'이며, 이 목표를 달성하기 위해서는 굳센 신념과 끊임없는 노력이 필요할 뿐이라고 주장했다.

민족협동전선으로서 신간회를 결성하다

1920년대 중반 들어 국내의 항일운동 진영은 민족주의 계열과 사회주의 계열로 뚜렷이 분화했다. 그런 가운데 일부 타협적 민족주의자들은 위에서 본 것처럼 '자치론'을 들고 나왔다. 이에 비타협적 민족주의자들은 독립운동이 아닌 자치운동에는 찬성할 수 없다면서 격렬히 반대했다. 자치론 진영에는 천도교 신파(최린), 동아일보(송진우·이광수) 등이 있었고, 반자치론 진영에는 천도교 구파(권동진·오세창), 조선일보(안재홍) 등이 있었으며, 사회주의자들도 자치론에 격렬히 반대했다. 여기서 비타협적 민족주의자들과 사회주의자들이 제휴할 수 있는 여건이 만들어졌다. 이에 서울청년회 쪽의 사회주의자들과 조선물산장려회 내의 비타협적 민족주의자들이 먼저 '조선민흥회'를 결성했다.

그런 가운데 일본 유학생 출신으로 구성된 사회주의 사상단체 정우회正友會는 1926년 11월 「정우회선언」을 발표했다. 이들은 사회주의운동이 경제투쟁에서 정치투쟁으로 전환해야 한다는 것, 사회주의 세력과 민족주의 세력이 제휴해야 한다는 것 등을 주장했다. 이에 비타협적 민족주의자들도 호응하여 양측의 협동전선 결성이 모색되기 시작했다. 당시 비타협적 민족주의자들과 사회주의자들의 '민족협동전선' 결성 움직임은 중국의 국공합작, 국제공산당(코민테른)의 조선에서의 민족통일전선 우선론, 재중국 민족운동가들의 민족유일당 운동으로부터 영향을 받았다.

「정우회선언」 이후 협동전선 결성을 모색하던 사회주의자들과 비타협적 민족주의자들은 1927년 2월 마침내 신간회를 창립했다. 회장에는 이상재, 부회장에는 홍명희가 선출되었다. 창립대회에서 신간회는 ① 정치적·경제적 각성을 촉구함, ② 단결을 공고히 함, ③ 기회주의를 일체 부인함 등 3개조의 강령을 채택했다. 여기서 '기회주의'란 자치운동을 가리키는 것이었다.

신간회는 전국 각지는 물론 만주와 일본에도 지회를 설치했다. 1928년 국내외에 141개 지회가 있었으며, 회원은 4만 명에 달했다. 신간회는 강연단을 만들어 전국을 순회하면서 민족의식을 고취하고, 조선인 본위의 교육 실시, 착취기관 철폐 등을 주장하면서 일제의 식민지 통치 정책을 비판했다. 신간회는 1929년 1월부터 시작된 원산 노동자 총파업 지원, 같은 해 함경남도 갑산 지방의 화전민 방축 사건 진상규명과 항의 등의 활동을 전개했다. 하지만 경찰은 신간회 각 지회 대표가 참석하는 전체대회를 금지하는 등 신간회 활동을 크게 제약하여, 신간회는 많은 어려움을 겪었다.

신간회 창립 초기 본부의 중앙간부진을 장악한 것은 비타협적 민족주의자들이었다. 1929년 복대표대회複代表大會 이후 전체적으로 사회주의 계열의 세가 강화되는 등 형세가 변화했지만, 실권에 관계되는 본부의 간부진은 오히려 민족주의자들이 장악했다. 즉 본부의 7부 부장 가운데 황상규·김병로·김항규·이종린·조병옥·박희도 등 민족주의 계열이 6부의 부장직을 담당한 것이다. 그런 중에 1929년 말 '민중대회 사건'이 일어났다.

신간회 중앙간부진은 그해 11월 3일 일어난 광주 학생 사건의 진상을 폭로하고 이를 민중시위로 유도하기 위한 민중대회를 12월 13일 개최하기로 하고, 신간회 중앙집행위원장 허헌이 중심이 되어 천도교 구파의 권동진, 동아일보 사장 송진우, 조선일보 부사장 안재홍, 그외 조병옥·홍명희·이관용·한용운·주요한 등 11명이 10일 회동하여 민중대회 개최를 결의하고 준비에 돌입했다. 그러나 11일 이 사실이 경찰에 탐지되어 경기도 경찰부는 이 계획을 중지할 것을 경고했고, 신간회 측에서 이를 무시하자 경찰 측은 13일 오전 6시 일제검거에 나서서 허헌 등 20여 명을 체포했다. 허헌은 진보적 민족주의 계열에 속하는 인물이었는데, 그가 구속되자 민족주의 계열의 김병로가 본부의 중앙집행위원장대리를 맡게 되었다.

이후 신간회 내부에서 노선 갈등이 시작되었다. 김병로 신임 중앙집행위원장이 이끄는 새 집행부는 신간회운동을 온건한 방향으로 전환하고자 했다. 일부 집행위원은 자치론을 받아들이는 듯한 태도를 보이기도 했다. 신간회 집행부의 이런 태도는 사회주의자들의 반발을 불러일으켰다. 때마침 코민테른은 1928년 「12월테제」를 통해 한국의 사회주의자들에게 민족주의자와의 협동전선을 포기하고 독자적인 운동을 전개할 것을 촉구하고 있었다. 그 영향을 받은 일부 사회주의자들은 신간회 해소를 주장하고 나섰다. 그런데 신간회 해소론은 코민테른의 지시 외에도 신간회 결성 이

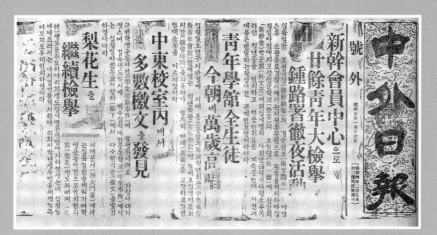

신간회의 활동과 해소

위는 광주학생운동을 후원한 신간회 회원들이 검거된 사실을 보도한 『중외일보』 호외, 아래는 신간회 해소를 주장한 책의 표지이다. '조선 전위당 볼셰비키화를 위하여'라는 제목에서 알 수 있듯이, 사회주의자들은 신간회가 혁명운동의 발전을 가로막고 있다는 이유로 해소를 주장했다.

후 운동 역량이 신간회에 집중되어 노동·농민운동 등이 침체된 데도 이유가 있었다. 민족주의자들은 신간회 해소를 강력하게 반대했고, 사회주의자들 중에도 반대하는 이들이 많았다. 결국 1931년 5월 해소 문제를 논의하기 위한 신간회 전체대회가 열렸다. 그동안 전체대회를 허가하지 않던 경찰이었지만 이번에는 허가해주었다. 이 대회에서 해소안이 표결에 부쳐진 결과 찬성 43, 반대 3, 기권 30으로 해소안이 가결되었다. 기권이 많았던 것은 대의원 상당수가 판단을 유보했음을 말해준다.

신간회 결성 이후 모든 운동 역량이 신간회에 집중되어 청년운동, 노농운동의 동력이 약화되는 모습을 보인 것은 사실이었다. 또 신간회는 총독부 경찰의 방해로 전체대회조차 열지 못하는 등 활동에 큰 제약을 받았다. 때문에 사회주의자들은 코민테른의 「12월테제」가 나온 이후 민족협동전선의 실효성에 대해 의문을 갖지 않을 수 없었다. 그러나 신간회는 민족주의 세력과 사회주의 세력의 민족협동전선으로서 양 세력의 역량을 하나로 결집시키는 역할을 했다는 점에서 큰 의미를 지녔다. 따라서 신간회를 일제의 탄압 때문이 아니라 신간회원들 스스로 해소해버린 것은 전술상의 커다란 오류였다.

사회주의운동이 시작되다

3·1운동을 전후하여 국내외 독립운동가와 지식인들 사이에서 러시아·중국·일본을 거쳐 들어온 사회주의 사상이 크게 확산되었다. 이 시기 한

국인들이 사회주의 사상을 적극적으로 받아들인 데는 여러 이유가 있었다. 우선 1917년 러시아혁명의 성공이 직간접적으로 영향을 미쳤다. 러시아혁명의 성공은 사회주의 이념이 단순히 유토피아적 사상에 그치는 것이 아니라, 기존의 소수에 의한 지배와 착취체제를 지양하는 구체적이고 현실적인 대안이 될 수 있다는 가능성을 보여주었던 것이다. 또 제국주의 열강들이 조선 독립의 열망을 철저히 외면하고 있었던 반면, 소련 정부는 한국인들의 독립운동을 적극 지원했기 때문에, 한국인 독립운동가들 가운데 일부는 소련에 의지하려는 생각을 갖게 되었다. 당시 식민지 조선 대중들의 처지와 대중운동의 발전 역시 사회주의 이념 확산의 토양이 되었다. 특히 농민·노동자 등 절대 다수의 대중은 민족적·계급적 억압을 받고 있었다. 그들의 비참한 처지를 개선할 길은 해방과 혁명의 길 외에는 없었다. 이런 상황에서 피지배계급 중심의 혁명철학인 사회주의 이념은 그 성격상 식민지 조선의 대중들에게 효과적인 무기를 제공하며 그들을 사로잡을 수 있었던 것이다.

3·1운동 이전 러시아에서의 사회주의운동

그러면 한국의 사회주의운동은 어디에서 시작되었을까. 한국 최초의 사회주의단체는 1918년 러시아 극동 지역에서 탄생했다. 이 지역에서 한국인들의 사회주의운동이 활발하게 전개될 수 있었던 배경으로는 ① 러시아혁명으로 야기된 이 지역의 치열한 내전 과정에 현지 한인 이주민들이 직접 개입했던 점, ② 이 지역이 중국 동북 지역과 더불어 전통적으로 한국 독립운동의 해외 근거지였다는 점, ③ 한인 이주민 사회가 형성되어 있어 운동의 물적·인적 기초가 갖추어져 있었다는 점 등을 들 수 있다.

1917년 러시아에서 2월혁명이 일어나 니콜라이 2세가 폐위되고 러시아 제국은 무너졌다. 그리고 부르주아와 사회주의자들의 연합정권인 케렌스키 임시정부가 들어섰다. 그러나 임시정부는 우파와 좌파(노동자·병사의 소비에트)의 대립으로 불안정한 상태에 놓여 있었다.

혁명 직후인 1917년 5월 러시아의 한인들은 니콜리스크에서 '전로한족대표자회의'를 열었는데, 그 가운데 러시아에 귀화한 이들은 3분의 2, 귀화하지 않은 이들은 3분의 1이었다. 이 회의에서 한인들은 우파를 지지하는 측(주로 귀화인)과 좌파를 지지하는 측(주로 비귀화인)으로 나뉘었다. 결국 좌파, 즉 소비에트와의 연합을 주장한 대표자들은 탈퇴했으며, 우파 세력을 지지하던 잔류파는 귀화 한인들의 자치제 실시를 위한 상설기구로서 '전로한족회 중앙총회'를 결성하고 기관지로 『청구신보』를 발행했다.

전로한족대표자회의에서 탈퇴한 좌파는 블라디보스토크 한인촌에서 『한인신보』를 간행했다. 때문에 이들은 '한인신보 그룹'이라고 불린다. 여기에는 김병치(총무), 김하구(주필), 장기영(기자)과 김립, 이한영, 오바실리예비치(오영준), 유스쩨판 아빠나시예비치, 박이반(박창은) 등이 주요 간부로 참여했다.

한인신보 그룹은 러시아 내 한인 사회에서 독자적인 영향력 확대를 꾀하면서 전로한족회 중앙총회와는 별도로 '아령한인회俄領韓人會' 결성을 추진했다. 그러나 1918년 1월 전로한족회 중앙총회 측과 아령한인회 추진 세력은 타협하여 통합을 결의하고, 이로써 통합된 '전로한족회 중앙총회'가 출범하게 된다.

1917년 10월 페트로그라드에서 볼셰비키의 무장봉기가 승리를 거둔 직후, 사회주의혁명의 파도는 즉각 러시아 극동 지역으로 파급되었다. 1917년 12월 하바롭스크에서 열린 '극동 지방 소비에트대회'는 스스로를 중앙정권의 유일한 대표자라고 선언했다. 당시 이 대회에서 선출된 집행위원회는 볼셰비키가 다수를 점했다. 하바롭스크에 본부를 둔 극동 소비에트 정부는 아무르주, 자바이칼주, 연해주에서 약간의 무장반란을 진압한 후 통치권을 장악했다. 이 정부 결성에는 한인 사회주의자들도 적극 참가하여, 내각에 김알렉산드라 페트로브나(외무인민위원), 박애(서기장) 등이 임명되었다.

1917년 말 이래 극동 소비에트 정부의 소재지인 하바롭스크는 초창기 한인 사회주의자 활동의 중심지였다. 1918년 2월 김알렉산드라 페트로브나와 이동휘의 주도로 한인신보 그룹의 회의가 이곳에서 소집되었다. 이 회의에서 이동휘는 주의와 목적을 공산혁명으로 하자고 주장했고, 이동녕·양기탁 등은 민족혁명을 주장했다. 결국 이동녕 등은 회의에서 퇴장에버렸다. 잔류한 이동휘·박애·이한영·김립·오성묵·이인섭·유스쩨판·임호·전일·김알렉산드라 등 십여 명의 발기로 1918년 4월 28일 '한인사회당'이 창립되었다. 한인사회당의 러시아 명칭은 '한인사회주의자동맹'이었는데, 실제로는 공산주의 정당이었다.

한인사회당 중앙위원은 위원장 이동휘, 부위원장 오바실리예비치, 군사부장 유동열, 선전부장 김립, 그리고 김알렉산드라 페트로브나 등이었다. 한인사회당은 중앙위원회 소재지를 하바롭스크에 두었으며 기관지로 『자유종』을 발간했다.

한인사회당은 러시아 극동 지역의 한인 이주민 사회 내에서 공산주의를 선전하고 조직을 확대하면서 반일·반백위파反白衛派(백위파는 볼세비키혁명에 반대하는 세력) 한인 무장부대를 편성했다. 그러나 한인사회당은 1918년 6월 자신의 후원자인 극동 소비에트 정부가 붕괴됨으로써 안정된 활동기반을 상실하고 차츰 약화되었다.

1918년 4월 일본은 블라디보스토크에 군함을 파견하여 백군을 도와 적군의 혁명을 분쇄하는 일에 앞장섰다. 당시 일본은 28,000명의 병력을 파견했다. 영국과 미국, 프랑스도 이어서 군대를 파견했다. 또 귀국 중이던 체코군단(본래 독일 및 오스트리아 군단의 동맹군이었으나, 러시아의 포로가 된 이후 독일·오스트리아에 맞서 싸울 것을 선언, 독일과 정전협정을 맺고 있던 소비에트 러시아는 이들을 시베리아와 극동을 경유하여 본국에 돌려보내기로 함)도 1918년 5월 반혁명군에 참가했다. 이에 고무된 극동 연해주의 백군은 1918년 6월 29일 블라디보스토크에서 반혁명을 일으켰고, 마침내 하바롭스크까지 점령했다. 한인사회당의 지도자 전일·유동열 등 100여 명의 조선인 적위대는 적군과 함께 하바롭스크전투에 참여하여 반 수 이상이 전사했다. 이로써 극동인민위원회정부는 붕괴되고, 다수의 공산주의자가 체포되어 처형당했다. 그 가운데는 김알렉산드라 페트로브나도 포함되어 있었다. 한인사회당의 주요 간부 12명은 하바롭스크를 탈출했지만 한인사회당의 정치·군사 활동은 사실상 중단되었다.

전로한족회는 1918년 6월 백위군의 반혁명 직전에 니콜리스크에서 대표자회의를 열었다. 이 자리에서는 정치 문제, 토지 문제, 조직 문제에 대한 토의가 있었는데, 좌우파의 입장 차이가 다시 드러나 좌파는 결국 회의장에서 퇴장하고 우파 귀화인들 중심으로 신임 중앙총회 위원들이 구성되었다. 위원장에는 문창범, 위원으로는 윤해·채안드레이·김주프로프·김야코프·원세훈·한여결 등이 선임되었다. 전로한족회는 그동안 러시아 혁명에 대해 중립을 지킨다는 입장을 표명해왔는데, 6월 말 백위군이 반혁명을 일으켜 연해주 일대를 장악하자 반볼셰비키의 입장을 분명히 하고 나섰다.

그런 가운데 1918년 11월 11일 독일이 정전협정에 서명하면서 1차 세계대전은 종전을 맞이했다. 전쟁을 마무리하기 위한 베르사유강화회의가 1919년 봄에 열리게 되었다는 소식이 전해지자, 전로한족회 중앙총회는 이에 대처하기 위해 1919년 2월 25일 니콜리스크에서 대회를 열었다. 러시아는 물론 만주 대표자들까지 참석한 이 회의에서, 전로한족회는 조직을 개편하고 '대한국민의회'로 이름을 바꾸었다. 그리고 위원장으로 문창범을 선출했다. 이제 대한국민의회는 노령만이 아니라 만주까지 포괄하는 해외 이주 조선인의 대표기관을 자임하고 나섰다. 그리고 파리강화회의에 대한국민회의의 대표로 윤해·고창일을 파견하기로 결정했다. 한편 국내에서 3·1운동이 일어나자 북간도에서도 3월 13일 만세시위가 벌어졌고, 노령에서도 대한국민의회의 지도하에 3월 17일 블라디보스토크 신한촌에서 만세시위가 있었다. 그리고 이후 대한국민의회와 상해 임시정부 사이에서 통합을 위한 움직임이 시작되었다.

1919년 직후 국내외 사회주의운동

1919년 3·1운동 직후 국외 한인들의 사회주의운동은 중국 상하이와 러

시아의 연해주 지역에서 전개되었다. 그리고 국내에도 사회주의 비밀결
사들이 조직되었다.

먼저 상하이에서 한인 사회주의단체가 조직된 것은 1919년 9월 이후의
일이었다. 연해주에서 상하이로 온 한인사회당의 이동휘와 김립 등이 이
시기에 한인 공산주의자 그룹을 만든 것으로 보인다. 그리고 1920년 봄에
이를 '한인공산당'으로 개편한 것으로 보인다. 당시 중앙위원은 이동휘(책
임), 김립, 이한영, 김만겸, 안병찬, 여운형, 조동호 등이었다. 그런데 그해
12월 김립이 모스크바에서 받아온 자금 문제가 불거져 한인공산당 내에
서도 비판이 일었고, 이에 이동휘·김립 등 이동휘 일파가 한인공산당을
탈퇴했다. 그리고 잔류한 안병찬·김만겸·여운형·조동호 등은 이후 이르
쿠츠크파 편에 서게 되었다.

이동휘파의 사회주의자들은 "전조선의 자유와 독립을 요구함에 있어서
우선 제국주의를 파괴해야 하며, 동시에 자본주의에 대한 혁명을 병행함
으로써 정권을 노동군중의 장악으로 돌아오게 할 것"을 주장했다. 즉 반
제국주의, 반자본주의의 프롤레타리아 독재 수립을 궁극적인 목표로 한
것이다. 그러나 이들은 "금일 한인의 최대 문제는 독립이다. 고로 한인은
개인과 단체를 막론하고 모두 독립에 심신을 집중해야 한다"고 보았다.
또 "대한민국임시정부 및 기타 혁명단체를 찬조하며 가급적 본당의 주의
를 관철하도록 노력해야 한다"고 생각했다. 그 때문에 부르주아적인 성격
을 띠는 임시정부에도 참여했던 것이다. 당시 이동휘파의 주요 인물인 한
형권은 "부르주아 정부에 대한 원칙적 보이콧은 대내적으로 사회주의혁
명 노선을 실행하는 것으로 이어지는 것이며, 이는 광범한 인민대중으로

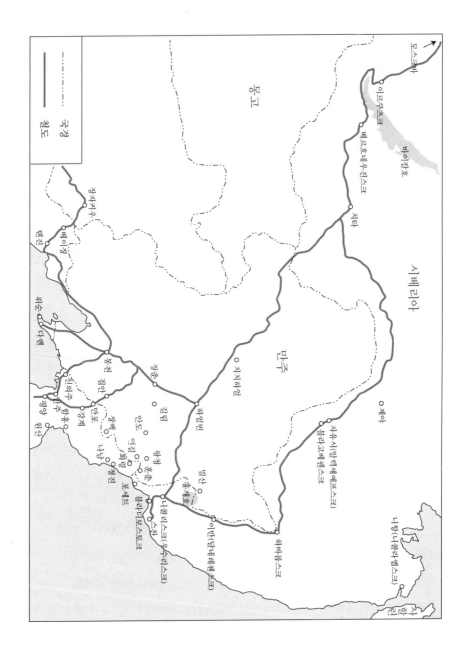

부터 한인사회당을 고립시키는 결과를 낳을 것"이라고 보았다. 또한 그는 "대내적으로 현 시기 우리의 임무는 민족해방운동을 농업혁명의 방향으로 나아가게 하는 것"이라 했는데, 이때 농업혁명은 사회주의적 성격의 것이 아니라 제국주의와 유착한 봉건제도에 대한 투쟁을 지칭하는 것이었다. 지주와 귀족에 대한 투쟁의 중요성을 강조한 상해파 고려공산당은 조선 부르주아지와의 협력의 필요성을 강조했다. "조선의 부르주아는 조선의 특수한 사회·정치적 조건 때문에 대단히 혁명적이며 무산자 대중과 손을 잡고 있다"고 보고, "조선의 부르주아지는 조선 자본의 독립적 발전을 가로막고 있는 일본 정부의 경제 정책으로 인해 혁명화하고 있다"고 파악하고 있었던 것이다.

상해 임정에 참여한 이들 상하이의 사회주의자들은 무엇보다도 임시정부의 노선을 대외적으로 국제연맹과 완전히 결별케 하고 코민테른에 합류시키는 데 노력을 기울였다. 그들은 "오는 세계대전의 초막初幕은 동아시아에서 시작되어 마침내 세계의 모든 제국주의, 자본주의적 국가를 파괴해버리고 말 것"이라고 판단했다. 따라서 조선 독립을 위해서는 자체의 무장부대를 편성하고 다가올 세계대전에서 제국주의, 자본주의적 국가를 파괴하고자 하는 소비에트 러시아와 제휴해야 한다는 것이 그들의 주장이었다.

한편 러시아 연해주에서는 1919년 7월 블라디보스토크에서 비밀리에 한인 사회주의단체인 '일세당'이 조직되었다. 주요 간부는 장도정·김진·김일 등이었는데, 장도정은 이동휘의 한인사회당 계열 인물이었다.

1920년 1월 러시아 극동 각지에서 볼셰비키가 지도하는 적색 빨치산 부대가 적극적인 공세에 나서고 백위파 군대 내에서 병사들의 반란이 속출하면서 백위파 정권은 위기에 처했다. 1월 31일 연해주에서는 결국 혁명파의 정변이 일어나 백위파 정권이 타도되었다. 이후 사회혁명당을 중심으로 한 중간파 및 혁명파의 연립정권인 '연해주 젬스트보 참사회 임시정부'가 수립되었다. 새 정권은 한인들의 민족해방운동과 사회주의운동에 우호적인 태도를 보였다.

이런 정세 아래서 일세당은 공개적인 활동을 시작했고, 기존의 한인사회당원도 여기 합류하면서 일세당은 이름을 '한인사회당'으로 바꾸었다. 3월 14일 한인사회당은 블라디보스토크에서 총회를 열고 중앙위원을 선출했는데, 회장에 장도정, 부회장에 김미하일, 선전부장에 전일, 노동부장에 조장원, 재정부장에 이영호 등이었다. 이들은 기관지로 『일세보』를 발간하고 무장부대를 조직했다. 장도정의 회고에 의하면 한인 무장부대는 네 곳에서 조직되었으며 그 병력은 1,260명에 달했다고 한다.

그런데 1920년 2월 문창범이 상하이에서 돌아와 귀화인 중심의 대한국민의회의 부활을 선언하자, 비귀화인 중심의 한인사회당은 이를 타도하기로 결정했다. 이후 양자는 격렬히 대립했다. 대한국민의회는 1920년 9월 아무르주 블라고베센스크에서 공산주의의 수용을 선언하고, 이르쿠츠크에 소재하는 '전로 고려공산단체 중앙위원회'와 제휴했다. 이로써 연해주의 한인사회당과 대한국민의회 주도그룹 간의 대립은 러시아 내의 공산주의운동에서 상해파와 이르쿠츠크파 간의 분파투쟁으로 비화되었다.

한편 1920년 4월 연해주 주둔 일본군은 다시 군사행동에 나서서 하바롭스크를 점령하고 중간파와 혁명파 연립정권을 붕괴시켰다. 이때 블라디보스토크 신한촌도 습격을 당했다. 한인사회당은 국경을 넘어 중국령 흑룡주로 이동했으며, 대한국민의회는 블라고베셴스크로 이동했다. 1920년 초 연해주는 다시 백위군 지배하에 들어갔다.

이런 상황에서도 러시아 한인들은 '전로 한인공산당'을 창립하기 위해 움직이기 시작했다. 그러나 그 움직임은 두 갈래로 나뉘어 전개되었다. 하나는 1920년 7월 이르쿠츠크에서 개최된 전로 고려공산당 대표자대회에서 선출된 '고려공산단체 중앙위원회'를 중심으로 한 움직임이었다. 다른 하나는 상해파 한인공산당과 치타에 근거를 둔 러시아 공산당 극동국내 한인부가 주도한 움직임이었다. 두 세력은 각각 이르쿠츠크파와 상해파로 불렸다. 이들이 1921년 5월 이르쿠츠크와 상하이에서 각각 고려공산당 창립대회를 가짐으로써 러시아에 두 개의 고려공산당이 출현하게 되었다.

이르쿠츠크파 고려공산당 창당대회에는 러시아의 한인 사회주의자 75명, 국내 2명, 중국 관내 및 만주 6명 등 85명이 참석했으며, 의장단은 안병찬·김철훈·최고려·이성·김동한 등이었다. 상해파 고려공산당 창당대회에는 상해파의 이동휘·박진순·김립·현정건 등과 국내 사회혁명당의 김철수·주종건·이봉수 등 30명 정도가 참석했다.

두 공산당 간 분쟁의 배후에는 조선혁명의 성격과 운동론에 대한 뿌리 깊은 이견이 있었다. 이르쿠츠크파는 일제로부터 조선을 해방시킴과 동시에 공산주의에 입각한 사회를 건설할 것을 제시했다(동시혁명론). 또 이들이 제시한 경제 정책과 농업 정책은 일체의 봉건적 부르주아적 착취 형태를 일소하는 것이었으며, 국가 형태도 프롤레타리아 독재론을 견지하

상해파 고려공산당의 주요 간부들
앞줄 오른쪽부터 김립, 박진순, 이동휘, 뒷줄 왼쪽부터 김철수, 계봉우.

고 있었다. 이들은 부르주아민주주의공화국 건설론에 반대하고, '노동자 농민 소비에트공화국' 건설을 목표로 삼았다.

상해파도 공산주의사회에의 도달을 궁극적인 목표로 삼고 있었다. 그러나 상해파는 이르쿠츠크파와는 달리 최고 강령과 최저 강령을 구분했다. 즉 사회주의혁명에 앞서 그 전제, 혹은 일단계로서 민족해방이 선행되어야 한다는 견해를 표명한 것이다. 상해파는 사회주의혁명에 선행하여 민족해방혁명을 수행해야 하며, 혁명은 민족해방 이후 프롤레타리아 독재 수립으로 성장·전화해야 한다고 주장했다(연속혁명론).

따라서 상해파 고려공산당은 민족혁명단체에 대해 통일전선 정책을 취했다. 식민지 조선에서는 사회구성원의 계급적 분열과 적대가 그리 진전되어 있지 않다는 판단이 그 배경으로 전제되었다. 그들은 식민지 조선인들은 '총체적으로 무산자 대오를 구성'하고 있기 때문에 광범한 민족통일 기관의 창출은 공산주의적 이상과 대립하지 않는다고 생각했다.

반면 이르쿠츠크파는 상해파의 총체적 무산자론을 비판했다. 그들은 조선에서도 계급적 분화는 다른 나라들과 마찬가지로 진행되고 있으며, 조선의 부르주아지는 조선의 프롤레타리아에게 적대적인 세력이라고 인식했다. 이르쿠츠크파 공산주의자들은 1921년 5월 당대회에서 '진정으로 혁명적인 민족단체'와는 일시적인 협정을 맺는다고 규정했다. 그러나 이는 민족혁명단체와의 상설적 제휴가 아니었으며, '진정으로 혁명적인 단체'로 제한했다는 점에서 상해파와 차이가 있었다.

상해파가 임정에 참여한 것과는 달리, 이르쿠츠크파는 일관되게 상해 임정에 반대 입장이었다. 그 이유는 임정이 부르주아민주주의 유형의 정부라는 점, 임정이 부르주아 및 구래의 관료 지배층에 의해 구성되었다는 점, 임정의 정책이 제국주의국가에 대해 의존적이라는 점 등이었다.

양파의 내분은 뜻하지 않은 '자유시사변'으로 이어졌다. 자유시는 러시아 제야 강변에 위치한 알렉세예프스크라는 도시로, 러시아혁명 이후 '스보보드니'라는 이름으로 바뀌었다. 러시아어로 '스보보다'가 '자유'를 뜻하기 때문에 '자유시'라고 불린 것이다.

1920년 봉오동전투와 청산리전투에서 한국 독립군에게 참패를 당한 일본은 수만 명의 병력을 동원하여 대대적인 독립군 추격 작전을 펼쳤다. 이에 서일과 김좌진이 이끄는 북로군정서, 이청천의 대한독립단, 홍범도의 대한독립군 등 여러 조직으로 분산되어 있던 독립군은 일단 북상하여 흑룡강성 밀산에 집결했다. 그리고 이들 독립군부대를 통합하여 병력 3,500명의 '대한독립군단'을 조직했다.

대한독립군단은 동쪽으로 이동하여 우수리강을 건너 러시아 연해주의 이만에 집결했다. 당시 대한국민의회는 하바롭스크의 적군과 교섭하여, 이들 대한독립군단과 러시아 연해주에서 적군과 함께 활동해온 한인 무장부대들을 자유시에 집결시켜 조직을 통합한다는 계획을 세웠다. 적군의 지원을 약속받은 대한국민의회 측은 대한독립군단과 연해주 한인 무장부대들에게 연락을 취해 자유시로 집결하도록 유도했다. 대한독립군단은 소련 측의 지원을 기대하고 1921년 1월 중순부터 3월 중순에 걸쳐 자유시에 집결했다. 러시아 연해주에서 활동하던 무장부대들도 속속 자유시에 도착했다.

그런데 자유시에 집결한 한인 무장부대 중 오하묵이 이끄는 자유대대와 박일리아가 이끄는 니항尼港(니콜라옙스크)부대 사이에 군통수권 문제를 둘러싼 갈등이 일어났다. 오하묵의 자유대대는 사실상 이르쿠츠크파의 무장부대였는데, 오하묵은 이르쿠츠크파의 세력을 업고 통수권을 장악하려 했다. 그러나 니항부대를 이끌던 박일리아는 극동공화국 원동부遠東部내의 한인부를 찾아가, 니항부대는 자유대대로 편입되는 것을 거부한다고 통보했다. 상해파의 이동휘계인 박애 등이 장악하고 있던 극동공화국 한인부는 극동공화국 군부와 교섭하여 박창은을 총사령관, 그레고리예프를 참모부장으로 지정하여 자유시로 보내는 동시에, 니항부대를 사할린 의용대로 개칭하고 자유시에 집결한 모든 한인 무력을 그 관할 아래 두도록 했다. 박창은이 총사령관직을 사임한 뒤 한인부는 그레고리예프를 연대장, 박일리아를 군정위원장으로 임명했다. 두 사람은 즉시 군대 관리에 착수하고 자유대대에 편입되었던 휘하의 부대와 대한독립군단을 자유시 인근의 마사노프로 이주시켰다.

이에 자유대대의 오하묵·최고려 등도 이르쿠츠크에 있던 코민테른 동양비서부에 가서 독립군의 통수권을 자기들이 가지게 해달라고 교섭했다. 이를 받아들인 동양비서부는 '임시고려군정회'를 조직하고 총사령관에 갈란다라시윌린, 부사령관에 오하묵, 군정위원에 김하석·채성룡 등을 임명했다. 자유시에 도착한 갈란다라시윌린은 6월 7일 자신이 고려군정의회의 총사령관임을 선포하고, 8일 박일리아에게 군대를 인솔하고 자유시에 출두하라고 명령했다. 박일리아는 이를 거부했지만 홍범도·안무의 군대는 자유시로 돌아갔다. 박일리아는 고려군정의회를 인정하지 않고 저항했다.

마침내 6월 27일 사할린의용대 연대장 그레고리예프까지 투항하자, 갈란다라시윌린은 사할린의용대의 무장해제를 단행하기로 결정했다. 28일 자유시수비대 제29연대에서 파견된 군대가 사할린의용대에 접근했고, 이후 제29연대 대장은 사할린의용대 본부에 복종을 종용했다. 그러나 사할린의용대가 불응하자 공격명령을 내려 무장해제를 단행했다.

'자유시사변'이라 불리는 이 충돌로 발생한 사망자와 행방불명자의 숫자는 기록마다 너무 달라서 정확히 알 수 없다. 다만 수십 명의 사망자와 수백 명의 행방불명자가 발생했으며, 포로가 된 이들은 이르쿠츠크감옥에 수용되거나 아무르주의 깊은 삼림지대로 끌려가 강제노동을 하게 되었다.

자유시사변 이후 양파의 대립은 극에 달했다. 이를 해소하기 위해 결국 코민테른 집행위원회가 개입하여 검사위원회를 조직했으며, 1921년 11월 「제1차 조선 문제 결정서」를 발표했다. 그에 따라 공산주의운동의 통일을 목표로 한 고려공산당 임시중앙간부 8명이 양파에서 선임되었다. 그러나 분쟁은 계속되었다.

코민테른 측은 1922년 4월 「제2차 결정서」를 채택하고 임시중앙간부 구성원을 개편했다. 개편된 간부들은 전 조선의 모든 공산주의단체를 망라하는 당대표회를 개최하는 데 합의했다. 그리고 무장부대의 통일 문제에도 합의하여, 그 명칭을 '고려혁명군정청'으로 하기로 했다.

1922년 10월, 베르흐네우진스크에서 양파의 통일을 위한 당대회가 소집되었다. 그러나 대표자 선출 문제를 둘러싸고 대립이 반복되었고, 이르쿠츠크파는 대회장에서 퇴장해버렸다. 결국 두 세력은 베르흐네우진스크와 치타에서 각각 당대회를 강행했다.

1922년 11월에 모스크바에서 열린 코민테른 4차 대회에는 세 그룹의 공산주의자들이 출석했다. 상해파, 치타의 이르쿠츠크파, 이르쿠츠크 국내파 대표가 그들이었다. 코민테른 측은 어느 쪽에도 대표 자격을 부여하지 않았으며, 통일 방안을 마련하기 위해 '조선문제위원회'를 구성했다. 위원회는 12월에 집행위원회에 결정서를 제출했는데, 그 내용은 양파의 공산당을 모두 해체하고 코민테른 극동부 산하에 '꼬르뷰로(고려국)'를 설치하여 그 지도하에 조선공산주의운동을 통일시킨다는 것이었다. 그리하여 코민테른 극동부 산하에 꼬르뷰로가 설치되고, 러시아의 한인공산주의자들은 여기 소속되었다. 그러나 꼬르뷰로는 1924년 해체되었고, 한인공산주의자들은 다시 오르그뷰로(조직국) 산하에 들어가게 되었다. 이마저 1925년 1월 해체되자 러시아의 한인 공산주의자들은 모두 러시아 각 현의 고려부 소속으로 들어갔다. 이로써 러시아 한인들의 공산당은 완전히 해체되었다.

한편 3·1운동 이후 국내에서도 다양한 사회주의 비밀결사들이 조직되었다. 이는 위에서 살펴본 러시아의 한인 공산주의운동, 그리고 일본 유학생들의 사회주의운동으로부터 큰 영향을 받은 것이었다.

일본에서는 이미 1910년 이전에 사회주의운동이 시작되었고, 1921년 일본공산당이 성립될 만큼 사회주의운동이 본격화되어 있었다. 1920년대에 약 5천 명에 달한 유학생 사회에서도 사회주의 관련 사상단체들이 조직되어 초보적인 사회주의 연구들이 이루어졌다. 대표적인 예가 조선고학생동우회(1920. 1), 흑도회(1921. 11), 북성회(1923. 1), 일월회(1925. 1) 등이다.

3·1운동 이후 국내에서 만들어진 사회주의 비밀결사로는 서울공산단체, 조선공산당, 마르크스주의 소조, 사회혁명당 등을 꼽을 수 있다. 서울공산단체는 1919년 10월에 20여 명이 구성한 것으로 알려져 있지만 구성원이 누구였는지는 전혀 확인되지 않았다. 이들은 창립 당시 노동자의 상호부조와 훈련을 목적으로 하는 합법적 노동자단체를 조직하고 그 안에서 혁명적 공산주의 활동을 전개하기로 했는데, 1920년 4월 창립된 조선노동공제회가 바로 그런 단체였던 것으로 보인다. 한편 1920년 5월 당시 조선노동공제회 내에는 7명으로 구성된 소조직이 있었으며, 이는 마르크스주의 소조로 불렸다고 한다. 당시 참여자는 김약수·정태신·정운해 등이었으며, 아마도 이들이 서울공산단체를 조직한 이들이었을 것으로 추정된다. 서울공산단체는 1921년 5월 이르쿠츠크에서 열린 고려공산당 창립대회에 대표를 파견하는 등, 이후 이르쿠츠크파의 국내 기반이 된 것으로 여겨지고 있다.

  조선공산당은 1920년 3월 서울에서 15명의 사회주의자들이 조직한 소규모 비밀결사로서, 1925년에 조직된 조선공산당과는 전혀 다른 단체이다. 1921년 5월경 당원 수는 47명이었으며, 그중 이름을 알 수 있는 이는 신백우·김사국·원우관·김한·이영·정재달·윤덕병 등이다. 이 단체는 '중립당'이라는 별칭으로 불리기도 했는데, 그것은 상해파와 이르쿠츠크파 사이의 중립당이라는 의미였다.

  사회혁명당은 1920년 가을 최팔용·장덕수·주종건·이봉수·김철수·김일수·엄주천·이증림·유진희·채규항 등이 조직한 비밀결사이다. 사회혁명당의 뿌리는 1911년에 주시경이 만든 비밀결사 '배달모듬'까지 거슬러 올라간다. 배달모듬은 한국 독립과 계몽운동을 목표로 한 단체였다. 그 가운데 일본에 유학한 청년들은 1915년 도쿄에서 중국·대만인 유학생들과 함께 신아동맹단을 조직했다. 신아동맹단은 일본 제국주의 타도와 민족평등을 취지로 했다. 사회혁명당은 일본 제국주의를 구축하는 것이 선결문제이기 때문에 민족운동가들과 손잡고 나아가야 하며, 그 다음에 사회주의자의 힘을 길러 사회주의혁명을 해야 한다고 뜻을 모았다. 사회혁명당은 1921년 5월 상하이에서 열린 고려공산당 창립대회에 8명의 대표를 파견했으며, 이후 상해파의 국내 조직 기반이 되었다.

사회주의 이념의 국내 확산

국외의 한인 사회주의운동과 국내의 사회주의 비밀결사운동의 영향으로, 1921년경부터는 국내에서 합법 사상단체들이 만들어졌다. 대표적인 사상단체로 서울청년회(1921. 1), 무산자동지회(1922. 1), 신사상연구회(1923. 7), 화요회(1924. 11), 북풍회(1924. 11) 등을 꼽을 수 있다. 이들 단체의 영향으로 전국 각지에 사상단체들이 만들어지기 시작했다. 조선총독부 자료에 의하면, 1926년 9월 현재 전국에 338개의 사상단체가 있었다고 한다.

사상단체의 활동가들은 토론회, 강연회, 좌담회, 독서회, 강습회, 야학, 민중강좌, 프로문고 등을 통해 사회주의 사상을 연구·선전했다. 이들은 『신생활』, 『신천지』, 『개벽』, 『조선지광』 등에 사회주의를 선전하는 글들을 실었다. 또 신문에도 마르크스주의와 관련된 글들이 실렸다. 예를 들어 『동아일보』에는 「마르크스사상의 개요」(37회), 「마르크스의 유물사관」(18회), 「니콜라이 레닌은 어떤 사람인가」(61회) 등이 실렸다. 또 일본의 사회주의자 가와카미 하지메河上肇, 야마카와 히토시山川均, 사노 마나부佐野學 등의 글도 실렸다.

사회주의운동가들은 운동의 기반을 넓히기 위하여, 먼저 부르주아 민족주의운동을 공격하기 시작했다. 그들은 민족주의자들의 대표적인 운동이었던 물산장려운동을 중산계급의 이기적 운동에 지나지 않는다고 비판했다. 또 청년운동, 노동운동, 농민운동, 여성운동, 형평운동, 소년운동 등 각종 대중운동을 조직하고 그 활동을 지원하기 시작했다. 그에 따라 각종 대중운동단체가 조직되었다. 조선노동공제회(1920. 2), 조선노동연맹회(1922. 10), 조선노농총동맹(1924. 4), 서울청년회(1921. 1), 무산자청년회(1922. 10), 신흥청년동맹(1924. 2), 조선청년총동맹(1924. 2) 등이 대표적이다. 조선노농총동맹의 경우 산하에 200여 개의 하부 조직과 45,000명의 회원을 거느릴 정도로 규모가 컸다. 이처럼 노동·농민운동의 조직 기반을 크게 넓히고 투쟁을 조직화한 결과, 1920년부터 1925년까지 335건의 파업과 417건의 소작쟁의가 발생했다.

짧은 기간 동안 급속하게 선진적인 사회주의 활동가들이 육성·훈련되고 대중에 대한 영향력도 확산되었지만, 초기 사회주의운동은 지식청년 중심으로 전개되었다. 또 뒤에 보듯이 서울청년회세와 화요회계로 나뉘어 파벌 다툼을 벌이기도 했다. 대중운동은 대중들과 긴밀히 결합되지 못했으며, 부문별·지역별로 불균등한 모습을 보이기도 했다. 또 초기 사회주의운동 내에는 공상적 사회주의, 아나키즘, 공산주의, 기타 여러 사상이 혼재되어 있었다. 따라서 이론적으로 모순된 점도 많았고, 이론을 구체적인 실천과 결합시킬 능력도 갖지 못했다.

한편 재일 유학생단체인 조선고학생동우회는 1922년 2월 「동우회선언」
을 통해 스스로 계급투쟁을 위한 기관임을 선언했다. 1923년 3월 조선청
년회연합회에서 탈퇴한 사회주의자들이 소집한 전조선청년당대회는 계
급해방의 기치를 올렸으며, 이는 전국의 청년회운동이 사회주의 쪽으로
방향을 전환하는 계기를 만들었다.

사회주의자들은 1923년경까지 민족 문제에 관심을 갖지 않거나, 독립은
계급해방에 의해 자동적으로 해결될 것이라고 막연하게 생각하고 있었
다. 그런 가운데 1924년 자치론과 같은 타협적인 운동론이 등장하고 1925
년 치안유지법이 공포되어 사회주의운동에 대한 탄압이 시작되자, 사회
주의운동과 비타협적 민족주의자들의 연대가 필요하다는 생각이 대세가
되었다. 이런 분위기는 1924년 4월 조선청년총동맹 임시대회에서 "타협
적 민족운동을 절대로 배척하며 혁명적 민족운동은 찬성한다"라는 내용
의 결의문이 채택된 데서도 잘 나타난다.

일찍이 코민테른도 1920년 제2차 대회에서 혁명적 민족운동을 지지하
는 「민족 문제에 관한 테제」를 발표했고, 1924년 4차 대회에서는 「동양
문제에 관한 일반적 테제」를 통해 반제 민족연합전선을 구체화했다. 이
런 방침에 입각하여 1924년 1월 중국에서는 국공합작이 성사되었다. 코
민테른은 한인 공산주의자들에게 '민족혁명투쟁의 연합전선' 혹은 '민족
혁명당'을 수립할 것을 지시했다. 한인 공산주의자들은 그 지시에 따라
1926년 민족주의자들과 함께 6·10만세운동을 준비하고, 1927년에는 마침
내 신간회를 결성했던 것이다.

조선공산당의 조직과 활동

앞서 본 것처럼 코민테른은 상해파와 이르쿠츠크파 조직을 해체할 것을 명령하고 1922년 12월 블라디보스토크에 코민테른 산하 꼬르뷰로(고려국)를 설치했다. 꼬르뷰로는 한인 공산주의자들에게 국내에서 공산당을 조직하도록 지시했다. 그에 따라 김재봉·김찬·신철 등의 공작원이 국내에 파견되어, 1923년 6월경 조선공산당의 준비기관으로서 꼬르뷰로 국내부 청년회를 조직했다. 이는 주로 화요회계와 북풍회계 청년들로 구성되었다. 이들은 청년회와 노농단체 내부에 조직 기반을 넓혀, 1925년 조선공산당이 조직될 즈음에는 서울에 8개, 지방에 10개의 당 야체이카(3~5명으로 이루어진 세포 조직)와 130명의 당원을 확보하고 있었다.

한편 화요회계와 경쟁 관계에 있던 서울청년회계는 별도로 공산당 결성을 추진했다. 서울청년회계도 청년회와 노농단체를 중심으로 조직 기반을 넓혀, 이를 토대로 1924년 5월 고려공산동맹을 조직했다.

꼬르뷰로 국내부와 서울청년회계(이하 서울계)는 경쟁적으로 전위당을 준비하고 있었다. 꼬르뷰로 국내부는 4단체(화요회, 북풍회, 조선노동당, 무산자동맹회) 합동을 추진하고, 전조선민중운동자대회와 조선기자대회를 추진했다. 전조선민중운동자대회는 서울계 등의 파벌의 영향 아래 있는 대중단체와 활동가를 통일적으로 재편하여 당 건설의 조직적 기반을 확보하고 서울계를 고립시키기 위한 것이었다.

서울에서 전조선민중운동자대회와 전조선기자대회가 열려 경찰의 눈이 그쪽으로 쏠려 있는 가운데, 1925년 4월 17일 오후 중국음식점 아서원에서 조선공산당 창당대회가 비밀리에 열렸다. 20여 명의 창당대회 참석자들은 김재봉을 책임비서로 선출하고, 김찬·조동호·김약수·정운해·주종건·유진희 등 7명으로 중앙집행위원회를 구성했다. 그리고 다음 날인 18일에는 박헌영의 집에서 고려공산청년회(이하 '고려공청')를 조직했다.

제1차 조선공산당에는 화요회계를 중심으로 북풍회와 그 밖의 일부 그룹이 참가했다. 고려공청의 책임비서 박헌영을 비롯한 7명은 전원 화요회계였다. 서울계는 제1차 조선공산당에 한 명도 참가하지 못했다. 조선공산당은 당 중앙을 먼저 조직한 뒤 지방당과 야체이카를 조직했다.

그런데 조선공산당은 서울청년회 계열 인물들을 배제한 가운데 화요회와 북풍회 계열 인물들만으로 구성되었으며, 북풍회 계열도 얼마 뒤 당에서 축출됨으로써 화요회 분파만으로 구성되는 결과가 되었다. 따라서 조선공산당은 창당 이후 국내 공산주의운동을 통일적으로 지도할 수 없었다. 중앙집행위에서 당 강령에 대해 논의했으나, 공식적으로 결정하지 못한 가운데 당 중앙 조직이 검거되고 말았다. 대신 당 규약은 결의되었는데, 총 12장 95개조로 구성되었다. 이에 의하면, 당의 최고기관은 당대회이며 중앙집행위원회는 당대회에서 선거한 중앙집행위원으로 구성된다. 당의 기본 조직은 야체이카로 했다. 당원은 정당원과 후보당원으로 구분하며, 정당원은 후보기간을 거쳐야 했다. 후보 기간은 노동자는 3개월 이상, 농민 및 수공업자는 6개월 이상, 사무원 기타는 1년 이상이었다.

조선공산당은 코민테른 측에 창당 사실을 보고했다. 이후에도 조선공산당은 코민테른에 정기적으로 보고를 올리고 그 지침을 따랐다. 코민테른은 세계 공산주의운동의 참모부였고, 각국 공산당은 코민테른 지부의 성격을 띠고 있었기 때문이다.

조선공산당은 코민테른에 국내 정세를 보고하고 조선공산당과 고려공청의 창립 인준을 받기 위해 조동호를 정식 대표로, 조봉암을 부대표로 지명하여 모스크바에 파견했다. 코민테른 측은 조선공산당을 코민테른 지부로서 내락하고, 여타 그룹들을 공산단체로 인정하면서 통일된 당을 만들 것을 촉구했다. 코민테른이 조선공산당을 정식 지부로 인정한 것은 창당 1년이 다 된 1926년 3월 말이었다. 승인이 이처럼 늦어진 것은 조선공산당이 화요회계만으로 창당되었기 때문이었다.

1차 조선공산당은 수차례 집행위원회를 열어 기관지 발행, 만주총국 설립, 고려공청 지원, 노농총동맹 분립 등을 논의했다. 고려공청은 조선청년총동맹에 들어가 27개의 군 동맹과 9개의 도 연맹을 조직하고 모스크바 공산대학에 21명의 학생을 파견했다. 이어 잡지 『조선지광』을 매수하여 기관지로 삼으려 했지만, 여러 사정으로 실현되지 못했다.

조선총독부는 1925년 5월 일본 본국뿐만 아니라 조선에서도 치안유지법을 실시한다고 공포했다. 치안유지법 제1조는 "국체를 변혁 또는 사유재산제도를 부인할 목적으로 결사를 조직한다든가 또는 그 사정을 알고 이에 가입하는 자는 10년 이하의 징역, 또는 금고에 처한다"라고 규정했다. 이는 일본과 조선의 공산주의운동가들을 탄압하기 위한 법령이었다. 이후 조선의 사회주의운동가들은 대부분 치안유지법 위반의 사상범으로 투옥되었다.

그런 가운데 1925년 11월 신의주 고려공청 회원의 부주의한 경찰 폭행 사건으로 조선공산당에서 코민테른에 보내는 문서가 경찰에 발각되었다. 이로 인해 조선공산당의 실체와 조직이 드러나 대대적인 검거선풍이 일었다. 그 결과 당 책임비서 김재봉, 고려공청 책임비서 박헌영 등 모두 220명이 검거되었다. 이 가운데 치안유지법과 정치범처벌령, 출판법 위반 등으로 101명이 재판에 회부되어 83명이 유죄판결을 받고 2명은 옥중에서 사망했다. 그러나 이 사건은 총독부 경찰의 언론통제로 1927년 3월 31일 예심이 종결되는 날까지 전혀 보도되지 못했다.

제1차 조선공산당의 김재봉, 김찬, 주종건 등은 검거되기 전에 후계당 조직을 준비했다. 그리하여 1925년 12월 말부터 1926년 1월 초 사이에 강달영을 책임비서로, 이준태·이봉수·김철수·홍남표·권오설 등을 중앙집행위원으로 하는 제2차 조선공산당이 구성되었다. 고려공청은 1차당의 중앙집행위원이던 권오설을 책임비서로 하여 6인으로 구성된 중앙집행위를 새로 조직했다. 이후 2차당은 조직을 넓혀 146명의 당원과 119명의 후보당원을 확보했다. 또 해외에도 조직을 만들어 만주에 만주부, 도쿄와 상하이에 임시연락부를 설치하고 모스크바 공산대학에는 계속해서 유학생을 파견했다. 일찌감치 코민테른의 승인도 받았다.

2차당은 검거 사태로 마비된 당의 조직적 기반을 확대하고 일제에 타협적인 자치운동의 전개를 막기 위해 민족주의자들과의 연대를 적극적으로 추진했다. 그들은 민족주의자들과의 협동전선의 한 형태로 국민당을 조직하려는 계획을 세웠다.

2차당이 조직한 6·10만세운동은 조선공산당의 가장 성공적인 대중투쟁이었다. 순종이 승하한 뒤 6·10만세운동 투쟁지도특별위원회는 상하이로 피신한 김찬·김단야, 그리고 조봉암 등의 1차당 지도부의 지시와 지도를 받고, 권동진 등 비타협적 민족주의자들의 지원을 받으면서 여러 종의 삐라를 만드는 등 전국적 규모의 대중시위를 준비했다. 계급적인 요구를 드러내는 것은 극도로 자제했다. 그러나 6·10만세운동이 준비 단계에서 발각되어 2차당은 결정적인 타격을 입었다. 당 책임비서 강달영을 비롯해 총 100여 명의 관련자가 체포되었다. 그리하여 1, 2차 조선공산당을 주도한 화요회계 간부들은 거의 대부분 검거되거나 해외로 망명했다.

한편 1926년 9월 상하이에서 발행된 『불꽃』 제7호에는 「조선공산당 선언」이라는 문건이 실렸다. 1926년 7월자 조선공산당 중앙집행위원회의 이름으로 발표된 것이다. 그 내용을 보면 다음과 같다.

① 민주공화국을 건설하되, 국가의 최고급 일체 권력은 국민으로부터 조직한 직접·비밀·보통 및 평등의 선거로 성립한 입법부에 있을 것
② 직접·비밀·보통 빛 평등의 선거로 광대한 지방자치를 건설할 것
③ 전 국민의 무장을 실시하고 국민경찰을 조직할 것
④ 일본의 군대, 헌병 및 경찰을 조선에서 철폐할 것
⑤ 인민의 신체 혹 가택을 침범하지 못할 것
⑥ 무제한의 양심, 언론, 출판, 집회, 결사 및 동맹파업의 자유를 가질 것
⑦ 문벌을 타파하고 전 인민이 절대평등의 권리를 가질 것
⑧ 여자를 모든 압박에서 해탈할 것
⑨ 공사 각 기관에서 조선어를 국어로 할 것
⑩ 학교의 자유를 보장하고, 무료 의무 및 보통 및 직업교육을 남녀 16세까지 실시할 것. 빈민 학령 자녀의 의식과 교육용품을 국가의 경비로 공급할 것

⑪ 각종 간접세를 폐지하고, 소득세 및 상속세를 누진율로 할 것

⑫ 소비에트 사회주의 연방공화국과 우의적 연맹을 체결할 것

위에서 보는 것처럼 이 선언은 대체로 일반민주주의적 과제, 즉 부르주아민주주의혁명의 과제를 내용으로 하는 최소 강령의 성격을 띠었다.

1926년 9월경 제2차 조선공산당의 중앙위원이던 김철수를 중심으로 제3차 조선공산당이 결성되었다. 3차 고려공청도 제2차 고려공청 회원이던 고광수를 중심으로 재조직되었다. 그러나 화요회계가 대부분 검거되었기 때문에 김철수와 고광수는 조직을 확대할 필요성을 느끼고 서울청년회계에 손을 뻗치게 된다. 김철수는 본래 상해계였으며 파벌 관념이 적었고, 전선 통일에 적극적이었다. 그에 따라 서울청년회계 구파(이영·권태석·김영만·허일·한신교·이항발 등)의 반대에도 불구하고 서울청년회계 신파(조기승·이인수·김병일·신철호·한명찬 등)는 제3차 조선공산당에 참여하게 되었다.

또 1926년 여름 안광천 등 일본 유학생 출신의 일월회가 대거 귀국하여 국내 운동에 가세함으로써, 제3차 조선공산당은 이들로부터 인력을 충원받았다. 그리하여 1926년 12월에 열린 제2차 당대회에서 김철수가 책임비서직을 사임하고, 안광천을 책임비서로 한 중앙간부진이 새로이 선출되었다. 김철수는 당재건을 보고하기 위해 모스크바로 갔다.

이후에도 제3차 조선공산당은 일제의 주시를 피하고 당내 기밀을 유지하기 위해 간부진을 자주 교체했다. 책임비서직은 김철수, 안광천을 거쳐 김준연, 김세연 등으로 바뀌었다. 고려공청의 책임비서직도 고광수, 양명, 하필원, 김철 등의 순으로 바뀌었다. 그 밖에 3차당의 주요 간부진은 한

위건·최익한·권태석·조기승·김월성 등이었다. 이들은 대체로 서울계 신파, 일월회계, 그리고 만주 고려공청파가 합세한 형태를 취했다. 이와 같이 3파가 연합한 이들 그룹을 세간에서는 이른바 'ML파'라고 불렀으며, 제3차 조선공산당도 흔히 'ML당'이라 불리게 되었다.

3차당은 강원도를 제외한 각도에 도 간부를 두었으며, 국내 야체이카도 약 40개에 달했다. 당원도 200명 정도를 확보했다. 3차당은 만주총국과 상해부를 재건하고 일본부도 설치했다. 특히 일본부의 활동이 활발하여 『대중신문』, 『이론투쟁』, 『현계단』 등 기관지를 발행하기도 했다.

3차당의 가장 두드러진 활동은 민족주의 세력과 함께 신간회와 근우회를 조직한 것이다. 1926년 4월 화요회·북풍회·조선노동당·무산자동맹의 4단체는 발전적 해체를 결의하고 정우회를 조직했다. 정우회는 11월 15일 「정우회선언」을 발표하여 사회주의 세력과 민족주의 세력의 제휴가 필요하다고 선언했다. 이는 이후 사회주의자들이 신간회 결성에 참여하는 데 결정적인 계기가 되었다. 당시 코민테른도 김철수를 통해 11개의 지령을 내렸는데, 특히 민족협동전선의 필요성과 그 방도를 구체적으로 지시했다.

1927년 결성된 신간회 내에서, 조선공산당은 신간회의 조직적 장악을 꾀하지 않았다. 대신 각 지방의 공산주의자를 동원하여 신간회 회원인 노동자·농민을 따로 조직해 무산계급적 교양 훈련을 실시하며, 그들로 하여금 무산계급적 입장을 취하게 함으로써 신간회의 주도권을 장악해간다는 방침을 세웠다. 그런데 제3차 조선공산당 역시 1928년 초 경찰에 발각되어 30여 명의 주요 간부가 검거됨으로써 조직이 무너졌다.

한편 제3차 조선공산당에 참여하지 않은 서울청년회계 구파의 이영·이운혁 등은 1927년 12월 서울의 요리점 춘경원에서 독자적인 조선공산당을 조직했다. 이를 흔히 '춘경원 공산당'이라 부른다. 그러나 이 조직은 코민테른의 승인을 얻지 못했으며, 1928년 4~6월 간부 대부분이 경찰에 검거됨으로써 종막을 고했다.

1928년 초 제3차 조선공산당의 주요 간부가 대부분 검거되자, 1928년 2월에 제4차 조선공산당이 조직되었다. 3월에는 차금봉이 책임비서로, 안광천·양명·한명찬 등이 중앙집행위원으로 선출되었다. 노동자 출신인 차금봉을 책임비서로 선출한 것은 조선공산당이 지식인 중심의 당에서 벗어나려 노력하고 있었음을 말해준다. 고려공청도 김재명을 책임비서로 하는 새 간부진을 구성했다.

4차당은 일본부를 일본총국으로 개칭하고 만주총국과 북경지부 간부진도 재정비했다. 국내에서는 신간회 32개 지회에서 당원들이 활동 중이었다. 근우회 내에도 조원숙을 책임자로 하는 야체이카(세포조직)가 조직되어 있었다. 기관지도 더 확보하여 일본에서 『청년조선』, 만주에서 『혁명』, 『불꽃』을 추가로 간행했다.

그러나 4차당도 조직 후 5개월도 안 되어 대규모 검거선풍에 휘말렸다. 1928년 7~10월 사이에 170명이 검거되었으며, 4차당도 사실상 해체 상태에 들어갔다. 특히 그해 12월에 나온 코민테른의 「12월테제」는 조선공산당의 해체를 사실상 기정사실화했다.

「12월테제」는 조선의 경제적·사회적 현상을 분석한 뒤 조선혁명은 부르주아민주주의혁명 단계라고 규정하고 토지혁명의 필요성을 강조했다.

특히 노동자와 농민을 당의 기반으로 획득할 필요성과 분파투쟁의 배격을 강조했다. 아울러 조선공산당이 취할 노선을 다음과 같이 제시했다. 첫째, 민족적 단체 속에 들어가서 정력적으로 혁명적 계몽 활동을 하여 민족개량주의자를 고립시키고, 그 단체에 속해 있는 근로대중으로 하여금 민족개량주의 지도자로부터 떨어져 나오도록 해야 한다. 둘째, 단일 민족혁명당 대신 공동행동위원회를 조직하여 각종 단체로 하여금 공산주의적 지도하에 명실상부한 혁명적 활동가의 블록을 건설해야 한다. 그 과정에서 소부르주아 민족주의자의 불철저성과 동요를 비판하고 대중의 면전에서 그들을 폭로해야 한다. 셋째, 인텔리 중심의 당에서 벗어나 노농계급 위주의 당을 건설해야 한다. 즉 「12월테제」는 위로부터의 통일전선에서 아래로부터의 통일전선으로 전략을 바꾸고, 지식인보다 노동자와 농민에 바탕을 둔 당을 건설하도록 지시한 것이었다.

「12월테제」의 내용은 코민테른 6차 대회에 출석했던 김단야·김규열·양명·한해 등을 통해 조선의 공산주의자들에게 전달되었다. 그에 따라 이후 신간회 내부에서 공산주의자들과 민족주의자들의 간극이 더 벌어졌고, 1930년대에 들어서는 신간회 해소론이 제기되어 신간회는 해소의 길로 접어들게 된다.

조선공산당은 이제 지식인 중심의 당이 아닌 노농계급에 기반을 둔 당으로 재건되어야 했기 때문에, 사회주의자들은 노동자와 농민들을 포섭하기 위해 노동운동과 농민운동에 뛰어들었다.

6·10만세운동과 광주학생운동이 일어나다

6·10만세운동과 동맹휴교

6·10만세운동과 광주학생운동은 모두 학생들이 주체였으며, 학생들의 조직이 있었기에 가능했다. 3·1운동 이후 전국 각지에 학생단체들이 만들어졌다. 이 학생단체들은 1920년 5월 '조선학생대회'를 결성했다. 중등학교 이상의 학생 2만여 명이 참여한 전국적 조직이었다. '조선 학생의 단결, 조선 물산 장려, 지방 분열 타파' 등을 표방한 조선학생대회는 학생층의 교양과 계몽을 위한 단체였다. 하지만 총독부 당국이 중등학교 학생의 참여를 불허했기 때문에, 1922년 11월 결국 전문학교 학생만 참여하는 '조선학생회'로 개편되었다. 조선학생회의 성격은 조선학생대회와 다르지 않았다.

3·1운동 이후 국내에 수용되기 시작한 사회주의는 학생들에게도 큰 영향을 미쳤다. 1922년 도쿄 유학생들의 조직인 조선고학생동우회의 「동우회선언」을 계기로 학생들의 사회주의에 대한 관심이 확산되었다. 국내에서는 1925년 사회과학 연구 및 민중 본위 교육을 표방한 조선공학회가 등장했지만, 강령이 불온하다는 이유로 창립 5개월 만에 강제로 해산되었다. 조선공학회 해산 이후 사회주의 학생 조직은 더욱 확산되어 경성학생연맹, 서울학생구락부, 조선학생과학연구회 등이 등장했다. 이들 학생단체는 당시 서울청년회, 화요회, 북풍회 등과 깊이 연결되어 있었다. 조선학생과학연구회는 1925년 9월 전문학교와 고등보통학교 학생 70여 명이 모여 만든 단체였으며, 6·10만세운동이 일어나던 1926년 6월에는 회원이

5백여 명에 달할 만큼 성장세가 가파랐다.

1926년 6·10만세운동은 제2차 조선공산당이 순종의 인산을 계기로 3·1운동과 같은 만세시위를 계획하면서 시작되었다. 조선공산당은 천도교 구파, 조선노농총동맹과 연대하여 운동을 일으키기로 했다. 그에 따라 고려공산청년회 책임비서인 권오설이 운동의 총책임을 맡게 되었다. 권오설은 지방에서는 천도교나 조선노농총동맹 조직에 의지하고, 서울에서는 조선학생과학연구회의 조직을 이용한다는 계획을 세웠다. 당시 조선학생과학연구회는 화요회 계열 청년들의 지도를 받고 있었고, 화요회 계열 청년들은 바로 고려공청의 주요 멤버들이었다. 조선학생과학연구회의 주요 멤버들과 경성의 각 학교 대표 40여 명은 5월 20일 모임을 갖고 투쟁 방법 및 자금 조달 등에 대해 의논했다. 이 운동의 준비 책임자로는 박두종(YMCA 영어과), 이천진(경성제대), 박하균(연희전문), 이병립(연희전문), 이선호(중앙고보) 등이 선임되었다. 이들은 훗날 '통동계'로 불린 박용규(중앙고보), 곽대형(중동학교) 등이 따로 운동을 준비하는 것을 알고, 서로 역할을 분담했다.

그런데 천도교 쪽에서 준비하던 전단이 경찰에 의해 우연히 발각되고, 이어서 조선공산당 조직이 6월 6일 발각되는 바람에 준비해둔 전단은 모두 압수되었다. 이에 조선학생과학연구회 측은 급히 격문과 전단을 다시 인쇄했다. 또 6월 8일과 9일, 태극기와 조선독립만세기, 격문 약 1만 매를 제작했다. 중앙고보의 이선호는 10일 아침 학교에서 류면희, 임종업, 이현상 등에게 이것을 나누어주고 시위현장에서 뿌리도록 지시했다.

10일 오전 8시 반 순종의 장례 행렬이 종로 3가 단성사 앞을 막 통과할 즈음, 이선호가 길로 튀어나와 격문을 뿌리고 태극기를 흔들며 조선독립 만세를 외치기 시작했다. 류면희·임종업·이현상 등은 격문을 뿌리고 만세를 선도했다. 연도에 도열해 있던 중앙고보 학생들도 만세를 불렀다. 경찰은 이선호 등 주모자들과 만세를 부르는 학생들을 현장에서 체포했다.

한편 이른바 '통동' 계열의 시위 준비는 중앙고보의 박용규와 이동환, 중동학교의 곽대형·김재문·황정환 등 5인에 의해 이루어졌다. 이들은 5월 29일 통인동에 있던 김재문의 하숙집에 모여 등사기와 먹지 등을 구해 "조선 민중아 우리의 철천지원수는 자본 제국주의 일본이다. 2천만 동포여 죽음으로써 싸우자. 만세 만세 조선독립만세"라는 내용의 격문 6천 매를 인쇄했다. 그리고 6월 10일 아침 박용규와 이동환이 중앙고보생 조홍제·최제민, 휘문고보생 이상민 등에게 수백 매씩 나누어주었다. 박용규·이동환은 최제민·조홍제와 함께 단성사 앞에서 격문을 뿌리면서 만세를 불렀고, 김재문·황정환은 장례 행렬이 동대문 숭인동 동묘 앞을 통과할 즈음에 역시 격문을 뿌리며 만세를 불렀다. 통동계의 박용규·이동환 등은 단성사 앞에서 경찰에 체포되었으며, 김재문·황정환은 동묘 앞에서 체포되었다. 이를 보면, 통동계 학생들 가운데 중앙고보생들은 단성사 앞에서, 중동학교생들은 동대문 밖 동묘 앞에서 만세 시위를 하기로 역할을 분담한 것으로 보인다.

6월 10일 시가지에서의 시위로 인해 6월 20일까지 경찰에 체포되어 조사를 받고 검사국으로 넘어간 학생 수는 중앙고보생이 60명(불구속 35명), 연희전문 36명, 경성제대 예과생 1명, 신문배달부 2명 등이었다. 6·10만

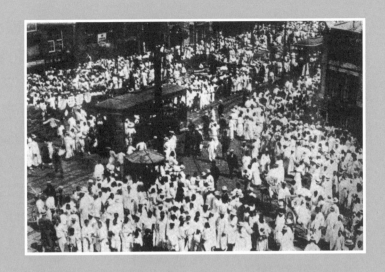

6·10만세운동
1926년 6월 10일 순종 인산일
에 도로를 가득 메운 애도 인파
(위)와 진압에 나선 일본군 기
마병들(아래). 이날 종로 3가 단
성사 앞과 동대문 밖 동묘에서
학생들의 만세시위가 벌어졌
다.

세 사건으로 최종적으로 재판에 회부된 학생들은 모두 11명이었는데, 중앙고보 학생이 4명, 연희전문 학생이 2명, 중동학교 학생 3명, 청년회관 학생 1명, 경성제대 예과생 1명 등이었다.

6·10만세운동 이후 학생들의 조직은 중앙 본위의 조직에서 학교나 지방 단위로 확대되어갔다. 그리고 조직 형태는 표면단체보다 비밀결사 형태를 취했다. 예를 들어 수원고농의 건아단, 부산제2상업의 혹조회, 보성고보의 철권단, 대구고보의 신우동맹, 광주의 성진회 등이 그러했다. 이 학생 조직들은 각 지방 청년단체와 밀접하게 연결되어 있었으며, 조선공산당의 고려공산청년회는 학생들의 조직화를 가장 중요한 사업 중 하나로 설정하고 있었다.

동맹휴교는 학생들의 일상적인 투쟁 형태로, 일정한 요구조건을 내걸고 이를 관철시키기 위하여 등교거부·수업거부·농성 등을 행하는 것이었다. 1922년부터 1928년까지 각 학교에서 일어난 '동맹휴교'의 발생건수는 〈표 5〉와 같다.

〈표 5〉 1920년대 동맹휴교의 발생 건수

연도	1921	1922	1923	1924	1925	1926	1927	1928	합계
건수	23	52	57	14	48	55	72	83	404

* 출전: 조선총독부 경무국, 『조선에 있어서의 동맹휴교의 고찰』(1929. 2), 6~9쪽.

〈표 5〉에서 보이는 것처럼 1925년 이래 맹휴 발생 건수는 증가일로를 걸었다. 이는 이 시기 학생운동이 그만큼 활발했음을 반영한다. 1929년 말 광주학생운동 역시 이런 학생운동 활성화의 연장선상에서 발생한 것

이라고 할 수 있다. 지역적으로는 경기도(77건), 함경남도(51건), 황해도(42건), 경상남도(38건), 강원도(29건), 전라북도(29건), 전라남도(28건), 평안북도(24건), 평안남도(20건), 충청남도(20건), 충청북도(17건), 함경북도(15건), 경상북도(14건)의 순으로 맹휴가 발생했다.

그러면 '맹휴'가 발생하게 된 원인은 무엇이었을까. 1920년대 전반기에는 주로 교육환경의 미흡함과 민족차별적인 일본인 교사들의 언사가 맹휴의 이유가 되었다. 그런데 1920년대 중반 이후 학생들 사이에 각종 독서회·비밀결사 등이 조직되고 이들이 맹휴를 주도하면서 양상이 크게 변했다. 이전의 비조직적이고 즉흥적이던 모습에서 벗어나 보다 조직적인 모습을 보였고, 학내 문제에 국한되지 않고 조선어 사용, 식민지 교육 반대까지 시야에 넣어 포괄적으로 문제를 제기하게 된 것이다. 1927~28년에 일어난 함흥고보의 맹휴에서 학생들은 격문을 통해 '조선인 본위 교육 실시, 식민지 차별 교육 철폐, 조일공학 반대, 군사교육 절대반대, 교내학우회의 자치제 획득' 등을 주장했다. 당시 학생들은 '조선어를 교수 용어로', '조선 역사지리의 교수' 등을 외쳤다. 1928년 맹휴는 더욱 조직적으로 전개되는 양상을 보였다. 보성고보·동래고보·광주고보의 학생들은 각 학교에 맹휴 본부를 설치하고 동맹휴교를 주도했다.

광주학생운동

1920년대 후반, 전국 각지에서 학생 비밀결사가 조직되던 시기에 광주에서는 광주고보, 광주농업학교, 광주사범학교 학생들이 중심이 되어 조직한 성진회와 그 후신인 독서회, 그리고 광주여고보 학생들의 소녀회 등이 조직되었다.

'성진회'는 1926년 9월 당시 광주고보 학생이던 장재성·왕재일과 광주 농업학교 학생이던 박인생을 중심으로 결성되었다. 이들은 강령으로 ① 일제의 속박으로부터 한국의 독립을 쟁취한다, ② 일제의 식민지 노예 교육을 절대 반대한다, ③ 언론, 출판, 결사의 자유를 요구한다는 것을 결의했다. 그러나 성진회는 결사 5개월 만인 1927년 3월 정남균의 집에서 집회를 가지면서 전술상 해산을 결의했다. 회원 중 한 명이 광주경찰서 형사와 혈연관계에 있었기 때문에, 성진회의 비밀이 누설될까 봐 그 회원을 배제하고자 함이었다. 이후 성진회는 비밀 보장을 위해 연합집회는 갖지 않았지만 각 학교 단위별로 활동을 전개했다. 그 결과 광주고보·광주사범학교·광주농업학교에 비밀리에 독서모임이 만들어지고, 회원도 점차 늘어났다. 그런 가운데 1929년 6월경 도쿄 주오대학에 재학 중이던 장재성이 광주에 돌아와 각 학교 독서모임 간부들에게 모임을 더욱 조직화할 것을 종용했다. 이에 따라 각 학교 학생들은 기존의 모임을 '독서회'라 이름 짓고 부서를 두기도 했다. 또 광주여고보에서도 비밀리에 소녀회가 조직되었다. 각 학교의 독서회를 지도하는 '독서회중앙부'가 비밀리에 조직되고, 장재성이 그 책임을 맡았다.

한편 1928년 광주고보에서는 학교시설 미비, 교사의 민족차별, 이경채 사건 등과 관련하여 학생들이 동맹휴학을 단행했고, 그 결과 14명의 구속자, 40명의 퇴학자, 3백 명에 이르는 무기정학자 등 큰 희생을 냈다. 광주농업학교에서도 교사의 민족차별을 이유로 학생들이 동맹휴학에 들어갔고, 5명의 구속자, 12명의 퇴학자, 103명의 무기정학 등의 희생이 있었다.

1928년 광주고보와 광주농업학교 맹휴투쟁의 여진은 다음 해인 1929년에 들어서도 꺼지지 않았다. 수십 명의 맹휴 퇴학생들과 형기를 마치고 출옥한 20여 명의 학생들이 재학생들과 긴밀한 제휴를 가지면서 보다 강력한 투쟁을 위해 은밀히 전열을 재정비했던 것이다.

광주학생운동은 1929년 10월 30일 오후 나주역 출찰구를 벗어난 한일 기차 통학생들의 충돌로부터 시작되었다. 나주에서 광주로 통학하던 일본인 광주중학생 후쿠다福田 등 여러 명이 출찰구 부근에서 같은 기차 통학생이던 광주여고보 박기옥·이광춘 등 한국인 여학생들을 희롱하는 행패를 저질렀다. 이 광경을 목격한 박기옥의 사촌동생 박준채(광주고보 2년생)가 후쿠다에게 항의했고, 결국 두 사람 사이에 싸움이 벌어졌다. 이 싸움은 일본인 경찰에 의해 저지되어 일단 중단되었다.

그런데 이튿날인 31일 등하굣길에 전날의 문제로 한일 학생들 간에 시비와 싸움이 벌어졌다. 일본인 차장이 저지했지만, 그 다음 날인 11월 1일 오후에도 또 충돌이 있었다. 통학열차가 광주역을 출발하기 직전, 돌연 일본인 광주중학생 30여 명이 전날의 복수를 하겠다고 광주역으로 몰려왔다. 이를 본 광주고보생을 비롯한 한인 학생 20여 명은 황급히 차에서 내려 개찰구 목책을 사이에 두고 일본인 학생들과 대치했다. 이때 급보를 듣고 달려온 양교 교원들과 출동한 경찰들의 제지로 학생들의 충돌은 면할 수 있었다.

그러나 두 학교 학생들 간의 긴장은 계속 이어졌다. 그리고 그 긴장은 마침내 11월 3일 폭발했다. 11월 3일은 일본의 소위 4대 명절의 하나인 명치절明治節이었다. 총독부는 일요일인데도 학생들을 소집하여 명치절 경축식을 거행했다. 광주고보생들은 경축식이 끝나자마자 수십 명씩 거리로 쏟아져 나왔다. 그 가운데 일단의 학생들이 우편국 앞에서 일본인 중학생들과 부딪쳐 시비가 벌어졌다. 이들 일본인 중학생들은 신사 참배 이후 돌아오는 길에 광주천 부근에서 광주고보생 최쌍현을 단도로 찌르고 도주해온 자들이었다. 일본인 중학생들은 형세가 불리해지자 광주역 쪽으로 도주했다. 그리고 이때 일본인 중학생 수십 명이 유도 교사 인솔하에 야구배트, 죽검 등을 들고 광주고보생 타도를 외치면서 광주역 쪽으로 몰려왔다. 당시 광주역에서는 조선인 통학생 수십 명이 기차를 기다리고 있었다. 이 급보는 즉각 광주고보 기숙사에 전해졌다. 기숙사에 있던 학생들은 일제히 야구배트, 학교 창고의 농기구 등을 들고 광주역 쪽으로 뛰어갔고, 광주농업학교생 수십 명도 합세하여 조선인 학생들과 일본인 학생들의 난투극이 벌어졌다.

급보를 접한 광주경찰서는 전 경찰력과 기마경찰대, 소방대에까지 출동명령을 내렸다. 출동한 광주경찰서 경찰들은 조선인 학생들의 진로를 가로막았다. 현장에 달려온 양교 직원들의 간곡한 만류로 일본인 중학생들이 먼저 퇴각하자 조선인 학생들도 현장에 달려온 광주고보 졸업생 장재성의 종용으로 일단 광주고보로 철수했다.

광주고보로 돌아온 학생들은 강당에 집결하여 사후대책을 논의했다. 이때 오쾌일이 연단에 올라 "오늘의 대승리를 신천지의 동포들에게 알리고 일제 타도의 의지를 천명하기 위해 시위를 전개하자"고 제의했다. 강당에 모인 학생들은 환호하며 만장일치로 찬성했다. 고보생들이 일제 타도의 시위행진을 결정하자, 광주역에서 철수할 때 함께 온 광주농업학교생 최태주가 광주농업학교생들도 시위 대열에 동참하겠다고 제의했다. 한편 장재성은 와타나베 교감에게 오늘의 불상사는 광주중학생들의 계획적인 도발로 일어난 것인 만큼 그 책임이 전적으로 그쪽에 있다고 말하고, 학생들이 이대로 분산 귀가하다가는 도중에 어떤 불상사가 있을지 모르니 전교생이 함께 나가 몇 개 지점에서 방면별로 분산 귀가하도록 하는 것이 좋겠다고 제의했다. 그리고 통학생들은 교직원들이 호송할 것도 제의했다. 교감은 좋은 생각이라 동의하고 교사들에게 학생들을 인솔할 것을 지시했다.

학교 당국으로부터 공식적으로 행진을 허락받은 학생들은 강당에서 몰려나와 창고에 있던 실습 농기구와 각목으로 무장하고 대오를 지어 시위 행진에 들어갔다. 교문 앞에서 이미 연락을 받고 달려온 광주농업학교 학생들이 기다리고 있다가 시위 대열에 합류했다. 학생들을 호위하기 위해 나왔던 교사들은 학생들이 시위대로 돌변하자 당황했으나 이를 막을 수는 없었다.

시위대가 시가지로 진출하자 광주사범학교 학생들도 시위 대열에 합류했다. 학생 시위대는 중심가를 누비며 '조선독립만세', '식민지 노예 교육 철폐' 등의 구호를 외쳤다. 시위가 계속되는 동안 연도의 일반시민들도 행렬에 합세하여 시위대는 대군중을 이루었다.

시위대가 도립병원(현 전남대 부속병원) 앞에 이르렀을 때, 광주경찰서 고등계 주임 나베지마가 인솔하는 1백여 명의 경찰대가 가로막고 시위대와 대치했다. 경찰은 학생들에게 해산을 요구했다. 그러나 학생들은 경찰의 해산 명령을 듣지 않고 양림동 쪽을 거쳐 광주천변을 따라 학교로 전원 무사히 돌아왔다. 이로써 오후 2시에 시작된 시위는 저녁 5시경에 일단 끝났다. 학생들이 학교로 돌아와 강당에 집결하자 와타나베 교감은 3일간 휴교를 선언했다. 경찰 당국은 강경책으로 방침을 정하여, 4일 오후부터 검거선풍이 불었다. 그 결과 11일까지 70여 명의 학생들이 구속되고 그중 62명이 검사국으로 송치되었다.

한편 장재성은 장석천·강석원·박오봉·국채진 등 광주의 사회단체 간부들과 만나, 보다 강력하고 조직적인 후속투쟁을 전개할 것과 전국적인 학생시위로 확산시킬 것을 결의했다. 광주 및 전 조선 학생의 궐기는 장석천이, 광주 학생의 궐기는 장재성이, 도내 지방 학생의 궐기는 국채진이 각각 맡기로 했다. 이에 장재성은 각 학교별로 조직되어 있는 독서회원들을 중심으로 2차 궐기를 준비했다. 그는 광주고보, 광주농업학교, 광주사범학교 독서회 회원들과 회합을 갖고 12일에 2차 궐기를 단행하기로 결정했다. 장재성은 11일 '조선 민중이여 궐기하라'와 '학생 대중이여 궐기하라'는 등의 4종의 격문을 작성했다. 그 안에는 "검거된 학생은 우리 손으로 탈환하자, 언론 집회 결사 출판의 자유를 획득하자, 식민지 노예 교육제도를 철폐하라"는 등의 문구가 담겨 있었다. 오쾌일은 이를 전달받아 전단 약 1천 장을 인쇄하여 12일 아침 독서회 회원들에게 나누어주었다.

12일 아침 9시 광주고보에서 수업 개시를 알리는 종이 울리자 전교생이 교문 쪽에 집결했다. 이날 시위의 책임자로 선정된 김향남이 "철창에서 신음하는 교우를 구하자"라고 구호를 외치자, 학생들은 일제히 교문을 박차고 나갔다. 시가지로 뛰쳐나온 광주고보생들은 준비한 격문을 뿌리고 구호를 외치며 충장로 등 도심가를 누볐으며, 학생들이 구금된 형무소 쪽으로 행진했다. 그러나 그곳에는 이미 대부대의 경찰 병력이 집결해 있었다. 출동한 경찰과 대치한 시위대는 곧 경찰력에 밀려 포위되었으며, 결국 강제해산당하면서 다수 학생들이 경찰에 연행되고 말았다. 한편 광주농업학교에서도 이날 수업 시작종과 함께 학생들이 집결하여 조길룡 등의 인솔로 거의 전교생이 교문을 나와 격문을 뿌리며 광주형무소 쪽으로 행진을 시작했다. 그러나 이들 역시 광주고보 부근까지 진출했을 때 급거 출동한 경찰에게 포위, 해산당하고 말았다.

2차 시위 이후 광주시내 조선인 중등학교에는 모두 휴교령이 내려졌다. 그리고 무차별 검거선풍이 불었다. 광주고보와 농업학교 등의 학생 260여 명이 검거되었으며, 사회단체 간부들도 다수 검거되었다.

광주 학생들의 봉기는 전국적으로 커다란 반향을 불러일으킬 수 있는 사안이었다. 따라서 총독부는 즉각 보도통제를 실시해 언론 보도를 금지시켰다. 이에 조선청년총동맹은 광주에 진상조사단을 파견했다. 신간회 광주지회 상무간사 장석천은 청년총동맹에서 파견된 부건·권유근 등에게 학생 시위를 전국 차원으로 확산시킬 것을 제의했고, 그들도 동의했다. 그리하여 이 작업의 준비를 위해 강영석이 권유근을 따라 서울로 올라갔다. 이어서 신간회 본부의 집행위원장 허헌 등이 광주 상황을 파악하기 위해 내려왔다. 장석천은 허헌을 만나 광주 학생 사건의 진상을 보고한 뒤 시위를 전국으로 확산시킬 것을 제의했고, 허헌도 찬성했다.

11월 12일 2차 시위 이후 장석천은 11월 17일 경성으로 올라갔다. 그 사이 강영석은 조선청년총동맹 집행위원장 차재정·이항발·황태성 등과 운동 방안을 논의했다. 경성의 청년운동가들은 경성의 학생들은 아직 준비가 되어 있지 않으므로 시위운동은 불가능하다면서 차선책으로 격문을 만들어 살포할 것을 주장하여, 그런 방향으로 운동 방침이 결정되었다. 그런데 며칠 뒤 장석천이 서울로 올라와 학생들의 시위가 필요하다고 강력히 주장하고 나섰다. 차재정과 이항발은 반대 입장을 고수했으나 황태성이 장석천의 의견에 동의하여, 결국 격문 살포와 시위운동을 동시에 전개하기로 했다. 차재정과 곽현은 격문의 제작·살포를 맡았고, 각 학교 학생들의 동원은 장석천과 황태성이 맡았다.

장석천은 휘문·보성·경신·배재·경성제2고보·중동의 학생들을 만나 시위운동 참여를 권유했다. 황태성도 경성제2고보·중앙·보성·휘문 학생들을 만났다. 한편 곽현은 7종의 격문 8천 매를 인쇄하여 지방의 사상단체에 우송하고, 12월 2일 시내 각 중등학교에도 이를 살포했다. 이에 경찰은 주동 학생들과 배후의 청년단체와 신간회 간부들을 체포하기 시작했다. 장석천·차재정 등도 12월 5일 체포되었다. 그러나 5일 경성제2고보에서 시위가 시작되었고, 12월 9일에는 각 학교 학생들의 연합시위가 전개되었다. 경성 학생들의 시위는 16일까지 계속되었다. 그리고 학생들의 시위는 전국으로 확산되어갔다.

이후 전국에서 320개교(서울·경기 지역 56교, 충청 지역 23교, 전라 지역 41교, 강원·황해 지역 11교, 평안·함경 지역 117교, 간도 지역 32교 등)가 궐기했으며, 참가한 학생들은 수만 명에 달했다. 또 이 운동으로 인해 실형을 받은 학생은 광주에서만 180여 명에 달했다. 전국적으로는 수백 명이 넘었을 것으로 추정되지만 그 정확한 숫자는 알 수 없다. 학교에서 퇴학처분을 받은 학생이 533명이었으며, 권고퇴학이 49명, 무기정학이 2,330명, 강제전학이

298명, 자진퇴학이 352명이었다.

광주학생운동 이후 1930년대의 학생운동은 크게 변화했다. 민족해방운동의 전체적인 방향이 노농계급에 기초한 운동을 강조하는 쪽으로 전환되었기 때문이다. 학생운동은 사상학습을 통해 자질을 갖춘 운동가를 배출하여 노농운동에 투신시키기 위한 소수정예의 비밀결사 조직에 주력하게 되었다. 그러나 이런 방향전환은 학생운동의 독자성을 상실케 하여, 이후 학생운동은 침체의 길을 걷게 된다.

청년·노동·농민운동이 활발히 전개되다

청년운동

근대적 교육기관이 점차 확산되면서 신교육을 받은 청년층이 등장하기 시작했다. 이들은 3·1운동 과정에서 큰 역할을 했으며, 3·1운동 이후 일회적이고 분산적인 운동보다는 지속적이고 조직적인 운동이 필요하다고 보고 각지에서 청년단체를 조직하기 시작했다. 청년단체의 경우, 초기에는 지방 유지나 명망가들에 의해 결성되어 수양·계몽 활동에 주력했다. 그리고 이들은 전국적인 조직으로서 1920년 12월 '조선청년회연합회'를 결성했다. 116개 청년단체를 망라한 조선청년회연합회는 교육진흥·산업진흥·도덕수양 등을 통한 지·덕·체의 함양을 활동 목표로 내걸었다. 따라서 청년회는 강연회, 토론회, 야학강습회, 운동회 등을 주된 사업으로 삼았다. 또 청년회는 '문화운동'의 주력단체로서 각 지방에서 물산장려운동과 민립대학 기성운동을 추진하기 위한 지회를 만들 때 실질적인 주체가 되었다.

그러나 3·1운동 직후부터 국내에 유입되기 시작한 사회주의 사조는 청년층에게 큰 영향을 미쳤다. 일부 청년들은 1919년 하반기부터 사회주의 사상단체를 조직하기 시작했다. 사회주의 청년들은 1922년 1월 김윤식의 사회장 문제를 계기로 민족주의자들과 충돌하게 되었다. 이는 조선청년회연합회 내부의 갈등으로 이어졌고, 서울청년회 등 19개 단체가 연합회를 탈퇴하기에 이르렀다. 이는 민족주의자와 사회주의자의 분리를 상징하는 사건이었다.

서울청년회 등 사회주의 계열의 청년들은 1923년 전조선청년당대회를 개최했다. 이 대회에서는 물산장려운동을 비판하고 사유재산제 철폐 등 사회주의 구호를 내걸었다. 대회에 참석했던 각 지방 청년회 간부들은 큰 충격을 받았다. 이후 이들은 각 지방에서 청년회의 혁신운동을 시작하여, 기존의 지방 유지 중심의 간부들 대신 혁신청년들로 간부진을 새로이 구성했다. 이와 같은 혁신운동은 전국으로 확산되었으며, 각 지방 청년단체는 서울청년회나 화요회와 연결되면서 각기 사상단체를 만들어 사회주의 사상학습을 시작했다. 이들은 각 지방에서 노동운동, 농민운동단체를 만드는 데 중심적인 역할을 했으며, 노동쟁의나 소작쟁의를 적극 지원했다. 1924년에는 혁신 청년회들의 전국적 중앙기관으로서 '조선청년총동맹'이 결성되었다. 그에 따라 기존의 조선청년회연합회는 자진해산했다.

조선청년총동맹에는 전국 250여 개의 청년단체가 참여했다. 그런데 지역별로 흩어져 있던 단체들이 개별적으로 총동맹에 가입했기 때문에, 이들을 일률적으로 통제할 중간기구나 조직이 없었다. 청년총동맹은 이와 같은 상황을 타개하기 위해 1927년 반(리)-지부(면)-청년동맹(부·군)-도연맹(도)-총동맹으로 이어지는 조직체계를 갖추고, 기존의 개별 청년단체를 모두 해산하도록 했다.

1927년 2월 신간회 본부가 창립되자 각 지방에 신간회 지회가 만들어졌다. 이때 신간회 지회 창립의 주역이 된 것은 그동안 지역 청년회에서 중심적으로 활동해온 이들이었다. 25세 혹은 30세 이상의 청년들은 이제 청년회에서 신간회 지회로 자리를 옮겼으며, 새로운 세대가 청년회를 주도하게 된다.

이후 청년운동은 여전히 청년들의 의식화와 조직화에 주력하면서 노동운동, 농민운동, 학생운동, 그리고 신간회운동을 지원하는 역할을 담당했다. 그런데 운동의 중심이 신간회로 넘어간 이후 청년회의 활동은 상대적으로 부진했다. 또한 청년운동도 1928년 「12월테제」와 1930년 신간회 해소론의 등장에 영향을 받지 않을 수 없었다. 1930년 일부 사회주의 청년들은 청년동맹 해소론을 제기하기 시작했다. 당시 해소를 주장하던 사회주의 청년들은 조선청년총동맹을 소부르주아 및 인텔리들의 결합인 비무산자적 계급으로 규정하고, 무산계급적 의식으로 노동자와 농민 속으로 들어갈 것을 강조했다. 이렇듯 청년총동맹 해소론이 확산되는 가운데, 청년운동의 비중은 농민조합이나 노동조합의 청년부로 옮겨졌다. 청년총동맹은 1931년 5월 신간회 해소와 함께 사실상 해소되고 말았다. 그리고 사회주의 청년들은 이제 청년운동을 떠나 혁명적 농민운동, 노동운동 쪽으로 옮겨갔다.

노동운동

3·1운동 이후 1920년대 전반기에 이미 많은 대중적 노동단체가 조직되었다. 1920년 4월 '조선노동공제회'가 노동단체로서 처음 창립된 이후, 전국 각지에서 노동회·노우회·노동친목회·노동조합·노동계 등의 이름을 가진 노동단체가 조직되었다. 이들 노동단체는 앞서 본 청년단체 혹은 사상단체와 직간접적인 연관을 맺으면서 조직된 것이 많았다.

조선노동공제회는 박중화·박이규·오상근·김명식 등에 의해 조직되었다. 노동 문제에 대한 일반의 인식을 확대하기 위해 기관지『공제』를 발간하고 노동야학과 강연회를 개최하는 등 계몽적인 활동을 주로 펼쳤다. 『공제』의 필자는 대부분 진보적 지식인들이었고, 대상 독자도 노동자가 아니었다. 이 잡지는 선진적인 사상을 가진 지식인들이 일반인에게 노동 문제의 심각성을 알리고 공감대를 형성하는 데 중점을 두고 있었다.

조선노동공제회의 윤덕병·김한·신백우 등은 1922년 1월 사상단체로서 '무산자동지회'를 결성하고 노동공제회에서 탈퇴하여 그해 10월 '조선노동연맹회'를 결성했다. 조선노동연맹회는 '신사회 건설'과 '계급적 단결'을 강령으로 내걸었으며, 13개 노동단체가 여기 참여했다. 조선노동연맹회는 1923년 5월 1일 최초로 메이데이 행사를 열고, 경성여자고무직공조합과 경성양말직공조합의 파업을 지원했다. 당시 조선노동연맹회는 화요회와 밀접한 관계를 갖고 있었다.

한편 1920년 5월 김광제·문탁 등이 노동자의 친목도모와 지위향상을 내걸고 '조선노동대회'를 조직했다. 그러나 회장 김광제가 2개월 뒤 갑자기 사망하자 임원들 사이에 내분이 발생했고, 결국 회장제를 없애고 집행위원제를 채택하게 되었다. 이때부터 서울청년회 계열의 사회주의자들이 조직을 장악했다. 서울청년회 계열은 조선노동공제회의 잔류파와도 밀접한 관계를 맺었다.

이후 전국적으로 노동운동, 농민운동단체가 크게 늘어나자, 화요회계의 조선노동연맹회는 1923년 9월 '조선노농총동맹'을 발기했다. 이에 서울청년회계의 조선노동공제회 잔류파와 조선노동대회 측도 '조선노농대회 준비회'를 만들었다. 두 계열이 경쟁적으로 지방의 노농단체 포섭에 나서자, 지방 노농단체들은 이를 비판하면서 따로 노농단체 결성을 추진하고 나섰다. 이에 화요회계와 서울청년회계의 노농단체들은 하나의 단체를 만들기로 의견을 모아, 1924년 4월 167개 단체 대표 204명이 모여 '조선노농총동맹'을 결성하기에 이르렀다. 조선노농총동맹은 노농계급의 해방, 8시간 노동제 실시, 최저임금제 쟁취 등을 표방했으며, 이후 260여 노농단체와 53,000여 회원을 거느리게 되었다.

1920년대 전반 노동공제회, 노동연맹회, 노농총동맹 등은 소작쟁의나 노동쟁의를 직접 계획하고 지도한 예는 별로 없었고, 쟁의가 발생하면 이를 수습하기 위한 조정에 나선 경우가 많았다. 또 각 현장의 쟁의도 노동조합이 주체가 되지 않은 경우가 많았다. 쟁의 후에 조합이 조직되는 것이 일반적이었다. 〈표 6〉에서 보는 것처럼 1920년대 전반기 노동쟁의는 1920년에 81건으로 가장 많이 발생했고, 건당 참가 인원은 1924년에 150명으로 가장 많았다.

1927년 조선노농총동맹은 노동운동과 농민운동의 분리 원칙에 따라 '조선노동총동맹'과 '조선농민총동맹'으로 분리되었다. 또 이 시기에는 산

<표 6> 1920년대 노동쟁의 발생 건수와 참가 인원

연도	발생 건수	참가 인원	평균 인원
1920	81	4,599	57
1921	36	3,403	95
1922	46	1,799	39
1923	72	6,041	84
1924	45	6,751	150
1925	55	5,700	104
1926	81	5,984	74
1927	94	10,523	112
1928	119	7,759	65
1929	102	8,293	81

* 출전: 조선총독부 경무국, 『최근 조선의 치안상황』, 1930.

업별 노동조합 및 지역별 노동조합 연합체가 등장했다. 산업별 노동조합
으로는 조선인쇄직공청년동맹(1926), 철공직원총동맹, 섬유노동조합 등이
결성되었으며, 지역별 노동조합연합체로는 경성노동연맹, 진주노동연맹
회, 나주노동조합연맹, 광주노동연맹, 전북노동연맹, 함북노동연맹 등이
결성되었다.

　1920년대 후반 들어 노동쟁의는 조직성과 강인성을 보였다. 이는 지역
및 산업별, 혹은 전국 단위 노동단체들이 조직적으로 쟁의를 지도하면서
나타난 현상이었다. 예를 들어 1925년 평양·경성의 인쇄직공파업, 1926
년 목포 제유공파업, 1928년 영흥 노동자총파업(3개월 지속), 1929년 원산총
파업(4개월 지속) 등은 몇 달씩 지속되었다. 또 쟁의 발생 지역이 전국 각지
의 중소도시로 확대되었고, 노동조합이 광범위하게 조직되었으며, 노동운
동의 대중성이 강화되었고, 각지의 쟁의에 대한 전국적 지원 양상이 나타
났다. 앞의 <표 6>에서 보듯이 1920년대 후반에 일어난 노동쟁의는 1928

년에 119건으로 가장 많았고, 건당 참여 인원은 1927년에 112명으로 가장
많았다.

1920년대 후반의 대표적인 노동쟁의는 1929년 원산총파업이었다. 이
총파업은 1928년 9월 라이징선 석유회사의 일본인 감독이 조선인 노동자
를 구타한 사건에서 비롯되었다. 파업은 상급단체로서 단체교섭권을 가
진 원산노동연합회가 개입하면서 원산노동연합회 대 총독부 지배당국 및
자본가의 대립 양상으로 확대되었다. 일제는 경찰과 소방대는 물론, 일본
군 19사단 함흥연대 4백여 명을 투입하여 파업 노동자를 위협했고, 자본
가단체인 원산상업회의소는 원산노동연합회 회원을 고용하지 않겠다고
선언했다. 1929년 1월 원산노동연합회는 총파업을 선언하고 합법적인 농
성투쟁과 협상으로 문제를 해결하려 했지만, 총독부는 무력을 동원하여
파업을 강제진압했다. 이 파업은 원산 인구 3분의 1이 참여하여 4개월간
투쟁한 파업이었다. 비록 총독부 경찰과 자본가의 탄압으로 실패했으나,
원산총파업은 국내외에 엄청난 반향을 일으켰다.

1920년대 후반 노동운동의 또 하나 특징은 노동운동과 민족해방운동의
결합 양상이었다. 1925년 치안유지법은 노동운동에 대한 노골적인 탄압
으로 이어졌으며, 이로써 노동운동은 단순한 경제투쟁을 넘어 일제에 반
대하는 반일민족해방운동의 일환으로 전개되었다. 노동자들은 임금인하
반대, 노동시간 단축 등의 문제는 해당 자본가와 타협하여 이루어지는 것
이 아니라 일제 식민통치자와 대결하여 이루어진다는 것을 깨달아가고
있었다.

조선노농총동맹 창립총회 기념사진
1924년 4월 전국 각지의 노동자, 농민단체 대표들이 참석한 가운데 '노농계급 해방과 신사회 실현'을
내걸고 창립된 조선노농총동맹은 최초로 나타난 전국 규모의 통일된 노동자·농민운동 조직이었다.

소작쟁의 풍자 만화
〈봉산 사인면 동척 소작쟁
의〉(김동성, 『조선일보』,
1924. 11. 17) 1924년 1월
동양척식주식회사 사리원
지점의 횡포에 맞서 일어났
던 봉산군 사인면 소작인
들의 투쟁을 소재로 한 풍
자만화이다. 일본인 지주가
큰 과일을 뒤로 감춘 채 작
은 과일만 내밀자, 조선인
소작인이 "그래서야 울음
을 그칠 수 없다"며 울음을
터뜨린다. 조선 소작인들의
비참한 상황을 고발하고,
일제의 가혹한 농민 착취를
직설적으로 공격하고 있다.

농민운동

1920년 4월에 결성된 조선노동공제회는 1922년 7월 「소작인은 단결하라」라는 선언문에서, 당시 일각에서 유행하던 노자협조주의를 '이리로 하여금 양을 지키게 하는 것'이라고 비난했다. 이 선언문은 소작농의 단결을 바탕으로 소작인조합을 조직하는 것이 소작농의 이익을 지키는 데 가장 시급한 일이라고 주장했다. 이 선언 이후 전국 각지에 소작단체가 조직되기 시작했으며, 광주·진주·대구 등지의 노동공제회는 소작인부를 설치하여 소작단체를 지원했다.

그런 가운데 지주에 저항하는 소작쟁의가 전국 각지에서 일어났다. 소작쟁의는 일찍부터 논농사가 발달하고 소작관계가 발달한 삼남 지방에서 집중적으로 발생했다. 처음에는 소작료 인하 및 지세공과금의 지주부담을 요구하는 쟁의가 많았으나, 시간이 갈수록 소작권 이동으로 인한 쟁의가 급증했다.

또 〈표 7〉에서 보는 바와 같이 1920년대에 가장 많은 소작쟁의가 발생한 해는 1923년과 1924년이었다. 1922년 말에 일어난 순천 소작쟁의는 1923년 전국적인 소작쟁의 발생을 유도했고, 1924년 초에는 암태도 소작쟁의가 일어나 역시 전국적인 소작쟁의 발생에 큰 영향을 미쳤다. 그러나 이 쟁의들이 경찰의 강력한 탄압에 부딪치고 다수의 소작인들이 구속되는 사태가 빚어지자 1925년 이후에는 소작쟁의가 크게 줄어들었다.

1920년대 전반기의 대표적인 쟁의는 6~8할의 소작료를 4할로 인하해줄 것을 요구한 무안군의 암태도 소작쟁의(1924)였다. 이들은 1년여에 걸친 투쟁 끝에 4명이 옥고를 치르는 희생을 치러야 했지만, 소작료 4할을 관

〈표 7〉 1920년대 소작쟁의 발생 건수와 참가 인원

연도	발생 건수	참가 인원
1920	15	4,140
1921	27	2,967
1922	24	2,539
1923	176	9,060
1924	164	6,929
1925	11	2,646
1926	17	2,118
1927	22	3,285
1928	30	3,576
1929	36	2,620

* 출전: 조선총독부 경무국, 『최근 조선의 치안상황』, 1930.

철시키는 성과를 거두었다. 이 쟁의에 자극받아 인근의 섬들과 전국 각지에서 소작료 인하를 요구하는 쟁의가 일어났다. 또 황해도 재령군 북률면의 동양척식회사농장에서는 소작료 인상에 반대하는 쟁의(1924~25)가 일어나 동척농장 직원과 농민들 사이에 충돌이 빚어졌으며, 이 사건으로 소작인 6명이 구속되어 옥고를 치렀다.

이 시기 대규모 소작쟁의들은 일시적이거나 상시적인 조직이 결성되어 농민들의 투쟁을 이끌어가는 특징을 보였다. 농민들은 소작료 불납동맹, 공동경작동맹, 불경동맹, 아사기아동맹, 추수거부, 시위농성, 다른 사회단체와의 연대투쟁 등을 통해 지주와 경찰에게 맞섰다. 대규모의 격렬한 집단적 소작쟁의는 동척, 일본인 대지주, 조선인 대지주를 대상으로 한 것이었다. 또 이 시기 전국 각지에서 만들어지고 있던 수리조합에 반대하는 농민들의 투쟁도 대규모로 전개되었다.

총독부 권력은 전면에 나서서 지주에 대한 소작인들의 투쟁을 직접 탄압했다. 그것은 지주의 고율의 소작료가 안정적으로 확보되어야 다량의 미곡이 시장에 나올 수 있고, 나아가 다량의 미곡이 일본으로 실려 갈 수 있기 때문이었다.

한편 앞서 본 것처럼 1924년 4월 조선노농총동맹이 전국 각지의 167개 노동자·농민단체가 참가한 가운데 '노농계급의 해방과 신사회의 실현'을 내걸고 창립되었다. 노농총동맹은 창립과 동시에 조선노농총동맹-군 단위 연합기관-면 단위 소작단체 등으로 이어지는 중앙집권적 조직을 구상했다. 그러나 당시의 지역 실정이 이런 단계에 이르지 못해 1920년대 중반까지는 구상에 머무르고 있었다. 노농총동맹은 창립 당시 '소작료는 3할 이내로 할 것'을 결의했는데, 이는 1925년 조선공산당이 창립되고 당이 조선노농총동맹을 지도하면서 '동척 폐지, 일본인 이민 폐지, 군 농회 철폐, 일본인 지주에 대한 소작료 불납' 등으로 바뀌었다. 전체적으로 일제에 대한 투쟁이 더 강조된 것이다. 1926년 발표된 「조선공산당선언」은 농민운동의 궁극적 목표로 지주제 타파와 토지혁명을 제기했다.

1926년경부터는 "농민운동은 소작농이 중심이 되지만 자본주의 미발달 단계에서는 자작농을 포함한 농민대중의 대중운동이 되어야 한다"는 운동론 아래에서, 소작인조합은 자작농까지 포함하는 농민조합으로 개편되었다. 그 과정에서 1군 혹은 1면 1조직 원칙도 관철되어 군 혹은 면 단위에 하나의 농민조합이 결성되었다.

1920년대 후반의 대표적인 쟁의로는 평북 용천군 불이흥업주식회사의 서선농장 소작쟁의(1926~30)를 들 수 있다. 이 쟁의에서 농민들은 소작권 보장, 수리조합비의 지주부담, 소작료 정액제 실시 등을 주장했다. 그 밖에도 전국 각지에서 수리조합 반대투쟁(부천 수리조합 등)이 전개되었다.

1929년에는 갑산 화전민 사건이 일어났다. 당시 화전민은 전국적으로 115만 명에 달했는데, 갑산의 영림서에서 화전민 80여 호에 방화하여 1천여 명의 화전민들을 쫓아내는 일이 있었다. 이에 신간회는 김병로 등을 조사위원으로 파견하여 보고회를 가지려 했지만 경찰이 이를 금지시켰다. 신간회는 김병로 등을 총독부에 보내 정무총감에게 항의문을 전달했다. 또 성진청년동맹에서는 이 사건을 소재로 수천 명의 청중을 모아 연극을 공연하다가 6명이 구속되기도 했다.

독립운동 탄압을 위한 악법들

일제는 1905년 한국을 강제로 보호국으로 만든 이후, 이에 저항하는 한국인들을 탄압하기 위해 '보안법', '출판법', '신문지법'을 만들었다. 그리고 1910년 이후에는 한국인들의 독립운동을 탄압하기 위해 '정치범처벌령', '치안유지법' 등 여러 악법을 만들었다.

1906년 7월에 만들어진 보안법은 언론·집회·결사의 자유를 제한하기 위한 것이었다. 이에 의하면, 내부대신은 사회의 안녕 질서를 유지하기 위해 필요한 경우 결사를 해산할 수 있으며, 경찰관은 사회의 안녕 질서를 유지하기 위해 필요한 경우 집회 또는 다중의 운동 혹은 군집을 제한, 금지 또는 해산할 수 있었다. 또 경찰관은 도로나 기타 공개된 장소에서 문서 또는 도면과 그림을 게시하거나 배포, 발표함으로써 사회의 안녕 질서를 문란하게 할 우려가 있을 때는 이를 금지할 수 있다고 했다. 정치에 관하여 불온한 말이나 행동을 하고, 타인을 선동 또는 교사하고 치안을 방해하는 자에 대해서는 태형 50대 이상, 또는 10개월 이하의 금옥^{禁獄}, 2년 이하의 징역에 처할 수 있다고 했다. 통감부는 이 법에 의거하여 대한 자강회를 해산시켰다. 1910년 이후에도 보안법은 여전히 살아 있었으며, 3·1운동 관련자들을 처벌할 때도 대부분 보안법이 적용되었다.

또 통감부는 1907년 7월에는 '신문지법', 1909년 2월에는 '출판법'을 만들었는데, 이는 전형적으로 언론탄압을 위해 만든 법이었다. '신문지법'에 의하면, 신문 발행은 정부의 허가를 받아야만 하며, 신문은 매회 발행에 앞서 내부 및 그 관할 관청에 각 2부를 납부해야만 했다. 또 황실의 존엄을 모독하거나 국헌을 문란하거나 국제 교의를 해치는 사항을 보도해서는 안 되며, 범죄를 옹호하거나 형사피고인 또는 범죄인을 구호하거나 상휼하는 내용을 실어서도 안 되고, 공판에 넘기기 이전에 공개치 아니한 사건은 보도할 수 없으며, 남을 비방하기 위해 허위사실을 기재할 수 없다고 규정하고 있다. 또 내부대신은 신문이 안녕 질서를 방해하거나 풍속을 괴란하는 것으로 인정될 때는 발매·반포를 금지할 수 있다고 했다. 그리고 위와 같은 사항들을 위반했을 때는 발행인·편집인·인쇄인을 사법처분할 수 있도록 했다.

'출판법'에 의하면, 문서·도화를 출판하고자 할 때는 저작자 또는 발행자가 도장을 찍은 원고를 지방장관을 경유하여 내부대신에게 제출해 허가를 신청해야 했다. 또 허가를 얻어서 문서와 도화를 출판할 때는 즉시 제본 2부를 내부에 송부해야 했다. 즉 원고의 사전검열과 사후납본을 의무화하여 출판물을 철저히 통제한 것이다. 이를 위반할 경우 저작자와 발행자에게 징역·금옥·벌금 등의 처분을 하고, 출판물에 대해서는 반포를 금지하고 압수할 수 있도록 했다. 이로써 단행본이나 연속간행물은 모두 사전·사후 검열제도하에 놓이게 되었다.

일제는 한국을 병합한 뒤 1912년 3월 '조선형사령'을 반포했다. 이는 일본의 형법과 그 시행법, 폭발물취체규칙, 형사소송법 등을 조선에서도 그대로 시행한다는 것이었다. 그런데 일본 형법에는 황실에 관한 죄, 내란에 관한 죄, 외환外患에 관한 죄, 범인 은닉 및 증거인멸에 관한 죄, 공무집행 방해죄, 소요죄 등이 들어 있었다.

1919년 3·1운동이 일어나자 일제는 민족대표 33인을 비롯하여 대부분의 참여자들을 보안법, 출판법 혹은 형법의 소요죄 위반으로 재판에 회부했다. 그런데 보안법은 언론·집회·결사의 자유를 제한하기 위해 만든 법이었다. 따라서 일제는 3·1운동과 같이 조선의 독립을 요구하는 정치적 운동에 대한 법률이 따로 필요하다고 보고, 1919년 4월 '정치에 관한 범죄처벌의 건'(이하 '정치범처벌령')을 제령 제7호로 발포했다. 그 제1조는 "정치의 변혁을 목적으로 하여 다수가 공동으로 안녕 질서를 방해하거나 또는 방해하려는 자는 10년 이하의 징역 또는 금고에 처한다. 이러한 행위를 할 목적으로 선동을 하는 자의 처벌 역시 마찬가지로 한다"고 했다. 즉 보안법의 최고형은 2년이었는데 정치범처벌령의 최고형을 10년으로 하여 독립운동가들에 대한 처벌을 크게 강화한 것이다. 또 정치범처벌령은 "제국 밖에서 이러한 죄를 범한 제국 신민에게도 이를 적용한다"고 하여, 국외 독립운동에도 적용되도록 했다. 이후 1921년 워싱턴회의, 6·10만세운동, 광주학생운동기 전국 각지의 시위 주모자들에게는 주로 정치범처벌령이 적용되었다.

그런데 1923년경부터 국내에도 사회주의 계열 사상단체가 만들어지고, 사회주의 청년운동이 등장했다. 이에 1925년 조선총독부는 일본 본토에서 발포된 '치안유지법'을 조선에도 적용하여 시행한다고 발표했다. 치안유지법은 기본적으로 공산주의, 아나키즘운동을 탄압하기 위한 것이었다. 이에 의하면, "국체를 변혁하고 또는 사유재산제도를 부인하는 것을 목적으로 하여 결사를 조직하거나 또는 그 정을 알면서 이에 가입하는 자는 10년 이하의 징역 또는 금고에 처한다"고 했다. 치안유지법은 1928년 일층 준엄하게 개정되었는데, 그 내용은 "국체를 변혁할 목적으로 결사를 조직한 자 또는 그 역원, 기타 지도자의 임무에 종사한 자는 사형, 무기 또는 5년 이상의 징역 혹은 금고에 처한다"는 것으로, 최고형을 사형으로 했다. 또 "결사의 목적 수행을 위한 행위를 한 자는 2년 이상의 유기징역 또는 금고에 처한다"고 하여 "결사의 목적 수행을 위하여 한 행위"를 결사에 실제로 가입한 자와 동등하게 처벌하도록 했다.

치안유지법은 1941년 다시 한 번 개정되었는데, 전반적으로 처벌을 무겁게 하기 위한 것이었다. 금고형은 없애고 모두 유기징역에 처하게 했고, 형기刑期의 하한도 전반적으로 높게 재조정했다. 또 단속 범위도 넓혀서 국체의 변혁을 목적으로 하는 결사를 지원하는 결사, 조직을 준비하는 것을 목적으로 하는 결사(준비결사) 등을 금한다는 규정을 새로 넣었다. 관헌에 의해 준비 행위를 했다고 판단되면 누구라도 검거될 수 있게 된 것이다. 또 1925년 초안에 들어 있다가 빠진 '선전' 행위에 대한 벌칙도 새로이 들어갔다. 형의 집행이 끝나고 석방될 때 재범의 우려가 현저하다고 판단되는 경우에는 새로 개설된 '예방구금소'에 구금할 수 있다(기간 2년, 갱신 가능)는 조항도 들어갔다. 1945년까지 치안유지법에 의해 일본에서는 약 7만 명, 조선에서는 약 2만 3천 명이 검거되었다고 알려져 있다.

아래 표는 1909년부터 1932년까지 독립운동가들에게 적용된 법규의 통계표이다. 표에서 보듯이 보안법 적용자가 가장 많았고, 다음이 치안유지법, 소요죄(형법), 정치범처벌령의 순이었다. 그리고 1928년 이후에는 치안유지법 위반자가 가장 많았으며, 1년에 천 명이 넘는 해도 있었다.

〈표 8〉 조선 정치범 누년 통계표

연도	형법대전 (반란소 간율)	보안법	내란죄	폭동죄	소요죄	출판법	신문지 법규	황실에 관한 범죄	정치범 처벌령	치안 유지법	합계
1909	202	–	–	–	–	–	–	–	–	–	202
1910	273	45	34	235	–	–	–	–	–	–	587
1911	–	42	–	15	–	–	–	–	–	–	57
1912	–	14	2	–	4	4	3	–	–	–	27
1913	–	2	–	–	3	–	2	1	–	–	8
1914	–	6	–	–	10	5	3	–	–	–	24
1915	–	7	–	–	14	6	1	–	–	–	28
1916	미상	미상	미상	미상	미상	미상	미상	미상	미상		미상
1917	–	17	–	–	8	16	–	3	–	–	44
1918	–	87	–	–	21	9	–	1	–	–	118
1919	–	6,254	–	–	1,723	173	–	4	222	–	8,376
1920	–	111	–	–	47	7	2	2	452	–	621
1921	–	86	8	–	23	21	2	1	1,491	–	1,632
1922	–	19	–	–	43	11	2	2	134	–	211
1923	–	12	–	–	83	9	5	1	71	3	184
1924	–	79	–	–	256	82	1	8	526	1	953
1925	–	83	–	–	388	94	12	2	250	88	917
1926	–	91	–	–	707	70	16	9	353	380	1,626
1927	–	49	–	–	650	45	6	22	107	279	1,158
1928	–	225	–	–	516	200	14	26	152	1,420	2,553
1929	–	242	–	–	216	175	2	38	175	1,355	2,203
1930	–	?	?	?	?	?	?	?	?	864	864
1931	–	?	?	?	?	?	?	?	?	2,000	2,000

* 출전: 이여성·김세용, 『숫자조선연구』 제3집, 1932, 90~91쪽.

04

1931년 새 총독으로 부임한 우가키 가즈시게는
피폐한 농촌의 안정이 식민지 지배에 긴요하다 판단하고
'농촌진흥운동'을 전개했으며, 조선에서 본격적으로 자원을 수탈
하고 공업화를 추진했다. 조선의 민족주의, 사회주의운동에 대해서
는 보다 강력한 탄압 정책을 펼쳤다. 그러나 국내에서는 끈질기게 조선공

'만주사변' 이후 독립운동 진영의 재편 (1931~1936)

산당 재건운동이 일어났고, 국외에서는 '만주사변' 이후 한인애국단의 윤봉길 의거로 임시정부가 그동안의 곤경에서 벗어났다. 그런 가운데 중국 관내에서는 한국독립당 결성을 필두로 정당 중심의 독립운동이 시작되었으며, 만주에서는 일제 침략에 저항하는 한인 유격대의 무장투쟁이 시작되었다.

우가키 총독의 '농촌안정'과 '자원수탈' 정책

1930년대 전반기의 국제정세

1920년대 말~30년대 초의 세계적인 경제공황으로 생활조건은 악화되고, 서구 자본주의국가와 식민지를 막론하고 대중들의 불만이 고조되었다. 그 결과는 인도에서 시민불복종운동과 반영反英봉기, 중국 농민들의 소비에트와 홍군으로의 편입, 인도차이나·버마·아랍·라틴아메리카 등지의 반제민족운동 성장 등으로 나타났다. 뿐만 아니라 자본주의 열강 사이의 식민지 재분할 경쟁이 고조되면서 열강의 이해관계를 조절하던 베르사유체제도 붕괴되었다. 배외애국주의와 전쟁 준비를 외교 정책의 기본 요소로 채택한 열강은, 도래할 전쟁을 대비하기 위해 생존권과 사회개혁을 요구하는 대중들을 압박했다.

일본은 특히 세계 경제공황의 타격을 심하게 받았는데, 그 상황을 만주사변(1931)이라는 대외침략으로 해결하려 했다. 만주사변은 어떻게 일어나게 됐을까. 또 만주사변 이후 일본 안팎의 정세는 어떻게 변화했을까.

1919년 5·4운동 이후 중국에서 내셔널리즘이 고조되는 가운데, 일본의 정우회政友會(1900년 결성된 일본의 보수정당 입헌정우회)와 군부는 만주에서 일본의 권익을 확고히 할 필요를 느꼈다. 이즈음 중국에서는 장제스蔣介石가 이끄는 국민당이 중국 통일을 목표로 내세우고 외국에 빼앗긴 권익을 되찾기 위해 군벌과의 전쟁(북벌)을 시작하고 있었다. 일본은 만주의 봉천 군벌 장쭤린에게 철도부설권을 건네줄 것을 요구하고, 북벌이 화북에까지 미치자 재류 일본인의 권익 보호를 명분으로 산둥성에 일본군을 출병시

컸다. 또 관동군(여순 등 일본 조차지에 둔 군대)은 독자적으로 철도와 항만 건설을 진행하고 있던 장쭤린을 폭살했다(1928).

이어서 관동군은 1931년 9월 18일 봉천 교외의 유조호에서 만철의 선로를 폭파하고 이를 중국군의 소행이라 주장하면서 군사행동을 시작했다. 이른바 '9·18사변'이다. 이는 일본 정부의 지시에 의한 것이 아니라 관동군의 독자적인 행동이었다. 사건이 일어나자 일본 정부는 중국에서의 전쟁을 더 이상 확대하지 않는다는 방침을 세웠지만, 관동군은 이를 무시하고 만주에서 점령 지역을 계속 확대해 나갔다. 당시 국제연맹의 비상임이사국이었던 중국은 국제연맹에 일본에 대한 제재를 요구했다. 그러나 열강은 일본 편을 드는 등 우유부단하게 대처했다. 결국 1932년 3월 1일 관동군은 청조의 마지막 황제 부의溥儀를 내세워 '만주국' 건국을 선언했다. 일본의 괴뢰국가인 '만주국'의 탄생이었다. 이누가이 츠요시犬養毅 수상은 만주국 건국 승인에 신중한 태도를 보이다가 5월 15일 해군의 청년장교들에 의해 살해되었다. 이른바 '5·15쿠데타'였다.

하지만 일본이 만주를 점령한 일은 국제사회에 큰 파문을 일으켰다. 국제연맹은 릿튼Lytton을 단장으로 하는 조사단을 만주에 파견했다. 조사단은 만주에서 일본의 특수권익은 인정되어야 하지만 군사행동은 정당방위가 아니었으며, 만주국은 자발적으로 세워진 게 아니었다고 보고했다. 그리하여 국제연맹은 일본이 만주에서 군대를 철수시켜야 한다고 결의했고, 이에 반발한 일본은 결국 1933년 국제연맹 탈퇴를 선언했다. 국제사회에서 고립의 길을 택한 것이다. 일본은 상임이사국의 지위를 버리면서까지 만주국에서의 권익을 지키고자 했다.

5·15사건 이후 일본에서는 정당의 힘이 크게 약화되고, 점차 군부가 정치에 커다란 영향력을 갖게 되었다. 해군 출신들이 수상을 맡거나, 군인과 관료 출신이 각료에 진출하는 경우가 많아졌다. 또 육군 내에서는 국가의 진로를 둘러싼 의견 대립이 격해지고, 의회정치를 부정하는 목소리도 높아졌다. 1936년 2월 26일 새벽, 육군의 청년장교들은 천황이 직접 정치를 하는 체제를 만들 것을 주장하면서 쿠데타를 일으켰다. 그들은 병사 1,400명을 이끌고 수상관저와 국회의사당 주변을 점거했다. 수상은 무사했지만, 조선총독과 수상을 지내고 당시 내대신內大臣으로 있던 사이토 마코토 등이 살해당했다. 육군은 일시 혼란에 빠졌으나, 결국 청년장교들을 반란부대로 간주하여 4일 만에 쿠데타를 진압했다. 이것이 이른바 '2·26사건'이다.

2·26사건 이후 정치에 대한 육군의 영향력은 오히려 강화되었다. 군부가 천황의 강력한 뜻에 따라 군부 내 소장급진파를 제거함으로써 오히려 군부의 힘이 커진 것이다. 이처럼 일본 군부의 발언력이 강화되면서 군사비도 더욱 증강되었다.

농촌 안정화를 위한 '농촌진흥운동'

1931년 6월 조선총독으로 임명된 우가키 가즈시게宇垣一成 총독은 부임 이후 우선 총독부 산하의 경찰력과 행정력을 총동원하여 민족의식이나 사회주의 사상을 억압하고 민족운동단체나 혁명 조직을 무자비하게 검거하고 탄압했다. 당시 조선의 사회주의자들은 조선공산당 재건을 위한 기초 조직으로 농촌과 공장에 혁명적 농민조합과 혁명적 노동조합을 건설하는 운동을 하고 있었다. 총독부의 탄압으로 인해 사회주의운동, 노동운동, 농민운동은 크게 위축되었다. 1932년 조선의 농민조합은 1,415개로서 관계 인원이 30만 명에 달했지만, 이듬해 농민조합은 1,100개, 관계 인원은 11만 명으로 줄어들었다.

이어서 우가키 총독은 농민의 생활고와 관련된 문제로 소작 문제를 검토했다. 당시 지주들은 소작권을 빈번하게 이동시키는 방법으로 소작료를 6~8할까지 인상시켰다. 농민들은 생활을 위해 고리채를 빌리지 않을 수 없었고, 이는 채무농민을 양산하는 결과를 낳았다. 농민의 빈곤 문제가 소작 문제에서 비롯되었다고 본 우가키는, 1931년 12월 '조선소작조정령'을 공포했다. 이는 소작분쟁을 집단적 쟁의가 아닌 개인적 쟁의로 바꾸고, 조정위원회의 조정과 지방법원의 재판을 통해 해결하도록 한 것이었다. 또 농민들의 부채 문제를 정리하기 위해 '고리채 정리사업'을 시작했는데, 이는 농민의 고리채를 금융기관의 대부자금으로 전환하는 것이었다.

우가키 총독은 1932년 들어서는 한 걸음 더 나아가 황폐해진 조선 농촌을 구제한다는 명분 아래 '농산어촌의 진흥', '자력갱생의 실시'를 표방하고 '농촌진흥운동'을 시작했다. 농촌진흥운동은 다양한 부락진흥사업과 개별 농가에 대한 농가갱생계획이 결합된 것이었지만, 핵심은 농가갱생계획이었다. 농가갱생계획은 지도부락을 선정하고 그 부락 내에 있는 지도 대상 농가들이 개별적으로 식량충실, 현금 수지균형, 부채상환의 갱생 3대 목표를 달성할 수 있도록 농가갱생 5개년 계획을 수립하여 담당 관리를 비롯 군·면·리 단위의 농촌진흥위원회가 철저히 대상 농가를 지도하는 것이었다. 우가키는 농가갱생계획을 지도하는 방법에서 정신적 개조 운동의 성격을 강화할 것을 요구했다. 그는 "조선에서 농촌의 부활과 번영을 위해서는 타력, 혹은 관력에 의한 구제도 응급책으로 필요하지만 근본적으로는 자력본원, 자주자립정신의 진흥이 우선되어야 한다"고 주장했다.

우가키 총독은 '조선소작조정령'의 경우 조정위원회의 결정이 구속력을 갖지 못해 소작농민들에게 큰 도움을 주지 못했다고 판단하고, 1934년 주로 소작권과 관련된 '조선농지령'을 새로 제정 발표했다. 그 내용은 소작계약의 법정 기한을 3년으로 하고, 마름과 소작지 관리인의 임명을 인가제로 하며, 소작권에 물권적 효력과 상속권을 인정하고, 소작지의 전대轉貸를 금지하고, 검견檢見제도의 개선을 꾀하고, 소작료와 관련하여 분쟁이 있을 시 부·군·도 소작위원회의 판정에 따르도록 하는 것이었다. 그러나 조선농지령도 고율 소작료 문제는 손대지 않았기 때문에 소작농민들에게 큰 도움을 줄 수 없었다.

자원수탈 정책과 공업화 정책

1932년 3월 만주국이 세워지고 1934년 들어 열강의 견제가 더욱 강화되면서 일본의 고립이 심해지자, 우가키는 조선·만주·일본을 하나의 자급자족적인 경제 블록으로 만들어야 한다고 생각했다. 그는 일본을 정공업精工業(기술수준이 높은 공업) 지대로, 조선을 조공업粗工業(기술수준이 낮은 공업) 지대로, 그리고 만주를 농업 지대 및 원료 공급지로 각각 특화해 하나의 경제권으로 통합해야 한다고 주장했다. 이 주장이 본국 정부에 받아들여지지는 않았지만, 우가키는 이런 구상을 염두에 두고 조선 통치 정책을 수정해 나갔다.

그는 우선 일본·조선·만주의 자급자족적 경제 블록을 위해서는 국책자원 증산이 필요하다고 보았다. 그래서 나온 것이 '남면북양南棉北羊', '북선개척北鮮開拓', '산금장려産金獎勵' 등 각종 자원개발, 즉 자원수탈 정책이었다.

우선 '남면북양' 정책을 살펴보자. 조선총독부는 1933년부터 10년간 면화 재배지를 25만 정보로 확대하고, 실면實綿(씨를 빼지 않은 목화) 생산고를 4억 2천만 근으로 한다는 목표로 세우고, 남부와 중부 지방 농민들에게 면화 재배를 강제했다. 또 1934년부터 북한 지역을 중심으로 면양증식계획을 수립하여 조선의 풍토에 적절한 코리데일Corriedale종 10만 두를 사육한다는 목표를 세우고 가구당 5마리씩 사육하도록 강제했다.

'북선개척'은 압록강과 두만강 상류 지역 개마고원의 약 70%가 국유림이었기 때문에 이 국유림을 개발 이용할 수 있도록 도로를 개설하고, 삼림 가운데 일부 지역에 화전민을 정착시키며, 삼림 지대 내의 농경에 적합한 땅에 남부 지방 농민들을 이주시켜 적절한 작물을 재배하고 가축을 사육게 하는 사업이었다. 이 사업은 기간을 15년으로 잡아서 1932년에 시작되어 1946년에 끝나는 것으로 계획되었다. 이는 개마고원의 삼림 80만 정보를 벌채하기 위한 사업이었으며, 이민 장려의 미명하에 오히려 화전민들을 쫓아내는 사업이었다.

한편, 1929년 세계대공황 이후 각국은 금 수출을 다시 금지했다. 그러나 국제통화로서 금의 위상은 여전해서, 금의 수요는 더욱 증대했다. 금의 확보는 일본에게 절실한 문제였다. 당시 일본의 금 산출은 한계점에

목포 조면공장에서 면화의 씨를 빼는 작업을 하고 있는 노동자들

도달해 있었기에, 조선에서의 산금개발이 주목을 받았다. 그리하여 우가키 총독은 '산금증산 5개년 계획'을 세우고, 1932년 7월에 '금채광장려금 교부규칙'을 공포했다. 또 총독부는 금광 광산의 시설비에 대해서도 보조금을 지급하고, 일정량의 금을 산출하는 자에게는 할증금을 지급했다. 유망하다고 인정되는 산금업자에게는 2억 원의 자금을 대부하기도 했다.

'산금장려' 정책의 결과, 산금량과 산금액은 1931~36년의 5년 사이에 1.7배, 5.5배로 늘어났다. 당시 연산액 100만 원 이상의 대금광은 운산금광(미국 회사), 옹진금광(일본광업), 김제금광(미쓰비시광업), 순안금광(아사노淺野계), 광양금광(노구치野口계), 의주금광(미쓰이三井계) 등이었다.

조선총독부는 또 군수용 특수 광물, 희귀원소 광물의 개발을 장려했다. 예를 들어 납, 아연, 철, 텅스텐, 수연, 흑연 등이었다. 특히 철광석은 이원·개천·황주·재령·은율 등 10대 철광산에서 5년간 생산량이 약 2배로 증가했고, 연 생산량은 60만 톤에 달했다. 총독부는 그 밖에 규석, 명반석, 형석, 마그네사이트, 운모 등의 광산개발에도 박차를 가했다.

우가키 총독은 지하자원의 본격적인 개발·수탈과 함께, 이에 수반되는 금속공업·기계공업·조선공업 등의 중공업 발달을 본격적으로 지원하기 시작했다. 당시 조선에는 '공장법'도 없었고 노동력도 저렴했기 때문에 일본 자본은 조선에 적극 진출하고자 했다.

1930년대 전반 조선의 공업은 풍부한 원료와 저렴한 노동력을 이용할 수 있는 방적공업 중심이었다. 종래의 조선방적·경성방적에 이어 미쓰이 재벌의 동양방적 인천공장, 종연방적 광주공장과 경성공장이 설립되었다. 노구치 재벌은 1930년 조선질소 흥남공장의 조업을 개시하여 1935

년에는 35만 톤의 유안을 생산했다. 이 회사는 그 뒤에도 일본마그네슘금속회사 흥남공장을 설립했고, 또 흥남에 조선석탄공업주식회사 공장을 설립했다. 조선화약주식회사, 조선유지주식회사 청진공장도 설립했다. 그 밖에도 미쓰이 계열의 북선제유주식회사, 북선제지화학공업주식회사가 설립되었다. 시멘트공업 분야에서는 조선오노다시멘트주식회사, 조선시멘트주식회사가 설립되었고, 맥주회사로 조선맥주주식회사, 소화기린맥주주식회사가 차례로 설립되었다. 그 밖에도 펄프·경화유·고주파·제철소·제련소·철공소·정미소·제분공장 등이 신설되었다.

1931년의 조선의 공장 수는 4,613개, 생산액은 2억 7,500여만 원이었는데, 1936년 공장 수는 5,927개, 생산액은 7억 2천만 원으로 크게 늘어났다. 공업 구성의 변화를 보면 1930년에는 생산액이 식료품공업-방적공업-화학공업의 순이었지만, 1936년에는 식료품공업이 여전히 1위인 가운데 방적공업과 화학공업이 순서를 뒤바꿔 화학공업이 2위가 되었다. 이는 흥남을 중심으로 한 화학공업의 진출이 빚어낸 결과였다. 그러나 금속·기계·화학 등의 중공업 비중은 아직 27.9%였고, 방적·식료품 등의 경공업은 57.9%로 여전히 생산액에서 우위를 점하고 있었다.

조선공산당 재건운동과 혁명적 노동·농민운동

초기 당재건운동(1929~32)

조선공산당은 1928년 일제의 탄압에 의해 사실상 해산되었다. 이후 조선공산당은 1928년 코민테른에서 제시한 「12월테제」의 지침에 따라 당을 재건해야만 했다. 「12월테제」는 종래의 당이 부르주아 및 지식계급을 중심으로 했기 때문에 심각한 파벌투쟁과 연속적인 대량검거가 초래되었다고 비판했다. 따라서 종래의 분파투쟁을 근절하고 노동자·농민을 기초로 당을 재조직하라는 지시가 내려졌다.

서울-상해 합동파, ML파, 화요파는 각각 자파 세력을 기반으로 파벌 해소와 노동대중적 기초의 확대·강화에 기초를 둔 당과 공청의 재건을 추진했다. 이러한 당재건 방식은 적색노동조합, 적색농민조합의 조직을 확대하여 노농대중적 기초를 강화함과 동시에, 전국 차원의 당 재건 조직을 결성한 뒤 각 도와 부·군에 당과 공산청년회기관을 확보하고 이를 기초로 각지에서 열성자대회를 열어, 열성자대회에 참여한 노농대중의 힘을 모아 당을 결성한다는 것이었다. 그러나 각 정파의 활동은 일본 경찰에 노출되어 하나씩 좌절되었다.

먼저 서울-상해파의 움직임을 보자. 이동휘와 김규열은 1929년 3월 중국 상하이에서 상해파의 김철수·윤자영·오산세·김일수·최동욱, 서울파의 김영만, ML파의 김영식, 화요파의 안상훈 등 각 분파 사람들을 모아 당재건 방침을 협의했다. 그 결과 당재건을 위한 조직으로 '소선공신당 재건설준비위원회'를 조직하고 중국 길림성에 당재건운동의 근거지를 두기로 했다(책임자 김철수). 조선공산당 재건설준비위원회는 기관지로 비밀 잡지 『볼셰비키』와 대중기관지 『노력자신문』을 발간했다.

1930년 2월 이동휘와 김규열은 코민테른에 보고문을 제출했다. 하지만 코민테른의 반응은 냉담했다. 이에 서울-상해파는 1930년 6월 자신들이 노동자 속에 야체이카를 만드는 대신 각파 중에 양심 있는 공산주의자를 전취하려 했다고 스스로 비판하고, 공장·광산·철도·부두 등에 조직의 기초를 두기로 결정했다. 이후 그들은 흥남의 공장 등지에 세포 조직을 만드는 데 열중했다.

그러나 코민테른은 1930년 6월 '조선공산당 재건설준비위원회'를 해체하라는 지시를 내렸다. 서울-상해파는 이를 두 달이 지난 8월에야 알게 되었으며, 이후 당분간 조직을 유지하면서 코민테른의 의중을 알아보려 했다. 코민테른 측은 조선공산당 재건에 관한 모든 책임을 중국공산당(당내 조선국내공작위원회)에 맡겼다고 통보해왔다. 결국 서울-상해파는 1931년 3월 재건설준비위원회를 해산하고 대신 '좌익노동조합전국평의회준비회'를 만들었다. 이후 서울-상해파는 전국을 경의선·경부선·중부선·호남선·함경선 등 5개 구역으로 나누어 세포 조직을 통제할 '선 위원회'를 두었다. 그들의 구상은 공장노동자 3명으로 먼저 세포조직을 만들고, 같은 공장 안에 2개의 야체이카가 만들어지면 이를 '공장분회'로 만들며, 한 지역 안에 공장분회가 2개 이상이 되면 '지방평의회'를 만들고, 2개 이상의 지방평의회로 '전국평의회'를 만든다는 것이었다.

'전국평의회준비회'는 1931년 2~3월 2개의 세포조직과 25명 남짓의 노동자·지식인을 획득했다. 이를 바탕으로 오성세 등은 4월 25일경 메이데이 투쟁을 준비했다. 4월 30일이 되자 신설동 종연방직공장, 서대문 대창 직물공장, 철도국 용산공장 등에서 전단을 뿌렸다. 이에 경찰은 바로 수사에 들어가 6월까지 45명을 구속 기소했다.

다음은 ML파의 당재건운동이다. 1929년 5월 길림에서 ML파의 한해·한빈·고광수 등이 '조선공산당재조직중앙간부'를 만들어 당재건운동을 시작했다. 하지만 한해는 그해 9월에 병으로 세상을 떴고, 한빈은 부산에 들어와 공장노동자들을 중심으로 조직운동을 하다가 1930년 3월 체포되었다.

ML파의 고경흠은 상하이에서 양명의 지시를 받고 1931년 2월 국내에 들어와 권대형·이종림·서인식 등과 함께 '조선공산당재건설동맹'을 만들었다. '재건설동맹'은 서기국, 조직국, 선전부 등을 두었다. 그러나 이 조직은 노동자·농민에 기초한 당재건이라는 「12월테제」에 맞지 않았다. 따라서 이들은 이를 해체하고 1931년 4월 '공산주의자협의회'를 만들었다. 이는 두 달 뒤 다시 '조선공산주의자재건협의회'로 바뀌었다. 재건협의회는 『콤뮤니스트』라는 기관지를 발행했는데, 이것이 꼬투리가 되어 경찰의 수사망에 걸려들었으며 결국 1932년 18명이 구속되면서 그 막을 내렸다.

세 번째는 레닌주의 그룹의 당재건운동이다. ML파의 안광천은 1928년 조선공산당에서 제명된 뒤 상하이로 망명했다. 그는 상하이에서 『레닌주의』라는 정치신문을 만들면서 당재건운동을 시작했다. 그는 1929년 가을에 김원봉과 손잡고 '조선공산당재건동맹'을 만들어 중앙부를 베이징에 두었다. '재건동맹'은 베이징에 레닌주의정치학교를 세우고 6개월 과정으로 공산주의자 양성에 나섰다.

레닌주의정치학교를 졸업한 활동가들은 국내에 들어와 당재건운동에 나섰다. 그 대표적인 조직이 '조선공산당 강릉공작위원회'였다. 위원회는 강릉에서 적색노조, 적색농조, 소년부(독서회) 등의 조직을 만들어 활동하면서 큰 성과를 거두었다. 그러나 다른 지역 활동가들은 이렇다 할 성과를 거두지 못했다. 경찰은 1933년 종연방직 파업을 수사하던 중 레닌주의 그룹을 알아내고 무려 130명을 검거했다.

넷째, 콤뮤니스트 그룹의 당재건운동을 보자. 코민테른은 1928년 「12월 테제」 발표 이후 국제레닌대학이나 모스크바 동방노력자공산대학을 마친 조선인 사회주의자들을 통해 당재건운동에 개입했다. 모스크바에서는 1929년 김단야·조두원·김정하를 조선에 파견했다. 이들은 국내에 들어와 '조선공산당조직준비위원회'를 결성했다. 준비위원회는 서울·평양·대구·부산·함흥·원산·인천·마산 등 8개 지역에 조직을 갖게 되었다.

김단야는 1930년 2월 경찰의 수사망을 피해 모스크바로 돌아갔다. 그는 9월에 다시 상하이로 가서 『콤뮤니스트』를 발행했고, 박헌영도 여기 참여했다. 코민테른 동양비서부 산하 조선위원회는 이를 지원했다. 박헌영과 김단야는 신의주를 통해 『콤뮤니스트』를 국내로 반입했으며, 국내에서 김형선이 일부 인쇄하기도 했다.

콤뮤니스트 그룹은 국내에 9개의 공장 세포 조직을 갖고 있었으며, 이들에게 『콤뮤니스트』를 배포했다. 또 각 지역에서 따로 『볼셰비키』, 『노동자』 등의 기관지를 만들기도 했다. 이 그룹의 조직은 1932년 경찰의 수사망에 걸려들어 체포되기 시작했다. 국내 연결자인 김형선이 먼저 체포되었고, 상하이에서 박헌영까지 붙잡히자 국내 활동은 크게 위축되었다.

이재유 그룹과 경성트로이카의 당재건운동(1933~36)

수차례 검거 사건으로 많은 활동가들이 희생된 초기의 당재건운동이 사실상 끝나고, 1933년 이후에는 권영태 그룹과 이재유 그룹을 중심으로 당재건운동이 진행되었다.

권영태는 프로핀테른Profintern(적색노동조합 인터내셔널) 원동총국의 당재건 지시를 받고 국내에 들어와 서울에서 노동조합운동을 전개하면서 1934년 5월 경성 공산주의자 그룹을 조직했으나 곧 체포되었다.

이재유를 중심으로 한 '경성트로이카'(1933. 8)-'경성재건그룹'(1934. 11)-'조선공산당재건 경성준비그룹'(1936. 10)은 초기 당재건운동에 잔존하던 파벌적 요소를 비판하면서 나왔다. 이들은 국제공산당과 그 산하의 국제적 지도기관에서 파견된 공작원들이 국내의 다른 그룹들에 대해 배타적 권위를 주장하는 것은 오히려 갈등과 대립을 야기할 수 있다고 비판했다. 이재유는 당을 즉각적으로 건설하려는 방식을 반대하고, 생산현장에서의 대중 활동과 대중투쟁의 확대·강화를 통해 당재건의 인적·물적 토대를 마련해야 한다고 주장했다.

이재유는 함남 삼수 출신으로 일본대학을 중퇴한 뒤 사회주의운동에 뛰어들어 조선인 노동단체와 사상단체에서 활동했다. 그리고 조선공산당 일본총국에 참여했다가 제4차 조선공산당 사건 때 검거되어 3년 6개월간 옥고를 치르고 출옥했다. 출옥 이후 그는 곧바로 당재건운동에 뛰어들었다. 그는 김삼룡·이성출·김형선·이순금·이현상·정태식·미야케三宅鹿之助 교수 등을 차례로 만나서 경성을 중심으로 한 '트로이카운동'을 제안했다. 즉 몇몇 지도부가 당을 먼저 만드는 것이 아니라, 세 마리 말이 자유롭게 마차를 이끌듯이 회원 모두 저마다 자유롭게 활동하여 널리 동지를 획득하고, 때가 되면 조직을 만들자는 것이었다. 그리하여 안병춘·이현상·변홍대는 노동운동, 최소복은 학생운동 조직을 나누어 맡았고, 이재유는 이를 총괄하기로 했다.

그러나 일본 경찰은 1933년 9월 종연방직파업의 배후 조직에 대한 수사 끝에 1934년 1월 이재유를 체포했다. 그가 검거되기 전에 이미 서울에서 200명, 강원도에서 160명이 경찰에 체포된 상황이었다. 이재유는 서대문경찰서 유치장에서 간수가 조는 틈을 타서 길가로 난 창문을 넘어 탈출했다. 경찰의 추적을 피해 달아나던 그는 정동 골목에서 담을 넘은 뒤 정신을 잃었는데 그곳은 미국 영사관이었다. 미국 영사관 측은 경찰에 그를 넘겼다. 서대문경찰서는 이재유의 손목에 자동수갑을, 발목에 커다란 쇳덩이를 채우고 허리에는 방울까지 달아놓았다. 그러나 그는 자신을 감시하던 일본 경찰 모리타를 설득하는 데 성공해 경찰서 창문을 넘어 다시 탈출했다. 2차 탈출에 성공한 이재유는 경성제대 미야케 교수의 집을 찾아갔다. 미야케는 자기 집 방바닥에 굴을 파고 이재유를 숨겼으며, 이재유는 그곳에서 40일을 보냈다. 하지만 정태식과 만나 운동방침을 논의하던 미야케가 체포됨으로써, 이재유는 또다시 은신처를 옮겨야 했다.

이재유는 1934년 8월 초 박진홍을 만나 그와 함께 신당동에서 살았다. 박진홍은 동덕여자고보를 다니면서 동맹휴학을 주도하다 퇴학당하고 한성제면회사의 여공이 되었다. 1931년 12월에는 '경성 RS협의회 사건'에 연루되어 검거당한 뒤 1년여 동안 감옥에 있다가, 1933년 1월 풀려나 이재유 그룹에 참여한 바 있었다. 이재유는 도로공사장 인부 등을 하면서 박진홍과 함께 '경성 재건 그룹'을 만들어 나갔다. 이재유는 박진홍을 통해 이관술을 만났다. 이관술은 동덕여고보에서 교사로 있던 중 학생들의

이재유의 체포와 이재유 그룹의 공판 내용을 보도한 신문기사들

비밀독서회를 조직하고, 이것이 발각되어 1933년 검거당한 뒤 옥살이를 하다가 1934년 보석으로 나온 인물이었다. 이재유는 또 이관술을 통해 박영출을 만났다. 박영출은 기자 출신 운동가였다. 이재유는 이관술, 박영출과 함께 새 지도부를 만들었다. 이후 이재유는 출판, 이관술은 학생운동, 박영출은 노동운동을 각각 나누어 맡았다. 경성 재건 그룹의 활동은 여전히 트로이카 방식이었다.

경찰은 1935년 1월 초 박진홍과 박영출을 검거했다. 그들은 이재유의 탈출을 위해 며칠 동안 이재유가 있는 곳을 말하지 않았다. 이재유와 이관술은 경찰의 경계망을 뚫고 서울을 벗어나 강원도로 갔다. 그리고 다시 경기도 양주군 공덕리로 가서 농부로 위장하고 살았다. 이들은 1935년 9월부터 다시 운동을 시작했다. 이종국·변우식·최호국·서구원 등과 연락하여 노동운동과 학생운동 조직의 재건에 나섰다. 이재유는 또 정치신문 『적기』와 여러 팸플릿을 만들기도 했다.

하지만 경찰이 수사망을 좁혀오면서 최호국·서구원 등이 체포되었고, 이재유도 1936년 12월 25일 체포되었다. 경찰의 야만적인 고문이 시작되었고, 이재유는 징역 6년을 선고받았다. 그는 복역 중 고문후유증에 시달렸고, 결국 1944년 10월 청주교도소에서 40세의 나이로 세상을 떴다.

한편 도피에 성공한 이관술은 1937년 5월 하순부터 출옥하기 시작한 김순진·박진홍·안병춘·이순금·공성회 등과 함께 다시 활동을 시작했다. 하지만 경찰은 다시 이들을 검거했으며, 이관술은 검거망을 피해 지하 활동을 계속했다.

혁명적 노동·농민운동

1929년 세계공황 이후 자본가들은 불황으로 인한 손실을 노동자들에게 전가하려 했고, 그로 인해 노동쟁의는 더욱 빈번해졌다. 특히 1932~34년에 파업투쟁이 최고조에 달해 연평균 176건이 발생했으며, 연평균 13,919명이 파업에 참가했다.

〈표 9〉에서 보듯이 노동쟁의는 1930년과 1931년에 가장 많이 발생했으나 노동자의 요구가 관철된 것은 20%에 지나지 않았다. 일제의 탄압의 강력해진 탓이었다. 경찰의 강력한 탄압으로 노동쟁의는 점차 과격해졌다. 노동자들은 시위를 하거나 공장을 점거, 혹은 습격했다.

경찰은 합법적 노동조합 결성을 위한 집회까지 일절 금지하고, 기존 노동조합의 활동도 억압했으며, 조합 해체를 강요하기도 했다. 그리고 파업 주동자들을 무조건 검거 투옥했다. 이런 상황은 노동운동을 점차 비합법

〈표 9〉 연도별 노동쟁의 발생 상황(단위: 건/명)

연도	발생 건수	참가 인원	평균 인원
1930	160	18,972	119
1931	205	17,114	83
1932	152	14,824	98
1933	176	13,835	79
1934	199	13,098	66
1935	170	12,058	71
1936	126	7,658	61
1937	95	9,209	97
1938	83	6,438	78
1939	135	8,860	66
합계	1,501	122,066	81

* 출전: 조선총독부 경무국, 『최근 조선의 치안상황』, 1936; 『사상휘보』 22, 1940.

운동으로 몰아갔다.

또 코민테른이 1930년대에 들어 노동자·농민 중심의 조선공산당 결성을 지시했던 것도 노동운동을 비합법 중심의 운동으로 만드는 데 기여했다. 사회주의자들은 노동운동에 침투하여 혁명적 노동조합 결성에 역량을 집중했다. 그들은 「12월테제」가 노동자와 농민에 기반을 둔 당재건을 강조한 것을 의식하고, 훗날 당의 조직적 기반이 될 노동조합 결성에 주력하고 있었던 것이다.

혁명적 노동조합 운동가들은 반[#]이나 공장그룹 등의 세포 조직을 중심으로 분회를 두고, 그 위에 공장위원회나 산업별 노동조합을 만든 뒤 전국적 산업별 노동조합을 만들고자 했다. 이들은 파업투쟁을 조직·지도하면서 노동자들의 계급의식을 고취시켰다. 혁명적 노동조합이 주도하는 쟁의는 이전 시기와 달리 조직적으로 전개되었고, 투쟁 양상도 보다 과격해졌다.

하지만 혁명적 노동조합운동은 몇 가지 점에서 한계를 드러냈다. 이들은 기존의 합법적 노동조합을 개량주의 조합이라 평가하고, 비합법적 조직인 혁명적 노동조합운동만이 가장 바람직한 운동 노선이라고 생각하여, 다른 노선의 운동에 배타적인 태도를 보였다. 또한 혁명적 노동조합을 기반으로 당을 조직한다는 노선을 강조하면서, 당재건운동을 위해 노동운동을 희생시키는 결과를 낳았다. 그 외에 혁명적 노동운동이 갖는 배타성과 정치성이 공장 내 노동자의 규합에 역기능을 하는 경우도 있었다. 또 노동조합이 산업별로 조직되었기 때문에 노동자의 다수를 점했던 자유노동자들이 배제되는 문제점도 안고 있었다.

앞의 〈표 9〉에서 보듯이 중일전쟁 이후에는 노동쟁의 건수도 크게 줄어들었다. 그리고 파업보다는 태업의 형태를 취하는 경우가 많았다. 이 시기 노동운동은 일제의 무자비한 탄압으로 점차 잠복 상태로 들어가고 있었다. 그러나 일부 현장에서는 폭력적인 저항이 나타나기도 했다. 그런데 이는 기업주가 아닌 식민지 관리, 경찰 등을 대상으로 한 살인, 폭행 등으로 나타났다. 또 노동현장에서 노동자들의 도주, 이산, 직장 이동도 점차 격증했다.

노동운동과 마찬가지로 농민운동에서도 혁명적 농민조합운동이 대두했다. 혁명적 농민조합운동은 빈농 우위의 원칙에 입각해 반제·반봉건혁명을 지향하는 농민운동을 가리킨다. 혁명적 농민조합운동은 토지혁명 같은 혁명적 강령이나 슬로건을 표방하고, 청년부·부녀부·농업노동자부 같은 계급·계층별 부서를 그 안에 설치하며, 개량주의 농민단체에 대한 거부운동을 전개했다. 즉 1920년대 농민운동이 자작농까지 포괄하는 대중적 농민운동이었다면, 1930년대의 혁명적 농민조합운동은 빈농 중심의 급진적인 농민운동이었다고 할 수 있다.

이런 노선의 등장에는 기본적으로 1930년대 초 소작쟁의가 증가하고 농민폭동(1932년 양산농민조합 폭동) 등 농민투쟁이 격화되고 있던 것이 배경이 되었다. 아울러 1928년 코민테른의 「12월테제」의 영향, 1930년 '프로핀테른 테제' 등 국제공산주의운동 노선의 변화로부터도 영향을 받았다. 「12월테제」에 따라 조선공산당을 해체하고 새로운 당은 노동자와 농민을 중심으로 만들라는 지시가 있었기 때문에, 농민과 노동자들의 기본 조직을 농민조합과 노동조합에서 구하려 한 것이다. 즉 혁명적 농민조합의 결성은 조선공산당 재건운동의 일환으로 이루어진 경우가 많았다.

혁명적 농민조합이 활발하게 조직된 지역은 함경도·경상도·전라남도였으며 가장 두드러진 곳은 함경도였다. 그리고 이를 주도한 이들은 1920년대부터 농민운동을 이끌어온 일부 지식인, 광주학생운동 이후 농민운동현장에 투신한 학생운동 출신, 그리고 1930년대 초 이후 훈련과 투쟁을 통해 배출된 농민들이었다.

혁명적 농민조합운동은 농민을 단순한 농민운동이 아닌 민족해방운동의 주체로 나서게 하는 데 기여했다. 그러나 이 운동은 빈농 위주로 진행되어 중농, 부농 등을 제대로 견인하지 못함으로써 운동의 폭이 좁아지는 결과를 가져왔다.

1935년에 개최된 코민테른 제7차 대회에서 '인민전선' 전술이 구체화되고 1930년대 초의 혁명적 농민조합운동이 초래한 일부 오류에 대한 반성이 일어남에 따라 1936~37년경부터는 혁명적 농민조합운동 노선에 변화가 일어났다. 그것은 일제에 반대하는 모든 계급·계층의 사람들을 반제투쟁에 동원하기 위한 인민전선 전술을 농민운동 속에서 구체화시키는 것이었다. 하지만 1937년 중일전쟁 이후 파쇼 지배체제 아래서 농민운동은 점차 소멸되었다. 이후 전시동원체제가 강화되고 농민들의 삶이 열악해지면서 농민들은 공출 반대투쟁, 군수품 소각투쟁, 전쟁 반대 유언비어와 낙서, 징용거부 등 자연발생적인 생존권 수호투쟁과 전쟁 반대투쟁을 벌여 나갔다.

학생운동

광주학생운동 이후 1930년대의 동맹휴학은 1920년대 후반의 그것과 양상이 크게 달랐다. 보통학교의 맹휴가 전체 맹휴의 절반 가까이 되었고, 발생 동기나 요구사항에서 민족적 성격이 크게 약화되었다. 양적인 면에서 보면, 동맹휴학은 1931년 102건, 1932년 33건, 1933년 38건, 1934년 39건, 1935년 36건으로 1932년 이후 크게 줄어들었다. 이는 일제의 감시가 심해진 것, 그리고 사회주의 계열의 학생 비밀결사가 맹휴에 적극적으로 나서지 않은 것과 관련이 있었다.

1930년대 전반기 맹휴의 원인을 분석한 자료를 보면 교사의 민족차별에 대한 불만이 가장 많았고, 그 다음이 품행불량 교사에 대한 배척이었다. 즉 교사와 학생의 갈등이 가장 중요한 요인이었던 것이다. 예를 들어 여수수산학교 학생들은 1920년 3월 졸업생 윤경현과 재학생 이용기 등이 중심이 되어 비밀결사 독서회를 조직했다. 그런데 이 학교 일본인 교사가 수업시간에 술을 마시고 들어와 조선인 학생들을 때리고 민족차별적인 언사를 하자, 11월 독서회 회원들을 중심으로 전교생이 맹휴에 나섰다. 이때 학생들의 구호는 "민족차별을 철폐하라", "조선인에게는 조선사를 가르쳐라", "모국어 사용을 막지 말라"는 것이었다. 즉 일본인 교사의 조선인 학생들에 대한 민족차별적 대우가 가장 큰 이유였던 것이다.

또 1930년 11월 함흥농업학교에서도 학생 2백여 명이 "교우회 자치권을 학생대중에게 양여할 것", "○○적 ○○교육('차별적 노예교육'인 듯─인용자)을 철폐할 것", "일본인 세 선생의 반성을 촉구한다"는 등의 요구조건을 담은 진정서를 학교 측에 제출하고, 회답이 없으면 시험을 보지 않고 백지를 내겠다고 압박했다. 함흥고보에서도 1931년 5월 모 교사의 욕설에 분개한 학생들이 맹휴에 나섰는데, 학교 측이 학생들을 대거 정학과 퇴학에 처하자 나머지 학생들은 "희생자의 복교", "○○교육('노예교육'인 듯 — 인용자)의 철폐", "학우회 자치권 약탈 반대" 등의 구호를 내걸고 다시 맹휴에 나섰다. 여기에서 보면 학우회의 자치권이 또 하나의 중요한 이슈였음을 알 수 있다.

학생들의 비밀결사운동은 1930년대 전반에도 전개되었다. 학생들의 조직은 독서회와 반제동맹으로 구분된다. 독서회가 사회주의 이론을 학습하기 위한 준비적 조직이라면, 반제동맹은 일제의 만주 침략 이후 반전운동을 벌인 실천적 조직이었다. 하지만 양자가 뚜렷이 구분되지 않는 경우도 있었다.

사회주의 계열 독서회의 대표적인 예로는 대구고보의 백망회, 고창고보의 S당, 서울 경성고학당의 학생전위동맹 후계 조직, 함흥고보의 독서회, 진주농업학교의 동모회, 경성제일고보 RS회, 경성제이고보 RS회 등이 있었다. 물론 독립을 지향하면서 교양을 기르고자 했던 민족주의 계열의 독서회도 상당수 있었다.

여러 학교의 비밀결사 연합 조직도 결성되었다. 예를 들어, 서울의 이화여고보·고학당 학생들은 '서울공산당재건설계획'이라는 결사를 조직했고, 경성제대·경성치과의전·제2고보·경신학교·법학전문학교·중앙기독교청년회학관 학생들은 '성대반제부' 및 '적우회'를 조직했다. 또 경성제대·제1고보·제2고보·보성고보·송도고보 학생들은 중국공산당 조선국내공작위원회 후계 조직을 결성했다. 동덕여고보·휘문고보·중앙고보·법정학교·중동학교·중등야학교 학생들은 경성 RS협의회를 조직했다. 함흥의 함흥고보·함흥농업학교·함흥상업학교·영생고보·영생여고보 학생들은 학생공동위원회를 조직했다. 평양신학교·숭실전문학교 학생들은 농촌연구회라는 연합 조직을 결성했다.

공산주의자들의 영향으로 학생들의 반제동맹이 결성되기도 했다. 원산중학 반제동맹조직준비회, 경성제대 반제동맹, 동래고보 반제전위동맹, 해주고보 반제동맹, 진남포상공학교 반제반, 중앙고보 반제동맹 등이 그것이다. 당시 조선의 공산주의자들은 1927년 벨기에 브뤼셀에서 창립된 국제반제동맹의 조선지부를 결성하고자 했다. 그런데 반제동맹은 1928년 코민테른 6차 대회 이후 노선이 급진화되면서 민족주의 세력과 사회민주주의 세력을 '제국주의의 협력자' 또는 '파시즘의 지지자'로 비난했다. 1929년 세계대공황, 1931년 만주사변 이후 코민테른은 중국·일본·조선의 공산주의자들에게 반제동맹을 조직하거나 확대 강화해 반전·반제투쟁을 전개할 것을 요구했다. 1930년대 초 조선의 반제동맹운동은 전쟁 반대, 중국혁명 옹호, 소비에트 러시아에 대한 침략 반대 등을 당면한 주요 임무로 삼았다. 이로써 조선의 공산주의자들은 민족주의자와 통일전선을 유지하는 것을 중단하고 노동자, 농민, 반제국주의적인 소부르주아가 참여하는 새로운 전투적인 통일전선을 만들고자 했다. 이들은 노동자들을 '혁명적 노동조합'으로, 농민들을 '혁명적 농민조합'으로, 반제국주의적인 학생, 도시 소시민, 진보적 인텔리 등을 '반제동맹'으로 각각 새롭게 조직하고자 했다. 또 이들은 이 세 조직을 기반으로 조선공산당을 재건하고자 했다. 그러나 반제동맹은 주로 학생층을 중심으로 조직되었다. 조선 공산주의자들은 의식이 투철한 학생들을 중심으로 비밀 독서회를 만들고, 이들 독서회 회원 가운데 우수한 활동가를 선별해 그들을 중심으로 학교 단위 반제동맹을 조직하려 했다. 그리고 학교 단위 반제동맹을 기초로 지역 단위 반제동맹을 만들고, 마지막으로 '반제동맹 조선지부 학생부'를 완성하려 했다.

학생들의 반제동맹은 복합적인 목적 아래 만들어졌다. 첫째로 학생 반제동맹은 학교 내에서 반제국주의 대중투쟁을 전개하는 정치투쟁의 지도부 역할을 했으며, 둘째로 당시 유행한 혁명적 농민조합 또는 혁명적 노동조합운동에 종사할 활동가를 양성하는 훈련장이기도 했고, 셋째로 궁극적으로는 향후 재건될 조선공산당의 예비 요원을 확보하는 과정이기도 했다. 그러나 반제동맹은 1935년 코민테른 7차 대회에서 인민전선 전술이 채택된 이후 점차 사라져갔다.

한인애국단, 임시정부를 구하다

1931년 7월 '만보산 사건'은 한·중 양 국민 간의 감정을 크게 악화시켰다. '만보산 사건'이란 7월 2일 중국 길림성 장춘현 만보산 지역에서 한인 농민과 중국인 농민 사이에 수로 개착 문제를 둘러싸고 일어난 충돌을 말한다. 그러나 다행히 사상자는 발생하지 않았으며, 중국인 농민들이 일단 철수하면서 사태는 진정되었다. 그런데 일본 관동군은 장춘영사관 측을 통해 조선일보 장춘지국장에게 만보산 사건에 대한 과장된 허위정보를 제공했다. 장춘지국장은 현장에 가서 사실을 확인하지도 않은 채 그 정보를 본사로 지급 통전했다. 그리하여 『조선일보』는 7월 2일과 3일 두 차례에 걸쳐 호외를 발행해 "중국 관민 800여 명과 200 동포 충돌 부상, 주재 경관대 급보로 장춘 주둔군 출동 준비"라는 제목의 기사를 게재했다.

이 기사를 본 국내 조선인들은 크게 흥분하여 서울과 인천, 그리고 각 지방에 거주하는 중국인들을 습격했다. 특히 평양에서는 조선인들이 중국인 거리를 습격해 며칠 사이에 94명을 학살하는 참극이 일어났다. 『동아일보』가 현장에 기자를 특파하여 만보산 동포들은 무사하다는 기사를 내보내면서 소동은 일단 가라앉았다. 그러나 조선 내 중국인들의 피해가 중국 언론에 보도됨으로써 이번에는 중국인들이 크게 격앙되었다. 이후 중국인들의 한국인을 대하는 시선도 싸늘해졌다. 이로써 중국에서 한국인들의 독립운동은 커다란 어려움에 부딪쳤다.

그런 가운데 그해 9월에 만주사변이 발발했다. 일본 관동군은 일본 정부의 승인도 없이 순식간에 만주를 점령해 나갔고, 일본 정부는 결국 이를 인정해주었다. 한편 임정은 국무원회의를 열어, 중국의 한국인에 대한 감정을 누그러뜨리고 재정난을 극복하는 길은 세간을 놀라게 하는 항일 거사밖에 없다고 결의하고, 그 실행을 내무총장 김구에게 일임했다. 이에 김구는 '한인애국단'을 구상했다.

김구는 한인애국단의 1차 거사로 이봉창 의거를 준비했다. 이봉창은 경성의 용산에서 1901년에 태어났다. 11살 때 현재의 효창동으로 이사하여 보통학교를 졸업한 뒤 과자점과 약국 종업원으로 일했고, 용산역에서 인부로 일하면서 어려운 생활을 했다. 그는 1925년 일본 오사카에 건너가 부두노동자 등으로 막일을 했다. 1928년 교토에 히로히토 천황의 즉위식을 구경하러 갔다가 경찰의 검문에 걸려 9일간 유치장 생활을 했던 이봉창은 이 일을 계기로 자신이 일본인이 아닌 조선인임을 실감하게 되었다. 그는 도쿄에 가서도 노동자로서 어려운 생활을 계속하다가 그런 현실을 벗어나기 위해 중국 상하이로 향했다. 상하이에 도착한 이봉창은 취직자리를 알아보기 위해 임시정부를 방문한 자리에서 김구를 만나게 되었다. 김구는 그에게 일자리를 알아봐주었고, 이후에도 자주 그를 만났다. 김구는 당시 천황 저격을 구상하고 있었는데, 일본어를 잘하고 도쿄에 거주한 적이 있는 이봉창이 그 적임자라고 생각했다.

이봉창은 김구를 만나면서 점차 민족의식을 갖게 되었고, 또 스스로 거사를 실행해보겠다는 의지를 갖게 되었다. 이봉창의 의지를 확인한 김구는 1931년 12월 이봉창을 한인애국단에 입단시킨 뒤 수류탄 2개를 주고 일본으로 보냈다. 이봉창은 무사히 고베에 도착하여 오사카에 머물다가 도쿄로 갔다. 그는 천황 히로히토가 1932년 1월 8일 요요기운동장에서 열리는 육군 관병식에 참석한다는 신문기사를 읽고, 이를 절호의 기회로 생각했다. 당일 아침 그는 요요기운동장에 갔으나 경계가 삼엄하여 천황이 궁성을 돌아갈 때를 노리기로 하고 궁성의 사쿠라다몬 앞(경시청 부근)으로 갔다. 그는 군중 속에 섞여 있다가 천황 일행의 마차들이 다가오자 두 번째 마차를 향해 수류탄을 던졌다. 그러나 가볍게 멀리 던질 수 있도록 만든 수류탄은 위력이 약하여, 궁내대신이 탄 두 번째 마차에 약간의 손상을 입혔을 뿐이었다. 실망한 이봉창이 잠시 머뭇거리는 사이 마차 행렬은 지나가버려, 이봉창은 두 번째 수류탄을 던지지 못했다. 그리고 그는 스스로 "내가 폭탄을 던졌다"고 외쳐 경찰에 체포되었다. 이봉창은 경시청에서 조사를 받고, 결국 재판에서 '대역죄'로 사형선고를 받았다. 10월 10일 교수형이 집행되어 순국했다. 그의 나이 서른둘이었다.

이봉창 의거가 일어나자 중국의 상하이와 칭다오에서 발행되는 『민국일보』는 이를 보도하면서 "한인이 일황을 저격했으나 맞지 않았다"고 제목을 달았다. 다른 신문들도 대체로 비슷하게 보도했으며, 일부 신문은 이봉창을 '지사志士'라고 칭했다. 이런 보도 태도는 1931년 일본의 만주 침략으로 중국인의 대일 감정이 크게 악화되어 있던 것과 관련이 있다. 중국 신문들의 이와 같은 보도에 칭다오의 일본인들은 약 1주일 동안 폭동을 일으켰으며, 이는 중국인들의 일본인에 대한 반감을 더욱 증폭시켰다.

그런 가운데 반일감정이 특히 고조됐던 상하이에서 1932년 1월 일본인 승려들이 중국인들에게 폭행당하는 사건이 일어났다. 이 사건으로 상하이의 일본 거주민들과 중국인들이 각각 항의시위를 벌이며 대치하자, 이를 빌미로 1월 28일 일본 해군 육전대 및 항공부대가 상하이에 상륙하여 중국군 19로군과 한 달간 전투를 벌였다. 이것이 '상하이사변'이다. 일본군은 힝공모함을 투입해 군함의 포격과 전투기의 공중전으로 공세를 지속했고, 결국 3월 1일 19로군은 퇴각했다. 중국은 불리한 조건으로 일본과 화전협정을 맺지 않을 수 없었다. 그리고 일본은 1932년 3월 일본의 조종을 받는 괴뢰국 '만주국'을 세웠다.

상하이사변에서 승리한 일본군은 4월 29일 천장절(천황 생일)에 상하이 홍구공원에서 전승기념 축하식을 열었다. 이때 김구의 한인애국단 단원 윤봉길이 단상에 폭탄을 던진 사건, 즉 '윤봉길 의거'가 일어났다.

윤봉길은 1908년 충남 예산군 덕산면에서 태어나, 어려서 한학을 배웠다. 보통학교에 입학했으나 1년 만에 자퇴하고 다시 오치서숙에서 한학을 배운 뒤 17세에 서당 훈장이 되었다. 독학으로 신학문도 공부했다. 그는 이즈음 문맹퇴치가 필요함을 깨닫고 오치서숙의 동학들과 함께 야학을 열어 아동들에게 글을 가르쳤으며, 이를 위해 『농민독본』이라는 책을 만들어 펴내기도 했다. 그는 21세 때인 1928년 농촌부흥을 위한 '부흥원'을 만들어 본격적인 농촌계몽운동을 전개했으며, 이듬해에는 뜻을 같이하는 이들끼리 자작자급을 실현하기 위한 '월진회'를 만들기도 했다. 이와 같은 계몽운동 과정에서 그는 식민지하 농민운동의 한계를 깨닫게 되었고, 1929년 광주학생운동과 함흥수리조합의 일본인들이 조선인 3명을 타살한 사건에서 큰 충격을 받았다. 독립운동이 먼저 필요하다는 결론을 얻은 그는 1930년 3월 '장부가 뜻을 품고 집을 나서니 살아 돌아오지 않는다(丈夫出家 生不還)'라는 글을 집에 남기고 중국으로 떠났다.

윤봉길은 칭다오에서 약 1년간 세탁소 일을 하면서 여비를 마련해 1931년 5월 상하이로 갔다. 그는 상하이에서도 노동자로 일하면서, 1932년 초 김구를 만나 자신에게 이봉창 의거와 같은 거사를 맡겨줄 것을 부탁했다. 김구는 상하이 홍구공원에서의 폭탄 투척을 구상하고, 윤봉길을 불러 승낙을 받았다. 윤봉길은 거사 사흘 전인 4월 26일 김구를 만나 한인애국단에 가입했으며, 28일에는 홍구공원 현장을 답사했다. 29일 아침 김구로부터 도시락과 물통 모양의 폭탄 2개를 전달받은 윤봉길은 홍구공원에 들어가 식이 거행되기를 기다렸다. 9시 반부터 11시 반까지의 분열식이 끝나고 축하식이 시작되어 일본 국가가 울려 퍼지는 가운데, 군중 속에 섞

한인애국단의 이봉창(왼쪽)과 윤봉길(오른쪽)

여 있던 윤봉길은 앞으로 나아가 단상으로부터 19미터 떨어진 지점에서 물통 모양의 폭탄을 단상에 던졌다. 폭탄은 정확히 단상의 중앙에 떨어지면서 폭발하여 단상에 서 있던 7명이 모두 쓰러졌다. 오전 11시 50분이었다. 단상에 있던 일본 육군대장 시라카와 요시노리白川義則, 상하이 일본인 거류민단장 가와바타 데이지河端貞次는 현장에서 즉사했으며, 일본공사 시게미츠 마모루重光葵를 비롯한 여러 명이 부상을 입었다.

이 사건으로 중국의 한국인에 대한 감정은 크게 호전되었다. 중국 국민당 정부는 상해 임정을 적극 지원하기 시작했고, 김구에게는 중국인들의 후원금이 답지했다. 이에 김구는 장제스를 만나 한국 청년들이 중국 군사학교에서 훈련받을 수 있도록 해달라고 요청했고, 장제스는 이를 받아들였다. 임시정부는 이제 곤경에서 벗어날 수 있게 된 것이다.

하지만 일본 경찰은 프랑스 조계 당국을 협박하여 임시정부 요인들을 체포하려 했다. 이때 안창호는 피신하라는 연락을 늦게 받아 결국 체포되어 조선으로 송환되고 말았다. 김구 등 임정 요인들은 항저우와 자싱 등지로 피신했다. 임정도 근거지인 상하이를 떠나 항저우로 이전했으며, 이후 1935년에는 전장鎭江으로, 1936년 난징으로 이전하는 등 계속 떠돌아다닐 수밖에 없었다.

정당 중심의 독립운동이 시작되다

1929년 10월 상하이에서 좌파의 주장에 의해 민족유일당 상해촉성회가 해체를 선언했다. 해체 이후 좌파 진영의 홍남표·한위건 등은 '유호한국독립운동자동맹'을 결성했다. 이에 맞서 우파 진영의 안창호·이동녕·이시영 등은 1930년 1월 25일 상해 임정 청사에서 '한국독립당'을 결성했다. 상하이 한국독립당은 이동녕·김구 등 임시정부의 핵심 세력과 안창호를 비롯한 홍사단 계열이 주류를 이루고 있었다. 이사장에는 이동녕, 이사에는 조완구·안창호·이시영·조소앙·김구·김철 등이 선임되었다. 그러나 한국독립당은 결성 사실을 바로 외부에 알리지 않았다. 이는 좌파의 유호한국독립운동자동맹과 대립하는 모습을 보이고 싶지 않았기 때문이었던 것으로 보인다.

한국독립당은 「당의黨義」와 「당강黨綱」을 의결했다. 「당의」에서는 "본당은 혁명적 수단으로써 원수 일본의 모든 침탈 세력을 박멸하여 국토와 주권을 완전 광복하고 정치·경제·교육의 균등을 기초로 한 새로운 민주국을 건설함으로써 국민 각개의 균등생활을 확보하며 밖으로는 민족과 민족, 국가와 국가의 평등을 실현하고 나아가 세계 일가의 진로로 향함"이라고 선언했다. 또 「당강」에서는 ① 대중의 혁명의식을 환기하고 민족적 혁명역량을 총집중할 것, ② 엄밀한 조직하에 민족적 반항과 무력적 파괴를 적극적으로 진행할 것, ③ 세계 피압박 민족의 혁명단체와 연락을 취할 것, ④ 보통선거제를 실시하여 국민참정권을 평등하게 하고 기본 권리를 보장할 것, ⑤ 토지와 대생산기관을 국유화하여 국민의 생활권을 평등하게 할 것, ⑥ 생활상의 기본지식과 필요기능을 수득하기 위하여 충분한 의무교육을 공비公費로써 실시하여 국민의 수학권受學權을 평등하게 할 것, ⑦ 민족자결과 국제평등을 실현할 것, ⑧ 세계 일가의 조성에 노력할 것

등을 내세웠다.

요컨대, 한국독립당은 「당의」에서 정치·경제·교육의 균등을 내세우고, 「당강」에서는 참정권의 평등, 국민생활권의 평등, 수학권의 평등을 구체적으로 주장한 것이다. 이는 훗날 조소앙이 '삼균주의'라 말하는 것으로 발전되었다.

1931년 4월 임시정부는 국무위원 명의로 「대한민국임시정부선언」을 발표했다. 이 선언문은 "임시정부는 한국독립당의 표현기관이며, 한국독립당은 전 민족의 대리기관이며, 임시정부의 정책은 한국독립당의 균등주의로써 수립되었다"고 천명했다. 즉 한국독립당이 사실상 임시정부의 여당으로 조직되었음을 처음으로 밝힌 것이다. 그러나 한국독립당은 1932년 이봉창 의거, 윤봉길 의거로 인해 임정 요인들이 대부분 상하이를 떠나 피신하게 됨으로써 이렇다 할 활동을 하지 못했다. 1933년 1월 상하이에 남아 있던 이들은 재상해한국독립당대회를 열었는데, 이사장은 송병조, 총무주임은 이유필, 재무주임은 최석순이 맡았다. 그러나 한국독립당 요인들이 계속 각지로 흩어짐에 따라 한국독립당은 1934년 1월 당 본부를 항저우로 옮기고 새로운 진로를 모색했다.

한국독립당은 항저우에서 조직을 개편하여, 이사장 송병조, 총무장 겸 내무장 조소앙, 재무장 김철, 선전장 이상일, 비서장 김두봉, 특무대장 박창세 등을 선임했다. 그리고 기관지로 『진광震光』을 발행했다. 그러나 상하이 한국독립당은 1935년 7월 한국대일전선통일동맹이 만든 민족혁명당 참여 여부를 놓고 조소앙·박창세 등의 참여파와 김구·이동녕·조완구 등 불참파로 양분됨으로써 사실상 해체되었다. 참여파는 민족혁명당에 참여

한국독립당 중앙집행위원
앞줄 왼쪽부터 김붕준, 이청천, 송병조, 조완구, 이시영, 김구, 유동열, 조소앙, 차리석, 뒷줄 왼쪽부터
엄항섭, 김의한, 조경한, 양우조, 조시원, 김학규, 공진원, 박찬익, 최동오.

했다가 얼마 뒤 이념과 노선 차이로 인해 탈당하여 한국독립당을 재건했고, 불참파는 김구를 중심으로 '한국국민당'을 결성했다.

한편 만주와 관내에서는 한국독립당 이외에도 여러 정당 조직이 나타났다. 먼저 남만주에서는 조선혁명당이 1929년 12월 현익철·최동오·고이허 등에 의해 창당되었다. 북만주에서는 1930년 7월 한국독립당이 홍진·이청천·신숙에 의해 창당되었다. 또 난징에서는 1932년 한국혁명당이 윤기섭·신익희·연병호 등에 의해 창당되었다. 이들은 본래 한국독립당 소속이었으나 떨어져 나와 따로 당을 만들었는데, 세력은 미약했다. 그런 가운데 북만주의 한국독립당이 난징에 이규채 등을 파견하여 한국혁명당 측에 연합을 제의했다. 한국혁명당 측도 연합을 환영하여, 1933년 11월 두 당은 '신한독립당'으로 합당한다고 공식 선언했다. 신한독립당은 당수에 홍진, 당무위원에 김상덕·신익희·윤기섭을 선임했다.

1932년 10월에는 변화하는 정세에 대응하기 위해 각 단체의 연합이 필요하다는 인식하에 한국독립당, 한국광복동지회, 남만주의 조선혁명당, 난징의 한국혁명당, 의열단 대표 9명이 상하이에서 만나 '대일전선통일동맹'을 결성하기로 합의했다. 그러나 통일동맹은 가맹단체의 연락기관 정도의 성격을 갖고 있었기 때문에 실질적인 활동은 어려웠다. 당시 중국 국민당은 통일동맹보다는 김구의 한인애국단에 더 큰 신뢰를 보내고 있었다. 이에 통일동맹 내부에서는 협의체의 성격을 넘어서서 단일한 조직체로 나아가자는 주장이 나오기 시작했다. 그 결과 대일전선통일동맹은 1934년 3월 난징에서 열린 제2차 대표대회를 통해 전선 통일을 위한 구체적인 방안을 마련했다. "가맹단체는 물론 기타 혁명단체를 모두 해소하고, 단원을 통일동맹에 합류시켜 단일 대동맹을 조직할 것", "이를 위해서는 임시정부도 폐지할 것" 등이었다. 즉 기존의 임시정부를 폐지하고 민족단일당을 결성하여 이를 독립운동의 최고기관으로 삼자는 결정이었다. 한국독립당 내의 김구 등 임정 옹호 세력은 당연히 반대했다. 하지만 한국독립당의 다수 의견은 단일당에 참여해야 한다는 것이었다. 1935년 5월 항저우에서 열린 한국독립당 임시대표대회에서 찬성파는 송병조·조완구·차리석 등 반대파의 의견을 누르고 단일당에 참여하기로 결정했다. 결국 한국독립당 다수파는 민족혁명당에 참여했고, 소수의 반대파는 한국독립당을 탈퇴하여 임정 사수를 위한 세력을 결집시켜 나갔다.

한편 1935년 7월, 대일전선통일동맹 참가단체인 한국독립당·의열단·조선혁명당·신한독립당·대한독립당과 미주 지역 4개 단체 등 9개 정당·단체는 '조선민족혁명당'을 결성하고 기존의 정당·단체를 해산하기로 결의했다. 민족혁명당은 사실상 '반임정·비김구 세력' 결집이라는 성격을 띠고 있었으며, 국민당 정부 군사위원회의 후원 아래 관내 지역 최대의 정당이 되었다.

조선민족혁명당은 「당의」에서 "국토의 주권을 회복하고 정치·경제·교육의 평등을 기초로 한 민주공화국을 건설하여 국민 전체의 생활 평등을 확보하고, 나아가서 세계 인류의 평등과 행복을 촉진한다"고 선언했다. 또 「당강」에서는 민족의 자주독립, 봉건제도 및 일체 반혁명 세력의 일소, 생활상의 평등한 경제제도 건설, 지방자치제의 실시, 민중 무장의 실시, 보통선거의 실시, 언론·집회·출판·결사·신앙의 자유 보장, 남녀평등, 토지의 국유화와 농민 분배, 대규모 생산기관 및 독점적 기업의 국영화,

국가의 계획경제 실시, 노동운동 자유의 보장, 누진세율 실시, 국가의 의무교육과 직업교육 비용 부담, 일본인과 국적國賊의 재산몰수 등을 천명했다. 민족혁명당의 「당의」가 한국독립당의 「당의」와 마찬가지로 정치·경제·사회의 평등을 표방한 것은 삼균 이념이 민족주의 좌우파 진영에 의해 모두 받아들여지고 있었음을 말해준다.

당시 민족혁명당의 주요 참여인물은 김원봉·윤세주(의열단), 김두봉·조소앙(한국독립당), 이청천(신한독립당), 최동오·김학규(조선혁명당), 김규식(대한독립당) 등이었다. 이와 같이 민족혁명당은 5개 정당·단체의 연합전선으로 출범했지만, 참여세력 간의 성향과 노선 차이로 진통을 겪기 시작했다. 또 조소앙과 홍진 등은 김원봉의 당권 장악에 불만을 품고 그해 9월 탈당하여 11월 한국독립당을 재건했다. 이후에도 김원봉 계열과 이청천 계열 간의 갈등이 계속되었다. 결국 이청천 등 구 신한독립당 계열은 1937년 4월 탈당하여 '조선혁명당'을 결성했다.

한편 민족혁명당이 임정의 해체를 요구하고, 임정 내각 각원 가운데 상당수가 사퇴함으로써 임정은 안팎으로 위기에 처했다. 이에 1935년 11월 김구 계열, 송병조·차리석 계열, 김붕준을 비롯한 옛 한국독립당 당원 등 민족혁명당에 참여하지 않은 이들이 중심이 되어 임정의 여당으로서 '한국국민당'을 창당했다. 한국국민당 임원진은 이사장에 김구, 이사에 이동녕·송병조·조완구·차리석·김붕준·안공근·엄항섭, 선전부장에 엄항섭, 조직부장에 차리석 등이었다.

한국국민당은 「당의」에서 "본당은 혁명적 수단으로써 구적仇敵 일본의 총 침탈 세력을 박멸하여 국토와 주권을 완전히 광복하고, 정치·경제·교육의 균등을 기초로 하는 신민주공화국을 건설함으로써 안으로는 국민 각개의 균등생활을 확보하고 밖으로는 민족과 민족, 국가와 국가의 평등을 실현하고, 나아가 세계 일가의 진로로 향함"이라고 선언했다. 아울러 「당강」을 통해서는 ① 국가주권 광복의 혁명적 의식을 국민에게 고취 환기하여 민족의 혁명역량을 총집중할 것, ② 엄밀한 조직 아래 민중적 반항과 무력적 파괴를 적극적으로 진행할 것, ③ 우리의 광복운동을 우호적으로 원조하는 국가 및 민족과 긴밀히 연락할 것, ④ 토지와 대생산기관을 국유로 하고 국민의 생활권을 평등하게 할 것, ⑤ 독립운동에 대한 사이비 불순한 이론과 행동을 배격할 것, ⑥ 임시정부를 옹호·진전시킬 것 등을 당의 주요 정책으로 천명했다.

한국국민당의 「당의」와 「당강」에서 장차 세울 나라는 정치·경제·교육의 균등을 기초로 한 '신민주공화국'으로 천명되었다. 또 토지와 대생산기관을 국유화한다는 조항도 들어 있었다. 그 밖에 혁명역량의 총집중, 민중적 반항과 무력적 파괴, 원조 국가와의 긴밀한 연락, 민족과 민족, 국가와 국가의 평등과 같은 조항들은 앞서 본 상하이 한국독립당의 「당의」및 「당강」과 거의 같다. 다만 한국국민당의 「당강」에는 '임시정부를 옹호·진전시킨다'는 내용 정도가 추가되었다. 한국국민당과 민족혁명당의 「당의」·「당강」을 비교해보면, 정치·경제·교육의 균등, 토지 및 대생산기관의 국유화 등은 완전히 같다. 다만 민족혁명당이 「당강」에서 국가의 계획경제 실시, 노동운동 자유의 보장, 누진세율 실시, 국가의 의무교육과 직업교육 비용 부담 등을 천명한 데 반해, 한국국민당의 「당강」에는 이런 내용이 들어 있지 않았다.

한국국민당과 민족혁명당의 노선 차이는 좌우연합에 대한 입장 차이에서 오히려 잘 나타난다. 민족혁명당은 기본적으로 좌우연합, 통일전선의 결성을 목표로 한 정당이었다. 반면에 한국국민당은 임정의 여당으로서 임정을 옹호·발전시키는 것을 목표로 했다. 한국국민당은 좌우연합에 대해서는 매우 부정적이었다. 한국국민당은 연합전선보다는 각개약진이 더 중요하다고 보고 있었기 때문이다.

만주에서 유격대의 무장투쟁이 전개되다

5·30봉기와 유격대 창설

만주에서의 한인 사회주의운동은 1923년 박윤서와 주청송이 연길현에 있는 동흥중학교를 중심으로 '고려공산청년동맹'의 지부를 조직하면서 시작되었다. 박윤서와 주청송은 당시 코민테른 산하 조직인 꼬르뷰로(고려국) 내의 한인 조직에서 파견된 이들이었다. 이어서 1926년 5월에는 국내 조선공산당의 만주 조직인 '조선공산당 만주총국'이 북만주 영고탑에 만들어졌다. 조선공산당 만주총국과 고려공산청년회 만주총국은 동·남·북만주에 각각 구역국을 설치하고 해당 지역의 대중운동을 이끌었다. 이 가운데 동만 구역국은 1926년 10월 성립 이후 조직 활동을 활발히 전개하여 1927년 5월에는 16개의 기층지부를 만들었다. 1927년 연변 지구의 한인들은 용정과 두도구 일대에서 5월 1일 메이데이 기념행진을 했으며, 10월 2일에는 용정에서 수백 명의 노동자와 한인들이 서울에서 진행 중이던 조선공산당 공판의 공개를 요구하는 시위행진을 벌였다. 이에 일본 경찰은 동만 구역국의 근거지를 습격하여 조선공산당 만주총국의 안기성, 최원택 등 29명을 체포하여 서울로 이송했다. 최원택 등은 재판에서 징역 1년부터 8년까지 언도받았다. 이것이 '제1차 간도공산당 사건'이다.

1928년 5월 1일과 5월 30일(1925년 상하이 5·30사건 기념일)에도 용정의 한인들은 기념시위를 전개했다. 그리고 9월 2일 국제청년일을 기념하기 위해 동만청년총동맹의 지도 아래 반일시위를 전개했다. 이에 일본 경찰은 두 차례에 걸쳐 85명을 서울로 압송하여 취조한 뒤 김철산 등 62명을 기소했다. 이것이 '제2차 간도공산당 사건'이다.

1930년 1월 23일에는 광주학생운동에 호응하여 대성중학과 동흥중학의 교원과 학생들이 시위를 벌였다. 일본 경찰은 시위 학생 70여 명을 체포했다. 이에 2월 6일 학생들은 동맹휴학을 선포하고 더 큰 시위를 빌였다. 시위는 3·1운동 11주년을 맞아 2월 28일과 3월 1일에도 전개되었다. 일본 경찰은 이 사건과 관련하여 69명을 서울로 압송하여 취조한 뒤 강석준 등 49명을 기소했다. 이것이 '제3차 간도공산당 사건'이다.

한편 중국공산당은 1927년 10월 봉천(현 심양)에 '중국공산당 만주성위원회'를 만들었다. 이어서 '중국공산당 동변도특별위원회', '중국공산당 용정촌지부' 등을 조직했다. 그러나 1920년대 후반 만주에서의 공산주의운동은 위에서 본 것처럼 한인들을 중심으로 전개되고 있었다.

그런데 1930년 코민테른의 1국 1당 원칙에 따라, 만주의 한인들은 조선공산당 만주총국을 해산하고 중국공산당 만주성위원회에 합류하여 활동하게 되었다. 그 과정에서 중국공산당 만주성위원회는 상하이 5·30사건

5주년을 기념하여 연변 지역에서 무장폭동을 일으킬 것을 한인 공산주의
자들에게 지시했다. 당시 중국공산당은 극좌적인 리리싼^{李立三} 노선(리리싼
은 1930년 중국공산당 선전부장으로서 당권을 사실상 장악하고 주로 도시노동자를 조직
하여 폭동을 일으킬 것을 주장함)을 취하고 있었으며, 만주성위원회도 이 노선
을 따르고 있었다.

그에 따라 5월 30일 오후 두도구 방면에서 한인 군중들의 폭동이 일어
나 두도구의 친일기관인 조선인 민회 사무실과 일본영사관 분관이 습격
당했다(간도5·30봉기). 용정에서는 군중들이 전화선을 차단하고 발전소를
습격했으며, 동양척식회사 간도출장소에 폭탄을 던졌다. 이튿날 군중들
은 남양평의 조선총독부 보조학교인 중흥학교를 불태우고 철교를 파괴했
으며, 조선인 민회 사무실을 불태웠다. 그 외에도 연변 각지에서 군중들
이 일어나 일제 통치기관과 친일기구들을 습격했다. 또 지주와 고리대금
업자들을 습격하여 양식을 몰수하고 고리대 장부와 소작증서 등을 불태
웠다. 당시의 투쟁 구호는 일본 제국주의 타도, 지주의 토지 몰수와 농민
분배, 국민당의 시설 방화, 한족연합회·정의부·신간회의 타도, 조선혁명
의 지원, 소련의 옹호, 지주와 자본가의 처단, 노·농·병 소비에트의 건설
등이었다.

이 사건으로 일제의 간도영사관 경찰에 체포된 39명 가운데 35명이 치
안유지법 위반, 방화, 폭발물 취체규칙 위반 등으로 서울로 이송되어 재
판에 넘겨졌다. 그리고 김근은 사형을 언도받고 처형되었다. 5·30봉기 실
패 이후에도 연길, 화룡, 왕청, 훈춘 등에서 12월까지 봉기가 계속되었다.
일본 경찰은 2천여 명을 체포하여 서울로 이송했으며, 4백 명을 예심에

넘겼다. 예심을 거쳐 272명이 재판에 회부되었으며, 이 가운데 12명이 옥사하고 22명이 사형을 언도받았다. 그리고 1936년 7월 20, 21일 서대문형무소에서 이들의 사형이 집행되었다.

간도 5·30봉기를 전후하여 만주 지역 중국공산당 당원은 100명에서 2천여 명으로 증가했다. 지방 조직도 12개에서 55개로 확대되었는데, 당원의 85%가 한인이었다. 1931년 '9·18 만주사변'이 발발하자 중국공산당 만주성위원회는 각종 선언문을 발표하고 적극 항전을 주장했다. 만주성위는 민중봉기 전술을 폐기하고, 대신 현과 구에 군사위원회를 설치하여 적위대와 유격대를 조직하도록 했다.

1931년 10월 남만주의 이통伊通에서 창건된 적위대는 만주 지역에서 중국공산당이 이끈 첫 무장 조직으로서, 적위대의 대장 이홍광을 비롯한 청년 7명이 모두 한인이었다. 적위대는 1932년 6월 '반석공농盤石工農 반일의용군'으로 발전했다. 그리고 12월에는 구 동북군계 한족 부대와 통합되어 '중국 노농홍군 제32군 남만유격대'로 개편되었다. 남만유격대의 규모는 250명으로 그 4분의 1이 한인이었으며, 일본군·만주국군·마적 등을 상대로 60여 차례 전투를 벌였다. 또 동만주 지역에서도 적위대를 개편한 연길현유격대가 결성되었다. 화룡현·왕청현·훈춘 등지에서도 유격대가 조직되었다. 1933년 동만 지역 4개 현의 유격대 대원은 360명이었는데, 그 가운데 90%가 한인이었다. 이 유격대는 중국 노농홍군 제32군 동만유격대로 편제되었다가, 1934년 3월 동북인민혁명군 제2군 독립사로 발전했다. 북만주 지역에서도 1933년 4월 허형식 등이 탕원에서 유격대를 조직했는데, 한 달도 못 되어 일제의 탄압으로 무너지고 말았다. 그러나 이후에도 주하반일유격대가 조직되었고, 1934년 6월 '동북반일유격대 합동지대'로 확대되었다. 다만 북만 지역의 유격대에서 한인들의 역할은 크지 않았다.

1930년대 초 중국공산당은 '리리싼 노선' 등 좌경화된 노선을 채택하여 변화하는 정세에 효과적으로 대응하지 못했다. 예를 들어, 만주 지역에서는 '한인의 자치'나 '간도 독립' 등이 일제 침략에 저항하는 데 중요한 구호가 될 수 있었음에도, 중국공산당 중앙은 이를 반대하고 중국 관내 지역과 마찬가지로 소비에트 정권을 수립하고 홍군紅軍을 조직하라고 지시했다. 그에 따라 만주 각지에 유격대 근거지가 만들어지고 작은 규모의 소비에트가 수립되었다. 그러나 각계각층의 항일 세력을 결집하는 데는 한계가 있었고, 동만주에서는 민족적 갈등도 드러났다.

이와 같은 잘못된 노선은 1933년 1월 말부터 어느 정도 시정되기 시작했다. 중국공산당 중앙은 만주성위에 소비에트를 폐지하고 인민혁명정권 수립하고 반일 통일전선을 강화하도록 지시했다. 그에 따라 각 지역 홍군 유격대는 점차 '동북인민혁명군'으로, 소비에트는 '인민혁명정부'로 개편되었다. 하지만 만주성위의 '좌경' 방침의 오류는 1935년까지 완전히 극복되지 못했다. 특히 동만주(연변) 지역에서 전개된 한인 공산주의자들에 대한 무고한 숙청, 즉 반민생단 사건은 유격투쟁을 크게 위축시켰다.

'반민생단 사건'이란 중국공산당 동만특위가 한인 당원들 가운데 민생단에 참여한 혐의가 있는 이들을 처형한 사건을 말한다. 민생단은 1932년 2월 연변에서 조직된 친일 한인들의 단체였다. 민생단은 본래 1931년 9월 만주사변 발발 직후 서울의 갑자구락부 이사인 조병상과 매일신보사

부사장 박석윤이 용정에 와서 일본군의 만주 출병이 간도 거주 조선인들의 권익을 확보해줄 좋은 기회라고 선동하면서 시작된 단체였다. 박석윤과 조병상은 마치 자신들이 조선총독부의 양해를 얻은 것처럼 일본 간도총영사관에 와서 공언을 했다고 한다. 박석윤 등은 간도의 친일계 조선인 민회 회장들을 접촉하면서 민생단을 만들 것을 종용했다. 이들은 민생단의 취지로서 간도 거주 조선인의 생활안정과 산업진흥을 표방하면서 간도총영사관에 설립 허가를 요청했고, 총영사관은 허가서를 내주었다. 그리하여 1932년 2월 민생단은 정식 창립을 보게 되었다. 여기에는 친일계 조선인뿐만 아니라 간도 조선인의 자치를 추진해오던 민족주의 계열의 조선인들도 일부 참여했다. 그러나 공산주의 계열은 참여하지 않았다.

민생단 창립대회 당시 박석윤이 정치 문제에 대해 보고한 바에 의하면, 박석윤 등은 일제의 비호 아래 조선인의 공민권 획득과 자치 구역의 설정을 목표로 삼았던 것으로 보인다. 창립 이후 민생단은 괴뢰 만주국을 대상으로 이와 같은 운동을 전개했다. 그 밖에도 일본군 환영, 중국인에 대한 해명공작(간도 독립이 아닌 간도 자치라는 해명), 자위단 조직 등의 활동을 펼쳤다. 그러나 민생단은 그해 7월 갑자기 스스로 해단 선언을 했다. 그것은 그해 5월경 일제의 간도 문제에 대한 방침이 '자치 불허'로 확정되고, 일제에게 기대했던 민생단 활동자금 지원도 무위로 돌아갔기 때문인 것으로 보인다.

그런데 1932년 9월 중국공산당 동만특위는 당 조직과 유격대 안에 민생단의 밀정이 잠입했다면서 한인들을 대상으로 조사를 개시했다. 동만특위는 이를 '반민생단 투쟁'이라 불렀으며, 이 조사는 3년 4개월간 진행되었다. 그 과정에서 한인 431명이 밀정 혐의를 받고 억울하게 학살되었고, 수천 명이 의심과 박해를 받았다. 이런 사건이 일어나게 된 것은 리리싼 좌경 노선 아래서 동만 한인 공산주의자들이 한때 조직한 '한인 소비에트'와 민생단이 주장하던 '간도 한인 자치'가 동일시되었기 때문이다. 또한 근본적으로 일부 중국인들의 한인들에 대한 민족적 오해와 편견이 작용한 것이기도 하다. 즉 '한인 민족주의자=파쟁분자=일제 간첩주구 민생단'이라는 공식으로 한인들을 바라보는 시각이 있었던 것이다.

반민생단 투쟁으로 동만주 한인들의 유격투쟁은 크게 위축되었다. 그런 가운데 남만주에서는 1933년 기존의 유격대들을 모아 '동북인민혁명군 제1군 독립사'가 건립되었다. 이 부대는 3백 명 정도의 규모였는데, 사장은 중국인 양정우, 참모장은 한인인 이홍광이었으며, 부대의 3분의 1은 한인들로 구성되었다. 또 동만주에서도 1934년 '동북인민혁명군 제2군 독립사'가 성립되었다. 사장은 한인인 주진이 맡았으며, 병력의 3분의 2는 한인이었다. 북만주의 밀산에서도 1934년 밀산유격대와 중국의용군이 통합되어 '동북인민혁명군 제4군'이 편성되었다.

동북항일연군과 조국광복회

1935년 8월 중국공산당 중앙은 8·1선언을 발표하여 국공내전의 중지를 제안했고, 이듬해 12월 시안 사건(중국 국민정부 수상 장제스의 부하 장쉐량張學良이 시안을 방문한 장제스를 연금하고 내전 중지를 요구한 사건)으로 제2차 국공합작이 성사되었다. 8·1선언은 항일민족통일전선의 결성을 제안하고 있었다. 1936년 1월 중국공산당 만주성위는 항일부대를 '동북항일연군'으로 재편성하기로 결정했다. 그리하여 만주에서는 동북항일연군 제1군~제11군이 조직되었다. 그 후 만주 지역의 무장투쟁은 새로운 국면에 접어들었다. 중국공산당 만주성위는 항일투쟁을 위해 각계각층과 연대하는 것은 물론, 재만 한인의 조국광복운동과 한인들의 자치구 건설을 지원할 것을 결의했기 때문이다. 당시 동북항일연군 가운데 특히 2군 병사의 반은 한인들이었다.

1936년 7월 동북항일연군 1군과 2군은 통합되어 제1로군으로 재편성되었다(총사령 양정우). 또 제4, 5, 6군은 제2로군으로 통합되었으며(총사령 주보중), 제3, 9, 11군은 제3로군으로 통합되었다(총사령 장수전). 그리고 제1로군 제2군 1, 2, 3사는 1로군 제4, 5, 6사로 명칭이 바뀌었다. 이 가운데 한인이 많았던 제4사와 제6사는 백두산 일대에 소위 '유격구'를 건설했다. 제6사(사장 김일성)는 1937년 6월 4일, 80명의 병력으로 함남 갑산군 보천보를 습격하여 주재소 등을 파괴하기도 했다. 같은 달 30일 동북항일연군 제2군 6사, 제1군 2사 연합부대는 길림성 십삼도구 간삼봉 일대에서 일본군, 만주군과 전투를 벌였다.

1935년 코민테른 제7차 대회에서 식민지 피압박 민족의 해방운동 지원, 반파시즘 통일전선 결성의 방침이 정해지자, 중국공산당의 한인 정책에도 큰 변화가 생겼다. 중국공산당은 중국인과 한인들의 항일연군을 결성하는 것은 물론, 민족해방운동을 이끌어갈 통일전선 조직체가 필요하다고 보았다. 그에 따라 1936년 통일전선체로 '조국광복회'가 조직되었다.

중국공산당 동만특위와 동북항일연군 제2군의 주요 간부들은 한인의 자치 문제, 항일민족통일전선 결성 문제 등과 관련하여 북호두회의(1936.

2), 미혼진회의(1936. 3), 동강회의(1936. 5) 등을 잇달아 가졌으며, 이 회의의
결정에 따라 조국광복회를 결성키로 했다. 뒤에 남만 지역에서 1936년 6
월 10일 오성륜(전광)·엄수명·이상준(이동광)의 명의로 발표된 「재만 한인
조국광복회 선언」은 "전 민족의 계급·성별·지위·당파·연령·종교 등의
차이를 불문하고 백의동포는 반드시 일치단결 궐기"할 것을 촉구했다.

조국광복회는 동북항일연군 제2군 3사를 중심으로 추진되었다. 1936년
7월 진행된 하리회의의 결과, 중국공산당 남만특위와 동만특위는 '남만성
위원회'로 통합되었다. 그에 따라 위에서 본 것처럼 동북항일연군 제1군
과 제2군을 합쳐 제1로군이 결성되었고, 제2군의 제3사를 제6사로 개편하
여 조선에서 가장 가까운 백두산 일대에서 활동하도록 했다. 제6사는 유
격 근거지를 만드는 한편, 한인 농민들을 대상으로 '조국광복회'라는 이
름의 조직 결성을 추진했다. 조국광복회는 "광범위한 통일전선을 실현함
으로써 일제의 통치를 전복하고 진정한 한인의 인민정부를 수립할 것, 한
인의 참다운 자치를 실현할 것, 조선의 독립을 위해 싸울 수 있는 혁명적
군대를 조직할 것" 등을 주장하는 10대 강령을 발표했다. 조국광복회는
이후 조직을 넓혀 압록강 북쪽 장백현 일대와 함경남도 북부 및 평안북도
북부 지방, 그리고 함흥·원산·흥남 등지에도 지부 조직을 만들어 나갔다.

한편 조국광복회 간부로 국내에 파견된 권영벽·이제순 등은 국내 공산
주의자인 박달·박금철 등과 연계하여 1937년 1월 조국광복회의 국내 조
직인 '조선민족해방동맹'을 조직했다. 민족해방동맹은 이후 짧은 기간에
함남 갑산 등지에 각종 반일 청년동맹, 반일 그룹, 반일 부인그룹, 반일
회, 농민조합, 결사대, 야학회 등 35개 비밀 조직을 결성했다. 그리고 함

일본 경찰에 체포된 조선민족해방동맹 책임자 박달

경도와 평안도의 천도교 세력과도 제휴했으며, 박인진 등 지방 천도교 지도자들을 핵심 세력으로 수용하기도 했다.

그러나 앞서 본 보천보전투를 계기로 일제는 함남 지역에서 대대적인 검거선풍을 일으켜 조국광복회 관계자 739명을 검거했다. 이로 인해 조국광복회 조직은 대부분 와해되고 말았다.

아나키스트의 독립운동

아나키즘이란 무엇인가

아나키즘은 개인의 완벽한 자유를 추구하는 데서 출발하여, 정치적으로는 어떤 지배 권력도 없는 사회, 경제적으로는 만인이 풍요롭게 사는 사회를 지향한다. 아나키즘은 자유를 중시하지만 동시에 개인의 연대를 중시하기도 한다. 따라서 아나키즘은 '자유연합주의'로 불리기도 한다.

아나키즘의 내용은 사상가에 따라 각양각색으로 나타났는데, 그 주요한 차이는 ① 이상사회에서 집단의 권위를 어느 정도 인정할 것인가, ② 사적 소유를 긍정할 것인가 부정할 것인가, ③ 이상사회 실현을 위한 수단으로 폭력을 용인할 것인가 말 것인가의 3가지 문제를 둘러싸고 발생했다. 아나키즘의 종류로는 윌리엄 고드윈, 피에르 조제프 프루동, 막스 슈티르너, 레프 톨스토이, 폴 굿먼, 허버트 리드 등의 개인주의적 무정부주의와, 미하일 바쿠닌으로 대표되는 집산주의적集産主義的 무정부주의, 그리고 페테르 크로포트킨의 공산주의적 무정부주의(아나코 코뮤니즘)가 있다. 한편 노동운동 가운데 아나키즘적 사회의 실현을 노동조합운동을 통해 이룩하려는 사상 또는 운동을 아나코 생디칼리즘이라 부른다.

아나키즘이 동아시아에 전파된 것은 1900년대 초였다. 당시 일본에서 게토야마 센타로煙山專太郞가 『근대 무정부주의』라는 책을 출판하면서(1902) 아나키즘을 '무정부주의'라고 번역했다. 이후 한국과 중국 등지에서도 이를 무정부주의라고 부르게 되었다.

한국인들은 대체로 아나코 코뮤니즘을 받아들였고, 일부에서는 아나코 생디칼리즘을 받아들였다. 아나코 코뮤니즘은 국가와 제도를 폐지하고 코뮨을 단위로 하는 자유연합에 의한 사회 조직을 만들 것을 주장하며, 사유재산제도를 철폐하고 공산제를 실시하는 것을 이상으로 한다. 하지만 이는 자본을 정부로 집중하는 공산주의와 달리, 정부가 없는 생산자 자치의 자유공산주의-무정부공산주의를 지향한다. 즉 모든 재화는 사적 소유나 국가 소유가 아니라 단위 조직인 코뮨의 공동소유로 한다는 것이다. 그리고 자신이 노동한 만큼 분배받는 집산주의적 아나키스트 사회나, '노동하지 않는 자는 먹지 말라'는 원칙에 의해 '임금노예가 되지 않으면 먹을 수 없는' 소비에트 사회와는 달리, 각 개인은 능력껏 일하고 필요한 만큼 분배받는다. 또 아나코 코뮤니즘 사회에서는 도덕과 종교, 가족제도 등이 소멸된다. 그것은 도덕이나 종교가 지배계급이 자신의 지배를 합리화하고 민중을 기만하기 위해 만들어놓은 이데올로기에 불과하고, 가족제도 또한 개인의 자유의사를 구속하는 제도이기 때문이다.

한편 아나코 생디칼리즘은 모든 생산수단을 생산조합 공유로 하고 노동조합 등 생산조합을 사회의 기본단위로 설정하는 등, 생산조합을 중심으로 운영되는 사회를 건설하고자 하는 경향을 가리킨다.

한국에 아나키즘이 소개되기 시작한 것은 역시 1900년대 초, 일본의 고토쿠 슈스이幸德秋水의 『장광설』이라는 아나키즘 관련 책이 국내에 소개되면서부터였다. 하지만 아나키즘이 본격적으로 소개되고 아나키스트들이 등장하기 시작한 것은 3·1운동 이후의 일이었다. 당시 신문과 잡지에는 사회주의 사상을 비롯한 각종 신사상들이 소개되었는데, 이때 아나키즘도 함께 소개되었다. 그리고 아나키즘운동은 주로 일본에서 귀국한 유학생들을 중심으로 시작되었다.

1920년대 일본에서의 한인 아나키즘운동

일본에서는 1900년을 전후하여 아나키즘이 수용되었고, 사회주의자 고토쿠 슈스이가 1903년 『평민신문』을 발간한 것을 계기로 아나키스트로 전향하여 활동을 개시했다. 그가 이른바 '대역 사건'으로 처형당한 뒤 오스키 사카에大杉榮가 그의 뒤를 이어 아나키즘운동의 선두에 나서게 되었는데, 그는 재일 한인에게 아나키즘을 전파한 대표적인 일본인이었다.

한인 학생들은 3·1운동 이후 처음으로 아나키즘운동을 주목하기 시작했다. 한인 최초의 아나키즘단체는 1920년 11월 결성된 '조선고학생동우회'로서, 고학생과 노동자의 상호부조를 표방한 친목단체였다. 간부는 박열과 정태성 등이었다. 그리고 1921년 11월 일본 내 한인 학생들에 의해 '흑도회'가 조직되었다. 이는 일본 내 유학생들 최초의 이념 서클로서, 이후 많은 유학생단체들에 큰 영향을 주었다. 흑도회는 박열을 비롯한 20여 명이 결성한 단체로, 기관지로 『흑도』를 발행했다. 당시 회원은 박열·김판권·권희국·김약수·임태용 등이었다. 흑도회의 선언문은 "우리는 각인의 자아를, 자유를 무시하고 개성의 완전한 발전을 방해하는 그 어떤 불합리한 인위적 통일에도 끝까지 반대하며, 또 그것을 파괴하는 데 전력을 다한다"고 하여, 그들이 슈티르너의 개인주의적 아나키즘에 공명하고 있었음을 보여준다.

그런데 흑도회는 1922년 11월 박열·백무·조봉암·서상일·이용기·이옥 등 자유연합적 아나키스트의 실행파와, 김찬·김종범·이명건·김약수 등의 중앙집권적 볼셰비키의 이론파로 양분된다. 전자의 세력은 흑도회를 '흑우회'로 개칭하고 『불령선인』이라는 잡지를 발간하기 시작했다. 그리고 후자의 세력은 분리하여 북성회를 조직하고 사회주의운동을 해 나갔다.

박열은 1922년 5월경 가네코 후미코金子文子와 동지 관계가 되었으며, 이후 아나키즘의 실현을 위해 급진적 투쟁 방법을 모색하게 된다. 대표적인 예가 1923년 10월로 예정되어 있던 일본 황태자의 결혼식에서 요인을 암살하는 계획을 세운 것이다. 이를 위해 그는 '불령사'라는 비밀결사를 조직하고 김중한을 상하이에 파견하여 폭탄을 구입하기로 했다. 그러나 1923년 9월 예기치 않은 간토대지진이 일어나 일본 경찰이 사회주의자와 아나키스트들을 체포하는 가운데 이들도 체포되었으며, 폭탄도 발각되었다. 결국 박열과 가네코의 암살 계획(이른바 '대역 사건')이 드러났고, 이들은 옥살이를 하게 된다.

이 사건 이후 일본에서 한인 아나키스트운동은 침체 상태에 들어갔다. 이에 최규종·장상중·정태성 등은 일본 아나키스트단체 '흑색청년연맹'에 가입하여 활동하는 한편, 흑우회의 기세를 만회하려 했다. 이들은 기관지 『흑우』와 팸플릿 『소작운동』을 발행하여 선전 활동에 나섰다. 하지만

1926년 7월 가네코 옥사 사건에 얽힌 괴사진 사건(따로 수감된 박열과 가네코가 한 감방에서 다정한 자세로 함께 있는 사진이 발견됨)이 정계에 일대 파문을 야기하고 일본 사회의 주의를 끌자, 운동에 지장이 있을 것을 우려하여 흑우회를 해체했다. 그리고 같은 해 11월 자유연합주의를 내걸고 '흑색전선연맹'을 조직했다. 12월에는 박열의 뜻을 계승한다는 의미에서 '불령사'로 개칭했지만, 당국의 탄압에 의해 1927년 2월 다시 '흑풍회'로 개칭했다. 흑풍회는 기관지『자유사회』를 발행하고 노동자들을 대상으로 선전 활동을 폈다. 흑풍회는 1928년 1월 명칭을 '흑우연맹'으로 개칭했다. 흑우연맹은 기관지『호조운동互助運動』을 발행했다. 오사카에서도 한인 아나키스트단체 '신진회'가 조직되어 기관지『희소식』을 발행하면서 선전 활동을 전개했다.

이후 재일본 한인 아나키스트들은 합동으로 기관지를 발행하기로 하여, 1930년 7월 조선동흥노동동맹과 흑우연맹이 함께『흑색신문』을 발간했다. 이 신문은 모두 37호까지 발간되었다.

1920년대 국내 아나키즘운동

1920년대 국내 아나키즘운동은 주로 일본에 유학한 학생들이 귀국하면서 그 영향으로 시작되었다. 국내에서 시도된 최초의 아나키즘 조직은 '흑노회'였는데, 1923년 1월 이윤희·이강하·신기창·김중한 등이 조직한 것이다. 이들은 개인의 자아를 중시하는 '개인적 아나키즘'을 표방했다. 하지만 이 단체는 3월에 개최 예정이었던 강연회가 일본 경찰의 저지로 열리지 못하자 사실상 해체된 것으로 보인다.

1923년 9월 박열의 '대역 사건' 이후 일본에서 '흑우회'를 조직했던 한인 아나키스트들이 귀국하여 1925년 5월 '흑기연맹'을 결성키로 하고 창립대회를 추진하던 중 경찰에 체포됨으로써 무산되었다. 이를 주도한 인물들은 곽철·한병희·이창식·서상경·홍진유 등인데, 서상경과 홍진유는 박열의 '대역 사건'에 연루되어 조사를 받은 뒤 면소된 인물이었다.

이어서 등장한 단체가 1925년 대구에서 조직된 '진우연맹'이다. 도쿄의 불령사 사건에서 면소된 서동성과 방한상 등이 주도했는데, 이들은 대구 노동친목회를 포섭하는 등 노동 조직에도 침투했으며, 일본의 일본인 아나키즘단체와도 연결을 가졌다.

1925년을 전후하여 주로 남부 지방에서 이루어진 아나키즘 조직운동은 대부분 실패로 끝났다. 이후 아나키즘 조직운동은 주로 중부·북부 지방을 중심으로 전개되었다. 1927년 강원도 이천에서는 이은송을 중심으로 한 청년들이 '이천자유회'를 조직했다. 같은 해 원산에서도 이향 등 청년들이 '본능아연맹'을 조직했다. 그 밖에도 함흥의 함흥자연과학연구회 및 함흥정진청년회, 용강의 흑전사, 단천의 단천흑우회 등이 있었다. 또 진주, 창원(흑우연맹), 충주(충주문예운동사), 안주(안주흑우회), 마산, 제주(우리계), 철산(철산흑우회) 등지에도 아나키즘 조직이 있었다.

1920년대 후반 국내의 대표적인 아나키즘 조직은 관서흑우회가 주도한 '조선공산무정부주의자연맹'이다. 관서흑우회는 1927년 12월 평양 천도교 강당에서 관서동우회라는 이름으로 창립되었고, 곧 이름을 관서흑우회로 고쳤다. 관서흑우회는 창립선언문에서 "현하 조선의 노동운동은 일대 위기에 빠져 있다. 그것은 소위 단일적이란 미명하에 전 무산대중의 전투의식을 마비시켜 노동운동의 근본정신을 말살하려 하는 적색 개량주의 일파의 소위 방향전환운동 때문이다. 이때에 있어서 우리는 더욱 명확한 계급적 기치하에서 그들에게 농락당하는 대중을 바른 길로 구출하지 않으면 아니 될 것을 절실히 느끼는 바이다"라고 선언했다. 이는 당시 사회주의자들이 민족주의자들과의 협동전선으로 신간회를 만들고, 노동운동보다 신간회운동에 더 역량을 집중했던 것을 비판한 것이다. 이들은 창립 이후 일본 아나키즘 잡지인 『흑색전선』 지국을 설치하고 농촌운동사, 소년회, 노동조합, 노동야학 등을 조직하여 활동의 폭을 넓혀 나갔다.

관서흑우회는 전국적인 단일 조직이 필요하다고 생각하여 1929년 11월 평양의 백선행기념관에서 전국아나키스트대회인 전조선흑색사회운동자대회를 개최하고자 했으나, 경찰에 의해 금지당했다. 이에 그들은 비밀리에 대동군 기림리의 송림에서 조선공산무정부주의자연맹을 결성했다. 그들은 결의문에서 "현재의 국가제도를 폐지하고 콤뮨을 기초로 한 자유연합적 사회제도를 건설할 것, 현재의 사유재산제도를 폐지하고 지방분산적 산업 조직으로 개혁할 것, 현재의 계급적·민족적 차별을 철폐하고 전 인류의 자유·평등·우애의 사회를 건설할 것" 등을 결의했다. 이들은 또 아나키즘운동 방침도 구체적으로 명기했는데, 적색운동자와 대립항쟁을 하지 말 것, 농민대중에 대한 운동을 진전시킬 것, 다른 민족적 단체에 가입하지 말 것 등이었다. 조선공산무정부주의자연맹은 단천·원산·함흥 등 함경도 지방에서 세력을 확장해 나가던 중, 1931년 4월 일본 경찰에게 연맹의 존재가 발각당하고 말았다. 그리하여 평양·단천·신의주·청진 등지에서 대대적인 검거선풍이 불었다.

1920년대 중국에서의 아나키즘운동

중국의 아나키즘은 프랑스와 일본으로부터 유입되었는데, 특히 리스청李石曾으로 대표되는 아나키스트들은 '파리 그룹'이라 불렸다. 이들은 기관지『신세기』를 통해 중국의 모든 기존 가치와 제도를 파괴하고 새로운 가치관에 의한 새 질서를 건설해야 한다고 주장했다.

중국의 한인 아나키스트들은 중국인 아나키스트들로부터 큰 영향을 받았다. 예를 들어 이을규, 이정규 형제는 리스청, 차이위안페이蔡元培 등 파리 그룹으로부터 큰 영향을 받았다. 이들은 당시 베이징에 머무르면서 베이징대 총장 차이위안페이, 교수 리스청의 도움으로 1922년 베이징대 경제학부에 편입하여 재학하면서 아나키스트들과 교류했다. 신채호도 리스청·우즈후이吳稚暉 등과 교분이 두터웠다. 한편 이정규에 의하면, 이회영은 1923년 이정규가 중국인 아나키스트들과 함께 호남성에 이상촌을 개발하기 위해 만주에서 농장 경영 경험이 있는 이회영을 찾아가 의논했을 때 처음으로 아나키즘 이론을 듣고 관심을 보였으며, 특히 아나키즘의 자유연합론에 큰 공감을 표시했다고 한다.

한인 아나키스트들은 1924년 4월 말 베이징에서 '재중국조선무정부주의자연맹'을 결성했다. 창립 당시 참석한 멤버는 이회영·이을규·이정규·정현섭·백정기·유자명 등 6명이었다. 신채호와 유림은 사정이 있어 참석하지 못했다. 이들은 기관지로『정의공보』를 만들어, 이회영의 자금으로 9호까지 발행했다.

이들과 별도로 유기석·심용해는 1924년 10월 베이징 민국대학에서 샹페이량向培良 등 중국 학생들과 함께 '흑기연맹'을 조직했다. 이들은 1925

년부터 차이위안페이·리스청·우즈후이 등의 지원으로 중문 『동방잡지』를 발간하고, 크로포트킨 연구모임을 조직하기도 했다.

1927년 후반 이후 중국의 한인 아나키스트들은 크로포트킨의 아나코코뮤니즘의 입장을 보다 분명하게 천명하고, 연맹의 명칭도 '재중국조선무정부공산주의연맹'으로 개칭한 뒤 자금난으로 발간 중지되었던 기관지를 『탈환』으로 개명하여 1928년부터 발행했다. 또 1928년 6월에는 국제연대를 위해 '동방무정부주의자연맹'에 가맹했다. 동방무정부주의자연맹은 당시 상하이에 7개국 대표 2백여 명이 모여 만든 국제 조직이었다.

1920년대 중국의 한인 아나키스트운동에서 중요한 일은, 만주에서 한인들을 기반으로 이상 사회를 건설하려 시도한 것이다. 1926년 홍성 출신 김종진은 톈진에서 이회영을 만나 아나키즘에 관심을 갖게 되었고, 1927년 10월 만주에 가서 신민부를 이끌고 있던 김좌진을 만나 신민부의 군사부 위원으로 참여했다. 김종진은 1929년 만주에서 활동하던 유림과 난징에서 온 이을규를 만나 만주의 독립운동 진영에서 공산주의의 침투를 막기 위해서는 아나키즘을 받아들여야 한다고 논의하고 김좌진을 설득했다. 그리하여 '신민부'는 '한족총연합회'로 개편되고 아나키즘 원리에 따라 운영되기 시작했다. 또 김종진·이준근·이강훈·이붕해 등 만주의 아나키스트들은 1929년 7월 '재만조선무정부주의자연맹'을 조직했다. 한족총연합회는 그 목적으로 "교포들의 집단정착사업, 교포의 유랑 방지, 집단부락 촉성" 등을 내걸었으며, "영농지도와 개량, 공동판매, 공동구입, 경제적 상조금고 설치 등을 목적으로 하는 협동조합사업"을 전개하겠다고 밝혔다. 하지만 이런 활동은 공산주의자들에게 큰 경계심을 불러일으켰다. 결국 1930년 1월 공산주의자 김종환의 지시로 박상실이 김좌진을 암살함으로써 운동은 위기를 맞았다. 이후에는 이을규·김종진 등이 운동을 이끌면서 자금을 모아 이상농촌을 만들려 했지만, 1931년 7월 이준근·김야운이 피살되고 김종진도 행방불명됨으로써 운동의 막을 내렸다.

재중국 아나키즘운동에서 또 하나 중요한 것은 의열단에 끼친 영향이다. 의열단은 1919년 11월 만주 길림에서 밀양 출신 김원봉이 조직한 급진단체였다. 유자명은 1921년 의열단에 가입한 이래 의열단 투쟁에 아나키즘적 급진투쟁이론을 제공했다. 1922년 겨울에는 유자명이 김원봉과 신채호를 연결시켜 신채호가 「조선혁명선언」이라는 의열단 선언문을 써주기도 했다. 이후 아나키즘은 의열단의 정신적 지주가 되었다고 할 수 있다. 하지만 김원봉이 점차 공산주의 쪽으로 기울게 되면서, 의열단은 1929년 의열단 상하이지부의 해단 성명 이후 사실상 활동을 중지했다.

1930년대 이후 국내외 아나키즘운동

1930년대 국내에서 아나키즘운동은 침체 상태를 보였다. 하지만 일본에서는 동흥노동동맹이 여전히 아나키즘 활동을 이어가고 있었다. 이들의 기관지 『흑색신문』은 1935년까지 발간되었다. 또 일반노동조합이라는 노동단체가 도쿄를 중심으로 활동했다. 효고에서는 '조선동우회'가 조직되었으며, 도쿄에서는 '흑우연맹', 오사카에서는 '아나키스트청년연맹' 등이 조직되었다.

중국에서는 1930년 4월 유자명·장도선·정해리·유기석 등이 상하이에 모여 '남화한인청년연맹'을 결성했다. 1931년 11월에는 중국인 아나키스트와 한국인 이회영·정현섭·백정기 등이 상하이에서 모임을 갖고 '항일구국연맹'을 결성했다. 이들은 "적 군경기관 및 수용기관의 조사·파괴, 적 요인의 암살, 중국인 친일분자의 숙청" 등을 목적으로 했으며, 실천을 위해 '흑색공포단'을 조직했다. 흑색공포단은 1933년 친일협력자였던 옥관빈과 그의 형 옥승빈을 김구와 정화암의 협력하에 암살했다. 또 1933년에는 상하이에서 백정기·원심창·이강훈 등이 일본공사 아리요시 아키라 有吉明를 암살하려다 실패하기도 했다(육삼정 사건). 1935년에는 상하이 한인 거류민회 부회장 이용로를 암살했다. 이처럼 1930년대 중국 내 한인 아나키즘운동은 항일의열투쟁으로 특징지어진다. 반면 농민·노동자로의 저변 확대에는 한계를 보였다.

1940년대로 접어들면서 일제의 중국에 대한 압력이 가중되자 아나키스트들은 적극적인 대일항전에 나섰다. 1939년 10월 나월환을 중심으로 '한국청년전지공작대'가 조직되었는데, 이들은 유림 등 아나키스트가 임정에 참여하면서 1941년 1월 광복군에 합류했다.

05

1937년 새 총독으로 부임한 미나미 지로는 한국 민족의 정체성을 말살하기 위한 황국신민화 정책을 강력히 펼쳤다. 중일전쟁이 장기화되고 태평양전쟁이 발발한 가운데 조선총독부는 각종 입법을 통해 전시체제를 만들었으며, 지원병·징용·징병 등으로 조선인들을 전쟁에 동원했다. 그런 가운데 국내에서는

중일전쟁·태평양전쟁기 독립운동 세력의 결집 (1937~1945)

건국동맹 등이 조직되어 해방의 날을 준비하고 있었다. 또 국외에서는 전선에서 싸우던 화북과 만주의 항일 무장 세력이 후일을 대비하기 위해 일보 후퇴했다. 한편 중국 관내의 좌우파 세력은 결국 임시정부를 중심으로 결집했다. 이로써 임시정부는 좌우파 통합정부로 거듭났으며, 건국강령과 임시헌장 제정 등 체제 정비를 통해 해방과 건국의 날을 준비해 나갔다.

미나미 총독의 황국신민화 정책

'내선일체'와 황국신민화

1936년 6월 새 총독으로 임명된 미나미 지로南次郎는 도쿄에서 기자들에게 "만주사변을 계기로 내선융화의 정신은 내선일체로 바뀌었다"면서, 이제는 "만주와 조선의 융화가 조선 통치의 기본 방침이 될 것"이라고 선언했다. 즉 미나미 총독의 조선 통치 방침은 '내선일체'와 '만선융화'였던 것이다. 그해 8월 조선에 부임한 미나미 지로는 1937년 4월 국체명징國體明徵, 선만일여鮮滿一如, 교학진작敎學振作, 농공병진農工竝進, 서정쇄신庶政刷新의 이른바 '조선 통치 5대 정강'을 발표했다.

미나미 총독은 부임 직후 '신사규칙神社規則'을 개정·공포하여 전국에 57개 신사를 새로 건립한 데 이어, 1면 1신사의 원칙을 세워 산간벽지의 면에까지 신사를 세우게 했으며(1943년 854개), 신사참배를 강요하기 시작했다. 총독부는 이미 1919년 7월 남산에 아마테라스 오미카미天照大神(일본 황실의 시조신)와 메이지천황을 제신으로 하는 조선신사를 세웠고, 이를 1935년 '조선신궁'이라 개칭하여 조선인 학생들에게도 신사참배를 강요했다. 그러면서 개신교 학교의 선교사들과 총독부의 갈등이 시작되었으며, 이는 결국 개신교 계통 학교 상당수가 폐교되는 사태로 이어졌다.

미나미 총독은 1937년 7월 중일전쟁이 발발하자 조선인의 '황국신민화' 정책을 본격화하기 위해 그해 10월 「황국신민서사」를 제정했다. 이는 아동용과 중등학교 이상의 학생 및 일반용의 두 종류가 있었다. 그 가운데 아동용을 보면 다음과 같다.

① 나는 대일본제국의 신민이다.

② 나는 마음을 합해 천황폐하께 충의를 다한다.

③ 나는 인고단련忍苦鍛鍊하여 훌륭하고 강한 국민이 된다.

이 서사는 학교를 비롯해 관공서·은행·회사·공장·상점 등 모든 직장의 조회, 기타 회합에서 제창되었다. 미나미 총독은 또 그해 9월 6일을 애국일로 정하고, 이후 매월 6일에 애국일 행사를 갖도록 했다. 애국일에는 신사참배, 국기게양, 황국신민서사 제창, 근로봉사 등이 강제되었다. 같은 해 11월에는 '국민정신작흥주간'을 설정하고 그 첫날을 '신사참배 국체명징의 날'로 선포했다. 학생들뿐만 아니라 각종 사회단체에 속한 일반인들에게도 신사참배를 강요하기 시작한 것이다. 미나미 총독은 1938년에는 부여신궁 건립 계획을 세웠으며, 전국적으로 신사(神社, 神祠) 약 2,300개를 세웠다. 그리고 기독교도에게도 신사참배를 강요하고 거부자는 투옥했으며 교회는 폐쇄했다. 조선인의 가정마다 가마다나神棚(신을 모신 상자)의 설치를 강요하고 수시로 예배를 드리도록 했으며, 천조대신의 부적을 강매했다. 또 천황이 있는 도쿄를 향한 동방요배나 정오묵도를 강요했다.

창씨개명과 일본어 상용 강제

조선인을 일본인으로 만든다는 황민화 정책은 '창씨개명'의 강요로 이어졌다. 총독부는 1937년부터 조선인의 성을 일본식 씨명으로 바꾸는 문제를 검토한 끝에 1939년 11월에 '조선민사령'을 개정하여 창씨개명을 강요하기 시작했다. 개정령은 한국인 고유의 성명제를 폐지하고 일본식 씨명제를 설정하여 "씨는 호주가 정한다", "조선인 호주는 본령 시행 후 6개월 이내에 새로 씨를 정해서 이를 부윤 또는 읍면장에게 제출할 것을 요한다"라고 했다. 그에 따라 조선인은 8월 10일까지 씨를 결정해서 제출해야만 했다.

총독부는 창씨개명 조치가 일시동인一視同仁의 이상을 구현하는 것이며, 팔굉일우八紘一宇의 이념을 실천하는 것이라고 선전했다. 또 조선인 가운데 저명한 인물들을 호출하여 '창씨개명'을 실천해 모범을 보일 것을 강요했으며, 창씨를 거부하는 이들에게는 여러 불이익을 주었다. 예를 들어, 창씨를 하지 않는 자의 자녀들에게는 각급 학교의 입학과 전학을 불허하고, 창씨하지 않는 자는 총독부의 기관에 일절 채용하지 않으며, 행정기관에서 처리하는 모든 사무의 취급을 거부하고, 심지어 창씨를 하지 않은 이름이 쓰인 화물은 철도국과 운송점에서 취급하지 않도록 했다.

조선인들 중에는 창씨개명에 항의해 자살하는 이들도 있었고, 남차랑南次郎(총독을 비유하여), 견분창위犬糞倉衛, 견마우돈犬馬牛豚 같은 야유 섞인 씨명을 제출하는 이도 있었다. 그러나 강요를 이기지 못해 기한 내에 씨명을 지어 제출한 이는 약 322만호(약 80%)에 달했다.

황국신민화를 위한 각종 작업은 교육현장인 학교에서 가장 철저하게 진행되었다. 총독부는 우선 1938년 '조선교육령'을 개정했다. 이를 통해 종래의 일본인과 조선인 학교의 제도 구별을 철폐하여 조선인 학교의 이름도 보통학교, 고등보통학교, 여자고등보통학교에서 일본인 학교의 이름과 같은 소학교, 중학교, 고등여학교로 고치게 했다. 교과목과 교과과정 등도 일본과 동일하게 했다.

일본어 상용 강제

사진 위는 수업 시간에 국어(일본어) 독본을 읽고 있는 초등학교 학생, 아래는 습자 시간에 일본어로
'쥐를 잡자'라는 표어를 쓰고 있는 여학생의 모습이다.

또 신교육령의 '소학교 규정'을 보면, 제1조에 "충량한 황국신민을 육성하는 데 힘쓸 것"이라 되어 있고, 제13조에는 "수신, 국어, 산술, 국사, 지리 등 필수과목을 배운 뒤 이들 교과목 이외에 조선어를 추가하는 것이 가능하며, 조선어는 이를 선택과목으로 할 수 있다"고 했다. 중학교와 고등여학교의 규정도 마찬가지였다. 즉 초중등 교육에서 조선어가 정규 교과목에서 빠진 것이다.

　당시 총독부가 황민화운동에서 특히 중시한 것은 '일본어 상용'이었다. 1937년 총독부는 행정기구에 근무하는 모든 조선인 관리 및 지방의원에게 일본어 상용을 강조했다. 그리고 1943년에는 '국어보급운동'을 대대적으로 전개했다. 일본어 상용을 위해 일본어를 이해하지 못하는 자를 위한 국어강습소를 개설하고 『국어교본』도 배포했다. 학교에서 학생들은 반드시 일본어만 상용해야 했으며, 이를 어길 경우 불이익을 주었다. 이러한 일본어 상용 강제에 의해 일본어를 해독하는 조선인 수는 1938년 전체 조선인의 12.4%에서 1943년에는 22.2%로 크게 늘어났다.

　이상과 같은 미나미 총독의 황민화 정책은 결국 조선인을 전쟁터로 내몰기 위한 것이었다. 1942년 5월 미나미 총독의 후임으로 부임한 고이소 구니아키小磯國昭 총독은 미나미의 뒤를 이어 '국체본의의 투철'과 '도의조선의 확립'을 주요 통치 방침으로 삼았다. 그러나 그의 재임 중 가장 중요한 임무는 아시아-태평양전쟁의 수행에 필요한 인적·물적 자원을 최대한 동원하는 것이었다.

전시체제와 강제동원

전쟁도발과 전시체제

1937년 7월 중일전쟁이 발발하자 조선총독부는 경찰력을 크게 강화했다. 우선 경기도와 함경북도에 외사경찰과를 신설하여 공산주의자의 국내 잠입을 경계하고 금의 밀수출을 단속했다. 또 총력전체제 강화를 위해 통제경제 위반사항을 단속하고자 1938년 11월 총독부의 경무국 경무과 및 각도 보안과에 경제경찰계를 설치하고, 1940년에는 이를 경제경찰과로 승격시켰다. 경찰 숫자도 점차 늘려 1935년에 19,400여 명이던 경찰이 1943년에는 22,700여 명으로 늘어났다.

1937년 11월에는 방공법을 시행하고, 1939년에는 총독부 경무국에 방호과를, 각도 경찰부 경찰계에 방공계를 두었다. 1939년 10월에는 종래의 방호단, 소방조, 수방단 등을 통합하여 '경방단'을 조직했다. 그 결과 경방단의 수는 2,427개, 경방단원은 181,221명에 달했다.

또 총독부는 1936년 12월 치안유지법 위반 관련 기소유예·집행유예·가출옥·만기출옥자의 사상 활동을 감시하기 위해 '조선사상범보호관찰령'을 제정 시행했다. 그리고 경성·함흥·청진·평양·신의주·대구·광주에 보호관찰소를 설치하여 독립운동가 및 공산주의자, 민족주의자로서 전향하지 않은 이들을 '사상범'이라는 명목으로 보호관찰의 대상으로 삼았다. 보호관찰 대상자는 판사, 검사, 형무소장, 보호관찰소장 등으로 구성된 보호관찰심사회에서 선정되었다. 보호관찰소의 보호사保護司는 대상자를 감시하고 취업알선 등을 통해 대상자를 회유하면서 전향을 유도했다.

1938년 7월에는 보호관찰소를 중심으로 사상 전향자를 모아 '시국대응 전선全鮮 사상보국연맹'이라는 단체를 만들고, 그들에게 '황국신민으로서 사상국방전선에서 반국가적 사상을 파쇄 격멸하는 전사가 되겠다'는 선서를 시켰다. 사상보국연맹에는 1940년 현재 3,300여 명이 가입되어 있었다. 한편 총독부 경무국은 1938년 8월 공산주의 사상 및 운동의 박멸, 일본정신의 고양을 목적으로 한 '조선방공防共협회'를 만들었다.

1941년 1월에는 사상보국연맹을 개조해 경성·함흥·청진·평양·신의주·대구·광주에 있던 각 지부에 독립된 '대화숙'을 만들고, 각 보호관찰소장이 회장이 되어 직접 '사상범'들을 지도하도록 했다. 대화숙은 그에 공명하는 인물까지 포섭하여 전향자로 하여금 사상보국운동을 강화하도록 했다. 그 결과 1943년 현재 91개 지부에 5,400여 명으로 회원이 늘어났다.

1941년 2월에는 비전향 사상범을 사회에서 격리수용하기 위해 '조선사상범 예방구금령'을 제정·실시했다. 또 예방구금소를 경성 서대문감옥 안에 설치하고 강제수용을 개시했다. 뿐만 아니라 같은 해 5월에는 치안유지법을 개정하여 공산주의자뿐만 아니라 아나키스트, 민족주의자, 유사종교 등으로 그 적용 범위를 확대했다.

그 밖에도 1941년 5월에는 국방보안법을 제정하여 군사기밀 외에 외교·재정·경제의 기밀 등 광범위한 영역에 걸쳐 이를 적용하고, 국가기밀의 누설·탐지·수집자에게는 사형, 무기 이하의 징역, 벌금 5천 원을 규정했다. 같은 해 12월에는 태평양전쟁 발발을 계기로 '조선임시보안령'을 공포하여 전시하 언론·출판·집회·결사의 비상시적 단속을 한층 강화했다. 특히 결사의 조직은 허가제로 했다.

징용·징병 등 강제동원

중일전쟁이 장기전에 들어가자 일제는 전력을 보충하고 침략전쟁의 총 알받이로 쓰기 위해 조선인을 동원하는 정책을 추진했다. 그에 따라 1938 년 2월 '육군특별지원병령'으로 지원병제도를 실시하고, 이어서 군대식 훈련을 위해 나남·함흥·평양·대구 등지에 훈련소를 설치했다. 1941년 12 월 일본이 태평양전쟁을 일으킨 뒤, 총독부는 조선인 청년들을 태평양 전 선에 동원하기 위해 1943년 7월 '해군특별지원병령'을 공포하고 같은 해 8월부터 시행했다. 아울러 전문학교 학생들에 대한 '학도지원병' 강제도 시작되었다. 그에 따라 1943년까지 23,000여 명이 학도지원병이라는 이름 으로 동원되었다.

그리고 1942년 5월에는 1944년부터 조선에서 징병제를 실시하기로 결 정하고 준비에 들어갔다. 중등학교 이상 학교에는 현역 장교를 배속시켜 학생들에게 군사 훈련을 시켰고, 국민학교 졸업생은 청년훈련소에, 이를 수료하지 못한 자는 청년특별훈련소에 넣었다. 같은 해 10월에는 일제히 징병 적령 신고를 하도록 했는데, 적령자의 96%인 약 258,000명이 신고했 다. 1944년 4월 마침내 징병제가 실시되었다. 그 결과 1945년 8월까지 육 해군 합계 19만여 명의 조선인 청년들이 전선으로 동원되었다. 그 밖에도 군속, 군무원으로 동원되어 군사시설 공사, 포로감시원, 운수, 경리 등으 로 일한 이들도 약 15만 명에 달했다.

전선의 병력 동원뿐만 아니라 후방의 노동력 동원도 실시되었다. 1938 년 일본 본토에서 '국가총동원법'이 공포된 이후 '국민직업능력 신고령' 등 각종 노동관계 법령이 공포되었고, 이는 동시에 조선에도 적용 실시되

전국 곳곳에서 벌어진 학도병 출병식(1943)

었다. 1939년 7월 일본에 '국민징용령'이 반포되었는데, 조선에서는 민족적 저항을 우려하여 '모집'의 형식으로 노무동원 계획이 실시되었다. 그 결과 1940년에는 '조선직업소개소령'이 공포되고, 6개의 관영 직업소개소가 설치되어 '관 알선'에 의한 노동력 동원이 시작되었다. 관의 알선에 의한 노동력 동원이란 일본의 탄광이나 공장에서 필요한 노동자를 결정하여 현지의 부·현 장관에게 모집신청을 하면, 부·현 장관은 이를 후생성에 보내고, 후생성은 이를 다시 조선총독부에, 총독부는 다시 각 도에 할당하고, 각 도는 군에, 군은 면에 할당하여, 허가받은 모집인이 면사무소 직원, 구장, 경찰, 면 유력자 등의 도움을 받아 노동자를 모집하는 방식이었다. 모집된 노동자는 주로 일본 본토의 석탄광산, 금속광산, 토목건축, 공장 등에 보내졌다. 또 1941년 일본 정부는 조선인 노무자를 일본 본토 외에 만주, 사할린, 남양군도에 보내 주로 생산 확충 및 국방 토목 건축업의 요원으로 충당한다는 방침을 세웠다.

태평양전쟁 발발 이후 총독부는 '국민근로보국협력령'을 공포하여 노동력 동원을 본격화했다. 1942년 3월에는 대규모 '국민동원계획'을 수립하고, 더욱 강화된 '관 알선' 방식으로 다수의 조선인들을 '근로보국대'라는 이름으로 동원했다.

1944년 4월에는 '긴급학도근로동원방책요강', '학도동원비상조치요강' 등 각료회의 결정에 기초한 학생동원 계획이 수립되었고, 4월부터는 초등학교에서 대학, 전문학교에 이르는 모든 학생들을 군수물자 및 식량증산, 국방시설 건설 등에 동원했다.

1944년 2월 8일 총독부는 이른바 '현원징용現員徵用' 실시를 발표했다. '현원징용'이란 조선 내 공장이나 광산에서 이미 일하고 있는 공장장 이하 종업원을 전원 징용하여 작업장을 이동하지 못하도록 하는 것이었다. 그들에게는 영장이 전달되었고, '응징사應徵士', 즉 징용에 응한 전사라는 호칭이 주어졌다. 1944년 8월부터는 '일반징용'이 시작되었다. 일반징용이란 일정한 연령대의 남성에게 영장을 발부하여 신체검사를 한 뒤, 노무자로 일본 본토와 조선, 기타 전선으로 보내는 것을 말한다.

이와 같이 '모집', '관 알선', 그리고 '징용'에 의해 1939년 이후 1945년까지 일본으로 강제연행된 이는 112만 여명에 달하는 것으로 알려져 있다. 특히 1944년에 약 38만 명, 1945년에 약 33만 명으로 가장 많았다. 이들은 일본에서 석탄광산, 금속광산, 토건, 항만 하역, 공장노동 등에 투입되었다.

총독부는 그 밖에도 조선 내에서 부족한 노동력을 확충하기 위하여 1938년부터 관제 근로보국운동을 일으켰다. 학생들은 학교 단위로, 일반인은 마을 단위로 근로보국대를 조직케 하여 이들을 동원했다. 이때 학생들은 '학도근로보국대', 일반인들은 '일반근로보국대'라고 불렸다. 또 여성들도 1944년 봄부터 '여자근로정신대'라는 이름으로 동원되어, 초등학교 5~6학년생, 혹은 초등학교 졸업 후 1, 2년 이내의 조선 소녀들을 조선이나 일본에 있는 공장에 집단으로 동원하여 노동을 시켰다. 1944년 8월 칙령으로 발령되어 조선에도 적용된 '여자정신근로령'은 이미 조선에서 실행되고 있던 것을 법규화한 데 불과했다.

한편 중일전쟁의 확대에 따라 일본군은 전선의 병사들의 정신적 위안을 도모한다는 구실로 군 위안소를 설치했다. 위안소 경영은 민간인 업자들에게 위임한 것으로 보이지만, 군은 위안소를 일일이 감독했다. 민간 업자들은 일본에서는 유곽에 있던 여자들을 전장으로 데리고 갔지만, 조선에서는 관청의 관리하에 조선 여성들을 취업사기, 인신매매, 협박, 폭력 등의 방식으로 끌고 가서 군 위안부로 만들었다.

쌀과 광물자원의 수탈

중일전쟁이 시작되자 미나미 총독은 1938년 9월 도 산업부장 회의에서 "조선은 대륙 전진 병참기지로서의 사명을 다해야 한다"고 강조했다. 여기서 '병참기지'란 군용 식량과 각종 군수물자의 공급 기지라는 뜻이다.

그리하여 경제공황, 쌀의 풍작, 미가 하락 등으로 인해 1934년 중지되었던 산미증식계획이 1938년 다시 부활되었다. 그러나 1939년 큰 가뭄으로 조선에서 쌀 생산이 크게 줄어들어 미곡 사정이 악화되었다. 이에 총독부는 '미곡배급통제법' 및 '조선미곡시장주식회사령', '조선미곡배급조정령' 등을 공포하여 조선미의 통제와 공출을 제도화하고 아울러 배급제도를 시작했다. 총독부는 또 일본으로의 쌀 이출을 늘리기 위해 1939년부터 관헌을 총동원하여 잡곡혼식을 장려하고 미곡공출을 강제했다.

총독부는 전시 식량 확보를 위한 미곡 증산을 목표로 '신조선미곡증식계획'을 1940년부터 실시했다. 이는 경종법 개선과 토지개량을 통해 조선에서 대폭적인 쌀 증산을 달성하여 일본으로 실어간다는 계획이었다. 또미곡의 소비 규제를 위해 각 도에 식량배급조합(도배道配)을 조직하고, 다시 부府·군郡에도 같은 배급 조직을 만들었다. 각 도에서는 확보해야 할미곡의 수량을 총독부로부터 지시받아 미곡을 매입했다. 그러나 총독부는 이것만으로는 충분한 미곡을 확보하기 어렵다고 보고, 1940년에는 일본에서 시행되던 임시미곡배급규칙, 미곡관리규칙을 조선에도 적용하여 미곡 관리를 더욱 강화했다.

그리하여 미곡은 모두 공출제가 되었으며, '도배'는 생산자 가격으로 미곡을 매입했다. 미곡 대금은 지급 전에 1할을 공제해 강제로 저금하게 하고 비료대·조합비·부채 기타를 공제한 뒤 지급되었기 때문에, 농민은 극히 적은 액수의 대금만 받았다. 또 공정미가도 헐값이었고, 매입이 늦어질 때도 있어서 비료대와 부채의 변제에 곤란을 겪기도 했다. 규정된 소비량만 남기고 모두 공출했는데도 종종 관헌의 집수색을 당하기도 했다.

1941년에는 도 식량배급조합이 확대 강화되어 도 양곡배급조합이 되고, 중앙에 조선양곡중앙배급조합을 만들어 미곡의 소비통제를 더욱 강화했다. 1942년에는 중앙에 조선양곡주식회사, 지방에 각도 양곡주식회사를 만들어 양곡의 매입·배급·매도 및 이출입 등 모든 것을 종래의 '도배'를 대신해 관장하도록 했다.

식량수급 사정이 점점 급박해지자, 1943년에는 벼·백미·현미 외에 보리·조·피·옥수수·수수·메밀·콩·팥 등 모든 잡곡이 통제 대상에 포함되었다. 그리고 '조선식량관리특별회계법', '조선식량관리령' 등을 공포하고, 이에 기초한 조선식량영단을 설립하여 식량 문제를 모두 관리하도록 했다. 1944년 일본 정부는 조선에서 쌀 2,600만 석, 보리 1,000만 석, 잡곡 900만 석 등을 생산한다는 목표를 세우고 이를 각 마을과 개별 농민들에게 할당하여 부과했다.

〈표 10〉에서 보는 바와 같이 1940년대에 미곡 생산은 점차 감퇴하고

<표 10> 1940~44년 식량 실태(단위: 1,000석)

연도	양곡 총생산고	미곡 총생산고	미곡 공출량		일본으로의 미곡 이출량		잡곡 수입량
1940	44,776	21,527	9,208	43.1%	4,232	19.7%	885
1941	46,121	24,885	11,255	45.2%	6,278	25.2%	233
1942	33,556	15,687	8,750	55.7%	1,303	8.3%	1,185
1943	36,775	18,718	11,957	63.8%	4,121	22.0%	2,057
1944	39,490	16,501	9,634	60.0%	1,756	16.9%	1,686

* 출전: 박경식, 『일본제국주의의 조선지배』, 청하, 1986, 424쪽.

있었는데, 공출량은 오히려 계속 늘어나 그 비중이 60%를 넘었다. 또 일본으로의 미곡 이출은 미곡 생산의 20% 내외를 점하고 있었다.

미나미 총독은 또 중일전쟁이 발발하자마자 '금광업 설비장려금 교부규칙'을 공포해 금광시설과 생산지원을 강화했다. 전쟁에 필요한 막대한 전비를 충당하기 위해서는 금의 증산이 필요하다고 보았기 때문이다. 그에 따라 광산업자나 사금 채금업자들은 시설비의 50%까지 총독부의 지원을 받을 수 있었다. 총독부는 1938년부터 1942년까지 연간 20톤의 산금량을 75톤으로 늘리기 위해 '산금 5개년 계획'을 세웠다. 1942년 일본의 금 생산량이 20톤이었던 반면, 조선의 금 생산량은 24톤으로 일본보다 많았다. 결국 조선에서 생산된 금은 모두 일본으로 반출되어 전쟁 수행에 필요한 장비나 무기, 연료구입 등에 사용되었다.

그러나 미국과 영국의 대일 경제봉쇄가 시작되고, 1941년 말 태평양전쟁의 도발로 국제통화로서의 금의 비중이 감소하게 되었다. 이에 총독부는 1942년 말 금광의 기자재와 노동력을 다른 분야로 돌리기로 하고,

1943년에는 금광업 정비에 들어갔다. 그 결과 1943년 말에는 1,250개의 금광 가운데 350개만 남게 되었다.

철광석의 생산량이 빈약했던 일본은 1940년 10월 미국이 고철의 대일 수출을 전면금지하자 그 대안을 조선에서 찾았다. 조선에서 철광석을 생산하는 광산은 황해도의 은율·재령·겸이포·은룡, 평남의 개천, 함남의 이원·단천·북청, 함북의 무산, 강원도의 삼화·양양, 경북의 문경 등지에 있었다. 이들 광산에서 생산되는 철광석은 1930년대 말 90~100만 톤 수준이었지만, 일본의 수요가 늘어나면서 1941년에는 169만 톤, 1943년에는 236만 톤으로 생산량이 크게 늘어났다. 그럼에도 총독부는 1944년 생산책임량을 총 478만 톤으로 더욱 크게 늘려 잡았다. 전쟁이 막바지로 향하면서 철광석 수요가 그만큼 늘어났기 때문이다.

그 밖에도 텅스텐·형석·몰리브덴·흑연·니켈·망간·납·아연·운모·석면·마그네슘 등 특수광물은 제조·도금·합금 용도로 근대 병기산업에 필수적이었다. 일본은 이 광물들을 조선에서 채굴, 수탈해갔다. 1943년 일본 특수광물 총생산에서 흑연·운모·마그네사이트 등은 100% 조선에서 생산된 것이었으며, 형석 95%, 텅스텐 88%, 몰리브덴 85%, 중정석 70%가 조선에서 생산된 것이었다.

일제는 이렇게 광산에서 광석을 수탈했을 뿐만 아니라, 1941년 '금속회수령'을 내려 철·동·청동·황동·동합금으로 만들어진 금속류를 모두 공출하도록 했다. 당시 회수 범위에 들어간 물품들을 보면, 철로 만들어진 교량난간, 기념보존물, 승강기, 가로등, 간판 및 광고물, 냉방장치, 해가림용 금속물 등이 있었다. 구리로 만든 동상, 신사 불각 경내의 시설물, 교량의

놋그릇 공출
일제는 전쟁 무기를 만들기 위해 각 가정에서 쓰는 놋그릇까지 공출했다(1942).

장식구슬, 차량 부속 금물, 나염 롤러, 수세변소 조정기의 일부 등도 포함되었다.

총독부는 1943년 12월 '조선중요물자영단령'을 공포하고, 법인으로 '조선중요물자영단'을 설립했다. 이 영단의 가장 중요한 역할은 전시 생활필수물자의 저장과 활용, 금속류의 회수 및 매도 등이었다. 그리하여 1944년부터 가정용 생활물품 중 철이나 구리로 된 것을 모두 회수했다. 1945년에 들어서는 항공기 제작의 원료가 되는 알루미늄의 긴급공출운동이 벌어지기도 했다.

중일전쟁 발발 이후 총독부는 조선이 병참기지의 역할을 다하기 위해서는 조선의 군수공업을 확충해야 한다고 보았다. 그래서 관련 업종으로 철강·경금속·석유·소다·유안·폭약·공작기계·자동차·철도차량·선박·항공기·피혁공업 등을 설정하고 확충 계획을 세워 나갔다. 이 가운데 가장 중요한 것은 제철공업(철강·경금속) 분야였다. 일본은 1937년 8월 '제철사업법'을 공포하고 이를 조선에 적용했다. 이제 조선의 제철회사는 모두 일본의 독점자본 아래 들어가게 되었다.

국내 항일운동 세력, 해방을 준비하다

경성콤그룹 등의 공산주의운동

중일전쟁 발발 이후 국내 항일운동 세력은 최후의 저항을 시도하면서 해방을 준비하게 된다. 이 시기 국내 항일운동의 가장 대표적인 조직은 조선공산당 재건운동을 전개한 '경성콤그룹'이었다. 경성콤그룹은 이재유 그룹을 이어 당재건운동에 착수한 공산주의자 그룹으로서, 서울을 중심으로 주로 함경도와 경남 지역에 기반을 두고 있었다. 이는 식민지시대 국내 최후의 공산주의자 조직이며, 해방 이후 조선공산당과 남로당의 핵심이 된 조직이다.

경성콤그룹은 검거를 피한 이재유 그룹의 이관술·김삼룡을 중심으로 1939년 4월에 지도부를 형성하고, 1940년 2월 출옥한 박헌영을 지도자로 하여 정식 결성되었다. 경성콤그룹은 ML-이재유계, 서울-상해계, 화요계 등 각 파벌 인물들을 망라했고, 최후까지 사상적 전향을 하지 않은 인물들로 구성되었다. 이들은 「12월테제」 이후 전개된 초기 당재건운동이 무원칙한 파벌투쟁이었다고 신랄하게 비판하고, 1933년 이후 당재건을 주도한 이재유 그룹과 권영태 그룹도 비판했다. 즉 이재유 그룹에는 파벌적 오류가 있었고, 권영태 그룹에는 전술적 오류가 있었다는 것이다. 이재유는 공산주의운동을 통일하려 했으면서도 권영태 그룹과 대립하는 모습을 보였으며, 권영태는 자신이 국제 노선이라고 말할 뿐 이재유 그룹 속에 들어가 대중을 끌어들이려 하지 않았다는 게 비판의 핵심이었다. 경성콤그룹은 이 한계를 뛰어넘어 새롭게 당재건운동을 전개하고자 했다.

경성콤그룹은 지식인들을 끌어들이는 데 신중했고, 조직 보위에 매우 신경을 썼다. 그리고 포섭 대상 인물들을 신중하게 조사한 뒤 이남래·정태식·서중석·이인동 등을 가입시켰다. 이들은 성급하게 당을 재건해서는 안 된다고 보았으며, 계급의식으로 각성된 노동자·농민을 중심으로 당을 조직해야 한다고 주장했다.

이관술은 교양자료와 기관지 『공산주의자』를 20~30부 만들어 배포했다. 박헌영은 1940년 5월 기관지의 이름을 『콤뮤니스트』로 바꾸었다. 이 기관지에는 세계혁명사, 조선운동사, 일제의 만행, 국제정세, 혁명이론, 조직 방법, 반전운동에 관한 기사들이 실렸다. 당시 경성콤그룹은 독소불가침조약의 체결(1939. 8), 독일의 폴란드 침공(1939. 9) 이후 소련의 동유럽 및 발트해 연안국 병합 과정에 혼란스러워했지만, '사회주의의 조국'인 소련을 방위해야 한다며 소련의 노선을 적극 지지했다. 또 중일전쟁 발발 이후 일본군은 반드시 패배할 것이라고 예측하고 있었기 때문에, 결정적 시기에는 무장봉기가 필요하다고 보고 중국공산당의 유격투쟁에 지대한 관심을 보였다. 기관지 『콤뮤니스트』에는 모택동의 유격대 전술과 관련된 글들이 상당수 게재되었다. 이들은 유격전만이 아니라 결정적 시기에는 도시폭동과 시가전을 일으켜야 한다고 생각했다. 1941년 8월에 그들이 발간한 기관지 『선전』에는 도시폭동과 무장봉기에 관한 글이 실렸다.

경성콤그룹의 조직 활동은 혁명적 노동조합과 혁명적 농민조합운동을 중심으로 전개되었다. 먼저 노동조합으로는 태창직물, 경성스프링제작소, 조선계기회사, 일본정공, 여러 인쇄소, 경성전기주식회사 등에 세포 조직(공장반)을 만들었다. 함경북도에서는 이관술이 직접 참여하여 6개의 비합법노조 조직을 만들었다. 혁명적 농민조합 조직은 경남 창원 상남면 등지에서 만들어졌다. 또 경성콤그룹은 농민의 반제·반전투쟁을 조직하고자 했고, 학생들의 조직도 재건했다.

그러나 경성콤그룹 조직원들은 결국 경찰의 촉수에 걸려 세 차례에 걸쳐 차례로 검거되었다. 1940년 12월 이현상과 김삼룡이 먼저 체포되었다.

1941년 1월에는 이관술도 체포되었다. 그리고 1941년 가을과 1942년 12월 경찰은 경성콤그룹 일제검거에 나섰다. 하지만 지도자인 박헌영은 체포되지 않았다.

태평양전쟁 시기에도 공산당재건운동은 진행되었다. 서울의 '공산주의자협의회'(1944), 함경도의 '자유와 독립 그룹'(1943) 등이 대표적인 조직이다. '공산주의자협의회'는 주로 서울에 거주하던 공산주의자들이 결성한 것으로, 서중석이 책임자를 맡고 이정윤·김일수·김태준·서완석·정창섭·김재갑·김재병 등이 참여했다. 이들은 박헌영과 연계를 맺기 위해 노력했으며, 이현상과는 연락관계를 갖고 있었다. 또 용산철도국 등 경인 지방 노동자들 사이에 조직을 형성하고 있었다. '자유와 독립 그룹'은 1943년에 조직되어 함경남북도 일대의 노동운동에 깊이 관련되었으며, 특히 함경북도 청진의 일본제철을 거점으로 활동했다. 이승엽·김일수 등이 만든 이 그룹은 『자유와 독립』이라는 기관지를 발간했다. 김일수는 공산주의자협의회와 자유와 독립 그룹 양쪽에 모두 관여했다.

공산주의자협의회는 1944년 말 이후 본격적으로 무장봉기에 대해 협의한 것으로 보인다. 해방 후 김태준이 회고한 바에 따르면, 이 그룹의 세포 조직이 검거되면서 공산주의자협의회 내의 군사문제토론회가 김태준에게 중국 옌안에 가서 김일성·무정 등과 함께 국내에 대한 군사대책을 세워보라고 지시했다고 한다. 그리하여 김태준은 1944년 11월 경성을 출발하여 1945년 4월 옌안에 도착했다. 또 군사문제토론회는 김일수와 김재갑의 소련 파견을 결정하여, 김일수는 블라디보스토크로 가던 중 해방을 맞았다. 이처럼 공산주의자협의회는 중국공산당, 소련, 화북조선독립동맹, 하바롭스크의 88여단 등과 연계하여 국내 진공 작전을 협의하려 한 것으로 보인다.

그 밖에도 함남 장진군 일대의 '임충석 그룹', 경남 부산 및 거제도의 '윤일 그룹', 서울의 이영·정백 등 스탈린단과 조동호 그룹 등이 있었다. 해방 이후 정백의 회고에 따르면, 스탈린단은 정백으로 하여금 화요회의 조동호 그룹과 접촉하여 공산당 결성을 촉진하게 하는 한편, 정종근에게 는 경성콤그룹의 박상준을 만나 여러 차례 합류 문제를 협의케 했고, 평 남·황해·강원도 지방을 비롯한 각도에 개별 조직 형태를 갖고 있었다고 한다. 또 화요회의 조동호 그룹은 조동호·정재달·최원택·홍남표·이승엽 5인으로 간부를 구성하고, 인천·황해·경북 등지에 지방 조직을 구성했다 고 한다.

조선건국동맹

건국동맹은 국내에서 활동하고 있던 여운형을 비롯한 인사들이 일제의 패망이 예견되는 가운데 이에 대비하기 위해 결성한 비밀결사였다. 여운 형은 1941년 태평양전쟁이 발발하자 일제가 곧 패망하리라는 확신을 갖 게 되었다. 그가 이렇게 결론을 내린 것은 세 가지 방면에서 정보를 얻었 기 때문이었다. 첫째는 1942년 두 차례에 걸쳐 일본을 방문했을 때 일본 정계와 군부 고관으로부터 정보를 얻었으며, 직접 미군의 도쿄 폭격을 목 격하기도 했다. 둘째는 옌안·베이징·만주에 있던 이영선·최근우 등이 보 내온 정보였고, 셋째는 국내에서 들은 단파방송 내용이었다. 특히 1942년 4월 도쿄 방문 시 항공모함에서 발진한 미군기의 도쿄 공습을 직접 목격한 그는 귀국 이후 승동교회 목사 오건영과 이재형에게 미군기의 성능이 일본기보다 우수하다고 말했다. 또 그는 미국 방송을 들으니 미국의 전쟁 준비가 대단하고, 장기전쟁에서 일본은 물자부족 때문에 의외로 빨리 패전할지도 모르며, 재미 한인은 대일 선전포고를 한 뒤 독립운동을 하고 있다는 것 등을 전했다. 그런데 이 말이 경찰의 귀에 들어가 여운형은 체포·투옥되었다. 이 일로 여운형은 징역 1년에 집행유예 3년, 오건영은 징역 6월에 집행유예 3년을 선고받았다.

여운형은 출옥 직후인 1943년 8월 조동호·이상도·이상백·최흥국·구소현·전사옥 등과 함께 '조선민족해방연맹'을 조직했다. 이들은 동지 획득, 자기완성, 조직 준비라는 목표 아래 활동을 개시하여, 1년에 걸친 준비 작업 끝에 1944년 8월 10일 경성부 경운정 삼광한의원 현우현의 집에서 '조선건국동맹'을 결성했다. 참가자는 여운형·현우현·조동호·김진우 등이었다. 이들은 친일파·민족반역자를 엄격히 제외하고 민족적 양심이 있는 인사를 망라하여 공장·회사·학교·대중단체에 세포 조직을 두기로 결정했다. 건국동맹의 목적은 두 가지였다. 하나는 항일투쟁을 통한 일제 패망의 가속화였으며, 다른 하나는 건국 주체 세력의 조직적 준비였다.

조선건국동맹은 1944년 10월 3가지 강령을 채택했다. 첫째는 대동단결하여 거국일치로 일본 제국주의 세력을 구축하고 조선 민족의 자유와 독립을 회복할 것, 둘째는 반추축국反樞軸國들과 협력하여 대일 연합전선을 형성하고 조선의 완전한 독립을 저해하는 일체 반동 세력을 박멸할 것, 셋째는 건설 부면에 있어서 일체의 활동을 민주주의 원칙에 의거하고 특히 노농대중의 해방에 치중할 것 등이었다. 이는 곧 반일 민족통일전선의

비밀결사 '조선건국동맹'의 결성
여운형은 1944년 서울 운니동 1번지 한의사 현우현의 자택에서 '조선건국동맹'을 결성했다. 사진 오
른쪽에서 세 번째가 여운형이다.

구축, 연합국과의 연대, 민주주의 원칙이었다. 또한 건국동맹은 3불^{三不} 원칙을 세웠는데, 그것은 건국동맹에 대해 일체 말하지 않는다(不言), 문서로 남기지 않는다(不文), 이름을 말하지 않는다(不名)는 것이었다.

건국동맹의 중앙 조직을 보면 위원장은 여운형, 국내에서 동지 규합과 조직 관리를 하는 내무부는 조동호·현우현, 국외 독립운동단체와 연락하는 외무부는 이걸소·이석구·황운, 자금조달과 관리를 하는 재무부는 김진우·이수목 등이 각각 맡았다. 그 밖에 여운형과 가까운 이상백·이여성·이만규·김세용 등이 참여했다. 이들은 대체로 중·장년층의 우국지사들이었다. 건국동맹은 지방 조직도 갖추어 각 도별 책임자를 정했다. 지방 조직 책임자는 대체로 1920년대에 신간회운동이나 노동·농민운동, 그리고 공산주의운동에 참여한 좌파 계열의 인물들이었다.

건국동맹은 부문별 조직도 갖추어 나갔다. 먼저 농민동맹이 1944년 10월 경기도 용문산에서 조직되었다. 참가자는 여운형·김용기·이장호·최용근·문의룡·권중훈·신재익·최용순·신홍진·박성복·주한점 등 13명이었다. 둘째, 학병·징용·징병 거부자 조직을 결성했다. 보광당·조선민족해방협동당·산악대 등은 건국동맹과 연결을 갖고 있던 조직들이었다. 또 1945년 3월에는 후방 교란을 위한 노농군 편성을 계획했으며, 조동호·이석구·이걸소가 공산주의자인 최원택·정재달·이승엽과 함께 군사위원회를 조직했다.

건국동맹은 해방이 임박하자 전국대표자대회를 열고 대책을 논의하려 했다. 그러나 1945년 7월 24일 대한애국청년당의 부민관 폭파 사건(서울 부민관에서 친일단체 대의당이 개최한 아세아민족분격대회장에 조문기 등 애국청년당원들이 폭탄을 설치하여 터뜨린 사건)이 일어났다. 또 함남에서의 공산당 비밀결사 검거 사건의 여파로 8월 4일 이걸소·황운·이석구·조동호 등이 검거됨으로써 대표자대회는 열릴 수 없었다. 이런 상황에서 8월 15일 해방을 맞게 된 것이다. 해방 다음 날인 8월 16일 여운형을 중심으로 한 건국준비위원회가 신속하게 만들어질 수 있었던 것은 1년 전부터 해방을 준비해 온 건국동맹이라는 조직이 있었기 때문이다.

학생운동

1930년대 후반 들어 학교에는 여러 변화가 있었다. 먼저 1935년 모든 중등학교에 일본인 현역 장교가 배치되어 교련을 실시하기 시작했다. 학교마다 일본 국왕의 사진을 안치한 봉안전이 세워져, 학생들은 등하굣길에 참배해야 했다. 또 학생들의 농촌계몽운동도 1935년부터 전면금지되었다. 미나미 총독이 부임한 1936년부터는 학교 이름도 일본식으로 변경되고 조선어 수업도 모두 폐지되었으며 황국신민화 교육이 본격적으로 실시되었다. 또 1939년부터는 '육군특별지원병령'에 따라 학생들이 전장에 끌려가기 시작했다. 1939년에는 613명, 1940년에는 3,060명, 1941년에는 3,208명, 1942년에는 4,077명이 지원병훈련소에 입소했다.

한편 1930년대 전반기 조선공산당 재건운동이 민족주의자들과의 연대를 배격하는 좌편향적 성향을 지녔던 반면, 1930년대 후반기 조선 공산주의운동은 1935년 코민테른 7차 대회의 영향을 받아 민족통일전선을 강화하려는 경향을 보이면서, 학생운동에도 그 영향이 미쳤다. 그리하여 1930년대 후반 학생운동은 대체로 다음과 같은 특징을 보였다.

첫째, 1930년대 전반기 학생운동은 사회주의적 성향이 강했는데, 1930년대 후반기의 학생운동은 민족주의적 성향이 강화되었다. 1930년대 전반기의 반제동맹 학생 조직도 사라졌다. 학생 조직의 명칭도 좌익적·계급적인 것에서 대중적·민족적인 것으로 바뀌었다. 또 학생들은 신사참배 반대, 일본어 상용 반대, 창씨개명 반대 등 민족주의적인 이슈를 내세우는 경향을 보였다. 둘째, 조직 규모는 대부분 10명 전후의 소규모 정예 조직을 선호하는 경향을 보였다. 함흥 여러 학교의 연합 조직인 철혈단, 춘천고보의 상록회, 대구사범의 다혁당처럼 수백 명이 관련된 조직도 있었지만, 이는 예외적인 경우였다. 셋째, 전반적으로 학생들의 비밀결사는 이전 시기와 비교하여 내용상의 큰 변화는 없어, 여전히 이론학습의 독서회 성격을 띠고 있었다. 넷째, 반일의식, 사회주의 의식과 같은 사상적 배경에서 나온 대규모 동맹휴학은 사라지고, 일상적 학내 문제에서 비롯된 소규모 맹휴가 다수를 차지했다.

이 시기 대표적인 학생운동 조직으로는 연희전문학교의 경제연구회(독서 및 토론을 통한 사회주의 연구 목적, 교수와 학생 참여), 춘천고보의 상록회(민족적 교양 육성), 평양숭인상업학교의 열혈회(농민들에 대한 선교, 민족의식 배양, 경제갱생 등 목적), 광주서중의 독서회(민족의식 고취, 민족차별 반대, 교풍의 민족화 목적, 무등회로 발전), 함흥 각 학교의 철혈단(조선어 연구, 조선 역사 연구, 민족주의 선전 등 목적, 95명 체포됨) 등이 있었다.

1941년 태평양전쟁 발발 이후 일제의 학원통제와 전시체제로의 전환은 더욱 강화되었다. 1943년 총독부는 제4차 '조선교육령'을 발표하고 '교육에 관한 전시비상조치법'을 공포하여 학교명의 개칭, 교육내용 변경, 노력동원 등을 강제했다. 황민화교육체제가 본격적인 전시군사체제로 전환된 것이다. 그리고 1945년 5월에는 '전시교육령'을 공포하여 식량증산·군수생산·방공방위 등 전시에 필요한 인력동원 및 교육 훈련을 실시하고, 유사시에는 교원 및 학생들로 학도대를 조직하는 것을 궁극적인 목적으로 삼았다. 학생들의 군사 조직화가 이루어지고 있었던 것이다. 그에 따라 학교에서는 중학교 이상 학생들에게 군사교련이 필수과목으로 실시되는 등 군사교육이 강화되었다. 중학교 이상 학생들은 교련복을 착용하고 집총 훈련, 행군, 야외연습, 일본군 전송, 위문품 보내기 등에 참여했다. 그러나 이러한 대대적인 전시동원체제 아래서도 학생들의 반일 움직임은 계속되었다.

1940년대 전반기 학생운동의 특징은 다음과 같이 요약된다. 첫째, 대규모 조직 대신 10명 내외의 소규모 비밀결사 중심으로 운동이 전개되었다. 이는 이미 1930년대 후반부터 나타난 양상이었지만, 이 시기 더욱 규모가 작아지는 모습을 보였다. 1940년대 전반에 학생 관련 사건의 건수는 늘어나는 양상을 보였지만, 건당 관련자 수는 평균 5명 정도였다.

둘째, 1940년대 들어 학생운동은 오히려 활성화되는 모습을 보인다. 학생과 관련된 사건 건수도 늘어났고, 반일운동에서 학생들의 비중도 오히려 커졌다. 예를 들어, 1944년 치안유지법 위반 혐의로 기소·기소유예된 444명 가운데 중등학교 이상의 학생이 122명이었고, 1944년 4월부터 5개월 동안 수리된 사상 사건 관련자 188명 가운데 중학생은 42명이었다.

셋째, 1940년대 전반기 학생운동의 가장 큰 특징은 무장투쟁을 염두에 둔 조직들이 나타나고 있었다는 점이다. 학생들도 미군기의 출현, 단파방송 청취, 관제언론의 재해석 등을 통해 일제의 패망을 예견하고 있었다. 또 학생들은 군사교육을 받으면서 오히려 이를 결정적인 시기의 무력항쟁에 이용할 수도 있다고 생각하기 시작했다. 일부 학생들은 자체적으로 무장대를 조직하기도 했다. 예를 들어 춘천사범학교의 백의동맹은 금화군에서 유격대를 조직하여 산악지대에서 유격 활동을 전개할 계획을 세우다가 검거되었다. 경성제대 의학부 학생들이 관계된 조선민족협동당은 1944년 경기도 포천 산악지대에서 초보적 무장 조직을 운영하다가 발각되었다. 1944년 중앙중학과 양정중학 학생들을 중심으로 조직된 갑신동맹, 1945년 3월 하준수를 중심으로 지리산에 도피한 학병·징병거부자로 조직된 보광당도 그런 사례였다.

넷째, 학생운동은 이념적인 면에서도 변화를 보여, 민족통일전선을 강화하는 방향으로 나아갔다. 예를 들어, 1940년 11월에 조직된 경기중학의 조선인민족해방동맹은 창립취지에서 "본 회합은 공산주의와 민족주의 신봉자의 회합으로서 그 주의는 상이하나 조선 민족의 해방을 위하여 일본제국주의와 투쟁하는 목적은 서로 일치하므로 조선 독립을 목적으로 하는 결사를 조직한다"고 밝혔다.

이처럼 1940년대 전반기의 학생운동은 이전과는 달리 새로운 정세에 대응하여 민족통일전선을 강화하고 무장투쟁을 준비하는 모습을 보여주었다. 그러나 전반적으로 고립분산적인 활동에 그쳤고, 본격적 실행에 들어가지 못한 채 계획 단계에 머물렀다는 한계를 갖고 있었다. 이 시기 대표적인 학생운동 조직으로는 함남중학교의 동광회(천도교 계통, 조선 독립 목표), 소화공과학원 야간부의 BKC단(금강산 훈련 계획, 자금 문제로 포기, 12명 기소), 대구사범학교의 다혁당(실력양성 목적, 관련자 3백 명), 중앙중학의 5인 독서회(역사·정치 문제 연구), 대구상업학교의 태극단(학술 연구 토론, 군사학 연구), 광주서중의 무등회(창씨개명·징병제·일본어 사용·내선일체 반대, 동맹휴학 주도, 3백 명 피검, 30여 명 기소 및 기소유예), 경복중학의 근목당(일인 고관 처단, 군시설 파괴 계획), 동래중학의 조선독립당(총독 처단, 일군 탄약고 폭파, 구포다리 폭파 계획), 이리농업학교의 화랑회(무력봉기, 일인광산 및 주재소 등 습격 계획) 등이 있었다.

유언비어 유포 및 단파방송 청취

중일전쟁 발발 이후 총독부는 신문·잡지·방송 등 언론에 대해 강력한 통제를 가하면서 각종 강연회·좌담회·영화회·포스터·삐라·그림연극·뉴스·사진전람회·전시회 등을 통해 조선 민중의 전쟁 수행을 독려했다. 이 가운데 가장 효과적인 수단은 시국좌담회였다. 1937년 9월 이래 경찰관을 동원한 시국좌담회는 2년간 총 197,400회가 열렸고, 총 1,075만 명이 참석했다.

이런 상황에서 민중은 다양한 방법으로 전쟁에 대한 정보를 얻고, 전쟁 상황을 나름대로 판단했다. 전쟁에 대한 정보를 얻는 방법으로는 국외로 직접 나가 보고 듣는 것, 다른 이로부터 간접적으로 듣는 것, 그리고 일제의 공식적인 선전과 정책을 나름대로 해석하는 것 등이 있었다. 특히 전쟁이 장기화되면서 조선에서도 인적·물적 자원의 동원이 본격화되자 염전厭戰의식과 반전反戰의식이 점차 높아졌다.

전쟁에 대한 나름대로의 정보와 염전의식·반전의식은 이른바 '유언비어'로 사람들 사이에 떠돌아다녔다. 1941년부터 1944년까지 경찰의 유언비어 단속 현황을 보면, 1941년에 448건, 1942년에 1,002건, 1943년에 983건, 1944년(9월까지)에 1,060건 등이다. 태평양전쟁 발발 직후인 1942년, 징병제가 실시된 1944년에 유언비어가 가장 많았다.

유언비어의 내용은 어떤 것들이었을까. 1944년에 불온언론으로 검거된 총 1,640명의 사례를 살펴보면, 일본은 패전한다(346명), 조선은 독립한다(252명), 징용 관련(224명), 공습 관련(139명), 징병 관련(114명), 양곡·물자공출 관련(98명), 적 잠수함 출몰(89명) 등이었다. 즉 유언비어의 핵심적 내용은 전쟁 상황과 인적·물적 자원의 동원과 관련된 것들이었다.

유언비어뿐 아니라 '불온' 낙서와 삐라도 등장했다. 낙서의 경우 1939년 28건, 1940년 상반기 27건이었으나, 1941년 들어 10월까지 239건이 적발·검거될 정도로 급증했다. 낙서는 주로 공원·열차 등의 공중변소에서 발견되었고, 공장건물이나 등산로에도 많았다. 낙서의 내용은 대체로 천황·총독·친일파에 대한 저주와 반감, 조선 독립에 대한 희망 등을 직설적으로 표현한 것이 많았다. 예를 들어 "타도 일본, 타도 왜놈, 죽음으로 미나미 지로를 타살하자", "내선별체內鮮別體", "불쌍한 동포여 일어나 대한독립만세" 등과 같은 문구들이다.

삐라와 같은 유인물 배포는 비밀결사 등 조직에 의한 것이 많았다. 1940년 6월 서울 냉천동 금화산 국기게양대에 뿌려진 삐라에는 조선 독립, 일제 교육 반대, 자진 퇴학, 창씨개명 반대, 일본 상점 배척, 관공서 파괴 등을 주장하는 내용이 담겨 있었다.

일제는 1940년 8월 『동아일보』와 『조선일보』를 폐간시킴으로써 조선인들의 전쟁에 대한 정보원을 차단하려 했다. 또 1942년 4월에는 방송전파관제를 실시하여 일반인은 물론 외국인 소유의 단파수신기까지 모두 압수했다. 외국인 선교사들이 소지하고 있던 단파라디오를 통해 전쟁의 진행 과정을 간접적으로 전해들을 수 있었던 조선인들은 전쟁의 정보로부터 완벽하게 차단되었다.

그러나 경성방송국과 개성방송국 등 방송국에는 단파수신기가 구비되어 있었다. 또 개인적으로 사제 단파수신기를 제작한 이들도 있었다. 그들은 단파수신기와 사제수신기로 중국 충칭과 미국 샌프란시스코에서 보내오는 해외 단파방송을 수신했다. 당시 충칭방송국에서는 한국인이 직접 한국어로 임시정부의 활약상을 방송했다. 이는 대체로 주 3회 방송되었으며, 방송 시간은 회당 30분이었다. 이 방송에는 김구, 김규식 등이 직접 나와서 연설을 하기도 했다. 또 광복군 심리전 담당자들과 대한애국부인회 관련자들도 방송에 나와 임시정부의 활동상, 세계정세에 관한 소식을 전하고 임정 후원을 요청하기도 했다.

미국에서 송출된 한국어 방송으로는 샌프란시스코 전시정보국이 방송한 〈미국의 소리〉가 있었다. 전시정보국 해외부 태평양국 한국과가 주관하고, 경신학교 교장을 지내다 신사참배 거부로 미국으로 추방되었던 쿤스 선교사가 감독을 맡았다. 한국어 방송은 류경상·황성수 등이 담당했으며, 이승만도 1942년 6월과 7월에 집중적으로 출연하여 연설을 했다. 김호·김용중·전경무·한길수 등 재미 한인들도 단파방송에 출연해 연설했다. 이승만은 자신이 임시정부 대표로 워싱턴에서 방송을 하는 것이며, 미국과 임시정부 승인에 대해 교섭하고 있다고 밝혔다.

당시 경성방송국 등 방송국 관련자들은 처음에는 호기심으로 단파방송을 몰래 듣고 그 내용을 방송국 직원들에게 전해주었다. 이는 방송국 외부 인사들에게도 전달되었다. 단파방송 내용이 외부로 전해진 것은 양제현-송남헌-홍익헌의 통로를 통해서였다. 홍익헌은 『동아일보』 기자 출신으로 미국 유학 시절 동지회 회원이었다. 그는 경성방송국 방송작가였던 송남헌을 통해 경성방송국 편성원(PD)이었던 양제현으로부터 단파방송 수신내용을 입수했다. 정보를 입수한 홍익헌은 이를 송진우·김병로·이인·허헌 등 4명에게 전달했으며, 허헌은 사회주의자인 문석준·한설야·이중림에게 전달했다.

경찰은 1942년 말부터 방송국 직원들을 검거하기 시작하여 1943년 3월에는 송남헌·홍익범·허헌·문석준 등 150여 명을 검거했다. 그 가운데 75명 이상이 재판에 회부되어 홍익범·성기석·허헌은 징역 2년을 선고받고 복역했으며, 그 밖에도 실형을 언도받은 이들이 많았다. 문석준·경기현·홍익범·이이덕 등 6명은 고문후유증으로 옥사하거나 출옥 후 사망했다.

중국 관내 좌우파, 연합을 시도하다

광복진선과 민족전선으로의 결집

1937년 7월 중일전쟁이 일어나자 중국 관내 한인 독립운동가들은 이제 중국 측과 본격적으로 연대하여 항일운동을 전개할 수 있을 것으로 기대했다. 아울러, 분산된 독립운동 세력의 결집이 절실히 필요하다고 생각했다. 중일전쟁 발발 직전 한국독립당의 홍진, 한국국민당의 송병조, 조선혁명당의 이청천은 난징에서 모임을 갖고 ① 3파의 합동, ② 임시정부의 옹호 등에 합의한 바 있었다. 이들은 중일전쟁이 발발하자 8월 1일 「한국광복운동단체연합전선」이라는 선언문을 발표하고 민족주의운동 계열의 연합체가 결성되었음을 알렸다. 연합전선은 선언문을 통해 ① 동일한 주의主義를 가진 강력한 광복진선光復陣線의 건립과 확대, ② 진정한 통일을 통한 당면 공작의 전개, ③ 임시정부의 적극 옹호 지지 등을 원칙으로 천명했다. 특히 임정과의 관계에 대해서는, 당은 임정의 두뇌이며 임정은 당의 몸체라고 선언했다. 이로써 임정 옹호 세력은 더욱 두터워졌다. 선언문 발표 이후 8월 17일에는 마침내 앞의 세 정당과 한인애국단, 미주대한인국민회, 하와이대한국민회, 대한인단합회, 대한인부인구제회, 대한인동지회 등 9개 단체가 '한국광복운동단체연합회'를 조직했음을 선포했다.

한국광복운동단체연합회는 「한국광복운동단체의 중일전국中日戰局에 대한 선언」을 통해 "한·중 양 민족은 연합하여 왜적을 박멸해야 한다"고 호소했다. 이어서 11월 1일에는 "우리와 동일 전선에 있는 동지 및 우방 중국인은 마땅히 노력 협심하여 우리의 목적 달성에 호응해줄 것을 바란다"는 선언문을 발표했다.

1938년 2월 일본군이 난징으로 진격해오자 한국광복운동단체연합회는 창사長沙로 이전했다. 그리고 5월에는 창사의 조선혁명당 본부에서 세 정당의 연합 문제 등을 논의하는 회의를 열었다. 이때 조선혁명당의 당원 이운한이 회의장에 들어와 총기를 난사하여 현익철이 즉사하고 김구·유동열·이청천이 중상을 입는 불미스런 사건이 발생했다. 이 사건 이후 연합회 내의 반김구 계열은 제거되었고, 김구 계열의 한국국민당이 주도권을 갖고 광복운동단체연합회를 이끌게 되었다.

한편 민족혁명당을 중심으로 좌파 계열도 세력을 결집하기 시작했다. 민족혁명당·조선민족해방동맹(1936년 박건웅·김성숙 등이 결성한 사회주의 계열 단체)과 조선혁명자연맹(1937년 유자명·정화암 등이 결성한 아나키스트단체)에 참여한 이들은 이미 1936년 중반부터 민족적 통일전선의 결성을 주장해왔다. 중일전쟁의 발발은 이들의 논의에 박차를 가했다. 그 결과 1937년 11월 12일 민족혁명당·조선민족해방동맹·조선혁명자연맹의 대표들은 '조선민족전선연맹'을 결성하기로 결의하고, 명칭·규약·강령·선언 등을 채택했다. 이들은 창립선언문에서 "조선혁명은 민족혁명이며, 우리들의 전선 역시 민족전선이지 계급전선이나 인민전선이 아니다"라고 선언했다. 이들은 또한 민족전선은 가맹단체의 조직을 유지하면서 공동의 정치강령에 동의하는 형식이 될 것이며, 따라서 조선민족전선연맹은 통일전선의 시초 형태인 연합전선 조직이라고 규정했다. 조선민족전선연맹은 "① 일본 제국주의를 타도하고 조선 민족의 진정한 민주주의 독립국가를 건설한다, ② 국민의 언론·출판·집회·결사·신앙의 자유를 확실히 보장한다, ③ 일본 제국주의자와 매국적 친일파의 일체 재산을 몰수한다, ④ 근로대중의 생활을 개선한다, ⑤ 국가경비로서 의무교육 및 직업교육을 실시한다, ⑥ 정치·경제·사회상 남녀평등 권리를 확보한다, ⑦ 조선민족해방운동을 동정하고 원조하는 민족과 국가에 대해 동맹을 체결하거나 우호관계를 맺는다" 등의 기본강령을 채택했다.

위의 강령은 앞서 본 광복운동단체연합회에 참여한 단체들의 강령과 비슷하다. 사회주의 계열과 아나키스트 계열 단체들이 참여한 조선민족전선연맹에서 이런 강령을 채택한 것은, 우파인 민족주의 계열의 광복운동단체연합회와의 연합을 염두에 두었기 때문일 것이다. 조선민족전선연맹은 실제로 기본강령을 구체화한 '투쟁강령'에 '전 민족적 반일통일전선 건립'이라는 조항을 두었으며, 여기에서 "조선 민족은 소수의 친일파 주구를 제외하고 각 정치단체, 군중단체 및 개인을 막론하고 일치단결하여 전 민족적 반일통일전선을 건립"하며, "전 민족적 반일통일전선을 반대하는 모든 경향을 적극 배격한다"는 입장을 밝혔다.

조선민족전선연맹은 또 스스로를 전 민족의 완전한 통일전선기구가 아닌 발기 형태 내지 시초 형태로 규정했다. 조선민족전선연맹은 현 단계 조선혁명은 조선 사회의 반봉건적 성질에 기초하여 민주주의적 민족해방운동의 성격을 띤다고 보았다. 즉 사회혁명의 단계가 아니라는 것이었다. 따라서 "조선혁명은 결코 어느 한 계급, 혹은 어느 한 정당이 단독으로 부담할 임무가 아니다. 실제로 전체 민족이 똑같이 해방의 요구를 가지고 있으며, 반일의 임무를 가지고 있다"고 정리했다. 조선민족전선연맹은 노동자·농민 외에 중소 자산계급까지도 조선혁명에 참여할 수 있다고 보았다. 또 민족전선은 각계각층의 공통된 이해를 대변하는 통일된 최고 정치투쟁기구이지 정당이 되어서는 안 된다고 정리했다. 즉 민족전선은 정당이 아니라 여러 정치단체가 공동강령 아래서 공동의 행동을 조절하는 정치기구가 되어야 한다는 것이었다.

1938년 10월 10일 조선민족전선연맹은 무장부대인 '조선의용대'를 결성했다. 중일전쟁 발발 이후 첫 한인 무장부대 결성이었다. 하지만 조선의

조선의용대 부녀복무단(단장 박차정)의 여성 대원들

용대는 중국군 최고 통수권자의 지휘하에 통제를 받으며 활동하게 되어 있었다. 조선의용대 대장은 김원봉이었고, 민혁당원들로 구성된 제1구대 43명의 구대장은 박효삼이었으며, 조선청년전위동맹원(민혁당에서 탈당한 최창석, 김원길 등이 1938년 9월 결성)으로 구성된 제2구대 41명의 구대장은 이익성이었다. 본부 인원까지 합한 전체 조선의용대 대원수는 97명이었다.

조선의용대는 중국 국민당과 조선민족전선연맹의 협의하에 한중 연대의 산물로 만들어졌다. 따라서 중국군사위원회 휘하 부대이면서 아울러 조선민족전선연맹의 군사 조직이라는 성격을 갖고 있었다. 그러나 실질적으로는 국민당 내 장제스 직계 세력이 조선의용대에 강력한 통제력을 행사했다. 모든 물적 자원을 국민당 쪽에서 지원했기 때문이다. 중국 국민당은 조선의용대에 전투가 아닌 정치선전 공작임무만을 맡겼다.

조선의용대는 1938년 10월 중국 국민당군이 일본군에 밀려 우한武漢에서 후퇴할 때 함께 후퇴하여 구이린桂林으로 이동했다. 그곳에서 조선의용대는 구이저우성貴州省 전위안鎭遠에 포로로 붙잡혀 있던 조선인 민간인(선원, 상인 등) 31명을 인계받아 그들을 훈련시켜 조선의용대에 편입시켰다. 그리고 이들 신입대원들과 제1구대 인원 절반을 합쳐 조선의용대 제3구대를 편성했다. 구대장은 김세광이었다. '구대區隊'의 명칭은 뒤에 '지대支隊'로 바뀌게 된다.

7당 통일회의의 시도와 실패

중국 관내 민족운동 진영이 광복운동단체연합회와 조선민족전선연맹의 두 세력으로 크게 재편된 이후, 이를 하나로 묶으려는 움직임이 시작되었다. 1938년 11월과 이듬해 1월 중국 국민당 장제스 주석이 김구와 김원봉을 각각 만나 두 사람의 연합을 요구하면서 이런 움직임은 본격화되었다. 김원봉은 1939년 초 민족혁명당을 대표하여 각 당파에 기존 조직을 해산하고 통합된 단일당을 결성하자고 제안했다. 김구도 이에 동의했다. 하지만 미주와 하와이의 동포단체들은 김구가 김원봉과 합작하는 것을 반대했다. 그러자 김구와 김원봉은 1939년 5월 연명으로 「동지들에게 보내는 서신」이라는 공동선언을 발표했다. 두 사람은 "주의와 사상이 같지 아니할지라도 동일한 적 앞에서 동일한 정치강령하에서는 한 조직의 구성원이 될 수 있다"고 주장했다. 그들은 중국 관내의 혁명단체를 모두 해소하고 공동정강에 기초한 단일한 조직, 즉 하나의 정당으로 재편되어야만 각 단체의 할거 현상과 파쟁적 마찰을 극복하고 일체의 역량과 행동을 통일하여 투쟁을 전개할 수 있을 것이라고 주장했다. 즉 단체 본위의 연합체로는 파쟁과 상호마찰을 불식하기 어렵다는 것이었다.

두 사람의 공동선언 이후 통합 움직임이 본격화되어 1939년 8월 쓰촨성四川省 치장綦江에서 '7당 통일회의'가 개최되었다. 여기에는 광복운동단체연합회 측의 한국국민당·한국독립당·조선혁명당, 민족전선연맹 측의 민족혁명당·조선민족해방동맹·조선청년전위동맹·조선혁명자동맹의 대표 14명(각 단체별 2명)과 주석단 3명(신익희·조소앙·조완구) 등이 참석했다. 조선청년전위동맹은 1938년 민족혁명당 내의 진보적 청년들을 사회주의자 최창익·한빈 등이 묶어 독립시킨 단체였다.

'7당 통일회의'에서 광복운동단체연합회의 3단체와 민족혁명당·조선혁명자동맹은 개인별로 참가하는 단일정당 방식을 주장한 반면, 조선민족해방동맹과 조선청년전위동맹 측은 단체별로 참가하는 연합체 형식을 주장했다. 결국 후자의 두 단체 대표가 퇴장함으로써 회의는 결렬되었다. 이들 두 단체를 제외한 나머지 5개 단체는 그해 9월 '전국연합진선협회'를 결성하고 5당 회의를 계속했다. 하지만 5당 회의에서는 광복운동단체연합회 측과 민족전선연맹 측 사이에서 최고 권력기관을 임시정부로 할 것인가, 아니면 당으로 할 것인가를 놓고 논란이 거듭되었다. 연합회 측은 임시정부를 최고 권력기관으로 하고 군사 및 외교 등을 모두 임시정부를 통해 처리해야 한다고 주장했지만, 연맹 측은 당이 최고 권력기관이 되어야 한다고 주장했다. 양측은 끝내 이견을 좁히지 못했고, 5당 회의는 결국 결렬되었다.

7당 통일회의에서 탈퇴한 조선민족해방동맹과 조선청년전위동맹은 뤄양洛陽에서 1940년 12월 '조선민족해방투쟁동맹'을 결성했다. 이에 참여한 이들은 한빈·김성숙·김인철·이정호 등이었다. 그러나 조선민족해방투쟁동맹은 1941년 6월 조선청년전위동맹쪽 조선의용대원들이 화북으로 북상한 뒤 사실상 해체되고, 조선민족해방동맹이 복구되었다.

화북·만주의 무장 세력, 후일에 대비하다

화북 조선독립동맹과 조선의용군

앞서 본 것처럼 조선민족혁명당을 중심으로 결집되었던 좌파의 조선민족전선연맹은 치장 회의 이후 분열되기 시작했다. 단일당 방식의 통일에 반대했던 조선민족해방동맹과 조선청년전위동맹은 뤄양으로 이동해 한 빈 등 일부 민혁당 탈당 세력과 함께 조선민족해방투쟁동맹을 결성했다. 1939년 최창익과 김학무 등은 중국공산당 팔로군 지역의 옌안^{延安}으로 북 상했다. 또한 이후 80여 명의 조선의용대 대원들이 1941년 6월 화북 팔로 군 지역으로 북상했다. 이로써 민족전선은 사실상 붕괴되고 말았다.

옌안으로 온 최창익 등은 항일군정대학에 입교했다. 당시 이 학교에 입 학한 조선인은 30여 명이었다. 이들은 졸업 후 1940년 팔로군 전선으로 이동했으며, 이듬해 1월 태항산에서 '화북조선청년연합회'를 결성했다. 연합회 강령은 중국 화북 지방에 거주하고 있는 모든 한인 청년들을 결집 하여 조국 광복의 대업에 참여시키는 것을 제일의 목적으로 삼는다고 밝 혔다. 연합회는 1941년 이후 조선의용대원들이 계속 북상해옴에 따라 처 음에 이름지은 '조선청년연합회'의 '청년연합'이라는 표현이 부적합하다 고 판단하여 1942년 7월 제2차 대회에서 '조선독립동맹'으로 개칭했다.

조선독립동맹은 창립선언에서 당파를 망라하여 항일민족통일전선을 구 축하며, 중국 특히 중국공산당과 공동전선을 결성하여 항일전에 참가하 고, 무장부대를 확충하며, 대중을 조직하고, 동방 피압박 민족해방운동 및 일본의 반전운동과 연계하겠다고 밝혔다. 또 강령에서는 일제의 조선 지 배를 전복하고 보통선거에 의한 민주정권을 건립하며, 언론·출판·집회· 결사·신앙의 자유를 보장하고, 일제·친일 대기업의 재산과 토지를 몰수 하며, 8시간 노동제와 사회노동보험을 실시하고, 통일누진세제·의무교육 제 등을 실시하겠다고 선언했다.

이들의 신국가 건설 노선은 독립·자유의 조선민주공화국 수립과 반일

민족통일전선의 건설, 민족주의자와 사회주의자 모두가 만족할 수 있는 반제반봉건민주혁명 노선이었다. 또한 자신의 성격을 한국 독립의 쟁취를 위한 지방단체의 하나로 규정하고 그 대중적 기반을 일제에 반대하는 노동자·농민·군인·학생·지주·기업가 등에 둠으로써 중국 관내의 한인혁명단체를 통일하는 데 목적을 둔, 화북 지역을 대표하는 지역 통일전선임을 명확히 했다.

당시 독립동맹 주석에는 김두봉, 본부 집행위원에는 김두봉·무정·최창익·박효삼·김학무·채국번·김창만·한빈·이유민·진한중·이춘암 등 11명이 선출되었다. 중앙상무위원으로는 최창익·이유민·김학무·박효삼·김창만·무정이 선출되었다. 조선독립동맹은 처음에는 태항산에 본부를 두었다가 이후에는 옌안으로 이동했다. 조선의용군의 주력도 1943년 말까지는 태항산에 근거지를 두고 있었는데, 1944년 초에 옌안으로 이동했다.

당시 독립동맹은 네 그룹으로 구성되어 있었다. 첫째는 본래 중국공산당의 해방구였던 화북 옌안 지역에서 활동하던 공산주의자들인 무정·박일우·진광화·이유민·장진광 등이다. 둘째는 중국 국민당 지구에서 활동했던 공산주의자들과 이들을 추종한 최창익·한빈·허정숙·김학무·김창만 등이다. 이 가운데 최창익과 한빈은 조선공산당 간부로 만주와 국내에서 활동하다 검거·투옥된 뒤 중국으로 망명하여 민족혁명당에서 활동했다. 셋째는 본래 민족주의자로서 민족혁명당 당원으로 조선의용대에서 활동하다 화북 지역에 들어온 박효삼·양민산·이춘암 등이다. 그 밖에도 한글학자 김두봉과 윤세주·방우용·장중광·손일봉 등도 이에 해당된다. 넷째는 지원병·학병으로 일본군에 강제로 입대했다가 탈출한 이들과, 화북 지방으로 이주했다가 가입한 이들이었다.

조선독립동맹은 공산주의 이념을 내세우지 않았고, 독립운동 세력의 대표성을 자임하지도 않았다. 스스로를 '조선 독립을 쟁취하기 위한 하나의 지방단체'로 규정하면서 "계급·사상·신앙의 구별과 차이 없이 어제의 친일파라도 자기 과오를 청산하면 허용하고 쟁취하자"는 구호하에 세력을 규합했다. 그 결과 1943년 말에는 총 9개 지역에 분맹을 설치하고 175명의 맹원을 확보했으며, 1944년 말에는 화북 지역 일대에 10개 분맹을 설치할 정도로 성장했다.

앞서 본 것처럼 1939년 조선의용대 일부 대원은 최창익을 따라 중국공산당의 근거지인 옌안으로 갔으며, 이들을 중심으로 1941년 1월 '화북조선청년연합회'가 조직되었다. 그리고 1941년 6월 화북의 국민당 지구에서 활동하던 조선의용대 주력, 즉 제1, 2, 3지대 80여 명은 중국군사위원회의 동의 없이 공산당(팔로군) 지구로 이동했다. 당시 이들은 국민당 지구에서 벌어지는 살벌한 반공운동을 보면서, 국공합작이 깨지면 조선의용대도 존속하기 어려울 것이라고 보았다. 화북으로 이동한 80여 명 가운데는 한빈 등 민혁당 이탈자나 김학무·왕자인·이익성 등 조선청년전위동맹 맹원도 있었지만, 윤세주·김세광·이춘암·양민산 등 김원봉 계열의 인물도 포함되어 있었다. 그러나 김원봉 등 조선의용대 본부는 국민당과 함께 치장을 거쳐 충칭重慶으로 이동했다.

북상한 의용대원들은 팔로군 지역에서 이미 활동하고 있던 화북조선청년연합회 인물들과 함께 1941년 7월 7일 조선의용대 화북지대를 결성했다. 화북지대의 지대장은 박효삼, 부지대장은 이익성, 정치지도원은 김학무가 각각 맡았다. 제1대장은 이익성, 제2대장은 김세광, 제3대장은 왕자인이 맡았다. 이후 화북지대는 형식상으로는 충칭으로 간 본부의 지휘하에 있었지만, 실질적으로는 화북조선청년연합회의 지도를 받게 된다.

그 뒤 화북지대는 일본군을 상대로 태항산 일대에서 호가장^{胡家庄}전투(1941. 12. 12), 형태^{邢台}전투(1941. 12. 26), 편성^{偏城}전투(1942. 5. 28) 등을 치렀다. 그런데 편성전투가 있었던 1942년 5월 충칭에 있던 조선의용대 본부가 임시정부의 광복군 제1지대로 편입됨으로써 화북지대는 본부 없는 지대가 되고 말았다.

1942년 7월 10일 화북조선청년연합회는 제2차 대회를 열고 연합회를 '조선독립동맹'으로, 조선의용대 화북지대를 '조선의용군 화북지대'로 개칭했다. 대장에는 박효삼이 임명되었다. 조선의용군 화북지대가 조선독립동맹의 군대가 된 셈이었다.

조선의용군은 화북 지방의 각지에 흩어져서 다양한 활동을 전개했다. 첫째는 전지공작^{戰地工作}으로, 일본군 점령 지구에 잠입하거나 전선에 접근하여 병사모집, 선전 활동, 첩보 활동 등을 전개했다. 둘째는 자급자족의 생산 활동으로서, 팔로군 지역은 토지가 척박해 생활물자가 궁핍했으므로 군인들이 밭을 일구어 농산물을 자급자족했다.

1943년 6월, 조선의용군은 일본군의 침공을 받아 팔로군과 함께 태항산 곳곳에서 이른바 '반소탕전'을 전개하며 용맹을 떨쳤다. 그러나 중국공산당은 조선의용군을 옌안으로 이동시키기로 결정했다. 전쟁 후에 한국 통치의 주요 인물이 될 수도 있는 이들을 보호하는 것이 중국공산당에 유익하다고 보았기 때문이다. 조선의용군은 1943년 12월부터 1944년 3월까지

위쪽은 조선독립동맹 회의 장면이고, 아래쪽은 한중연합과 일제타도의 구호를 쓰고 있는 조선의용군 대원의 모습이다.

옌안으로 이동했다.

조선의용군은 옌안 교외의 라가평 마을에 주둔했다. 조선의용군 사령관은 무정이었지만 그는 팔로군 포병사령부의 책임을 맡고 있었기 때문에, 라가평에 있는 조선항일군정학교가 사령부 구실을 했다. 군정학교 교장은 김두봉이었고 부교장은 박일우, 학도대장은 박효삼이었다. 그 밑에 4개 구대가 있었다.

조선의용군에는 라가평에 있는 병력 외에 산둥성에 이익성, 산시성에 김세광, 동북(만주) 지방에 이상조가 이끄는 선견대先遣隊가 별도로 있었다. 그들은 전선에서 일본군에 종군한 조선인 병사들을 모집하여 조선의용군의 병력을 증강하고 정보도 수집했다.

이들의 병력은 조선의용대 화북지대 병력 150명 정도 외에 팔로군에 종군한 10명 내외, 1940년 최창익·허정숙과 함께 조선의용대가 구이린桂林에 있을 때 미리 온 18명, 김태준·김사량처럼 망명해온 인사, 그리고 각처에서 새로 모집한 인원을 300명 정도로 보면 모두 500명 정도가 된다.

1945년 8월 15일 일본이 항복하고 한 달 뒤인 9월 15일, 팔로군의 동북정진군이 편성되어 만주로 갈 때 조선의용군도 이들과 함께 옌안을 떠났다. 그들 중 일부는 북한으로 들어가면서 소련군에 의해 무장해제의 수모를 당하기도 했다. 북한으로 들어간 조선독립동맹은 김두봉·한빈 등을 중심으로 조선신민당으로 개편해 활동했다. 한편 만주에 머무른 병력은 그곳에서 동포들을 모병해 부대를 증강하고 중국의 공산혁명전쟁에 참가했다.

만주의 동북항일연군과 88여단

1937~38년 동북항일연군은 동만, 남만, 북만 각지에서 관동군, 만주군과 치열한 접전을 벌이고 있었다. 당시 동북항일연군의 규모는 1,850명 정도였는데, 많은 전투를 치르면서 상당수 대원이 희생되었고 일제의 탄압과 회유가 극심해짐에 따라 점차 어려운 상황에 처하게 되었다. 이러한 곤경에 대처하여 항일연군 제1로군은 경위려警衛旅와 3개 방면군으로 편제를 바꾸어 무장투쟁을 계속했다. 제4사와 제5사가 통합되어 편성된 제3 방면군은 60% 정도가 한인이었으며, 종래의 제6사가 개편된 제2방면군은 대부분의 대원이 한인이었다. 이들은 남만주와 백두산 일대에서 유격전을 전개했다.

동북항일연군은 이후에도 매우 어려운 환경에서 싸워야 했다. 예를 들어 동북항일연군 제1로군 사령관인 양정우는 1940년 2월 길림성 몽강현에서 군경의 포위망에 갇혀 며칠 동안 굶어가며 산 속에서 항전하다 전사했다. 그는 허기에 지친 배를 채우기 위해 마른 풀과 풀뿌리, 나무껍질 등을 먹었다고 한다. 또 북만주에서 활동하던 동북항일연군 9군은 극심한 어려움에 봉착한 나머지 잔류대원들이 일제에 투항하는 것을 두려워하여 1939년 2월 말 대원들을 무장해제하고 자진해서 부대를 해산했다.

항일연군 제2, 3방면군은 그즈음 함경북도 무산 진입전투(1939. 5), 안도현 대산하전투(1939. 8), 화룡현 홍기하전투(1940. 3) 등을 전개했다. 특히 홍기하전투에서는 악명 높던 '마에다 토벌대' 120명을 궤멸시키기도 했다. 하지만 동북항일연군 제1로군에 대한 일본 군경 및 만주국군의 작전도 강화되어, 마침내 1940년 2월에 1로군 사령관 양정우가 전사하는 등 만주 지역의 항일연군은 거의 소멸되었다. 이처럼 만주에서 조직적인 활동이 어려워진 동북항일연군은 1940년 겨울부터 동만 혹은 북만을 거쳐 러시아 연해주로 이동했다.

이로써 만주의 동북항일연군은 1938년 3만 명에서 1940년 1,400명으로 크게 줄었다. 주요 지도자들은 전사 또는 체포되거나 투항했다. 항일연군은 무장역량을 보존하기 위해 국경을 넘어 소련으로 가기로 결정했다. 1940년 초 주보중·풍중운 등 항일연군 지도자들은 하바롭스크에서 소련 대표와 만나 편의 제공을 요청했다. 소련 측은 국경을 넘어온 항일연군의 주둔지를 하바롭스크 인근에 마련했다. 1941년 4월 소련은 일본과 불가침조약을 맺었고, 이후 항일연군은 만주로 마음대로 넘어갈 수 없게 되었다. 대신 이들은 소련군 교관의 지도하에 정규군 수준의 훈련을 받게 되었다. 한인 대원들 일부는 하바롭스크 보병학교에서 단기교육을 받았다.

소련 정부는 1941년 6월 독소전쟁 발발을 계기로 항일연군이 주축이 된 여단을 창설하기로 했다. 그에 따라 '88중조여단'이 편성되었고, 명칭은 다시 '88독립보병여단'으로 바뀌었다. 중국 측은 동북항일연군 교도려로, 소련 측은 국제 홍군 제88특별여단으로 부르기도 했다. 당시 전체 대원이 6백여 명이었으며 그중 한인은 150여 명이었다.

88여단의 편성과 함께 동북항일연군의 독자성은 사라지고, 사실상 소련군의 지휘체계 아래 편입되었다. 소련군 복장에 소련군 계급장을 달게 되었다. 88여단의 주요 임무는 소만 국경에서의 정찰이었다. 또 88여단은 특수전 훈련을 받기도 했다.

독일이 항복한 1945년 5월 이후 88여단은 대일전에 대비해 군사 훈련

동북항일연군 교도려

1940년 일제의 추격을 피해 소련 땅으로 들어간 동북항일연군은 전열을 재정비해 88독립보병여단으로 개편되었다(동북항일연군 교도려). 88여단의 편성과 함께 동북항일연군의 독자성은 사라지고, 사실상 소련군의 지휘체계 아래 편입되었다. 사진은 1944년경에 찍은 것으로, 앞줄 오른쪽에 동그라미로 표시된 인물이 김일성이다.

과 작전 연습을 실시했다. 7월 말 88여단의 중국공산당위원회는 조·중 대원들을 각각 조선과 만주에 파견할 것을 결정했다. 8월 9일 소련군의 대일전이 개시되었지만, 88여단은 전투에 참가하지 못했다. 대일전이 종결된 8월 15일 당시 88여단의 총인원은 1,354명, 이 가운데 한인은 103명이었다(동북항일연군 출신 88명, 소련계 한인 출신 15명). 88여단 한인들 중 일부는 연변으로 진출했고, 나머지는 9월 중순경 소련군을 따라 원산으로 입국했다. 이때 들어온 이들이 김일성·최용건·김책 등 후일 북한 정권의 핵심이 된 이들이다.

임시정부, 좌우 통합정부로 다시 태어나다

한국독립당의 창립과 임정의 건국강령 제정

광복진선에 속했던 재건한국독립당 조소앙, 조선혁명당 이청천, 한국국민당 김구 등은 1939년 느슨한 단체연합 대신 3당 통합을 논의하기 시작했다. 3당은 정치이념이나 노선에서 큰 차이가 없었다. 민족주의 세력이 주도하는 정당들이었고, 임시정부를 옹호·유지한다는 데 이견이 없었다. 1939년 11월 임시정부도 3당의 연내 통합을 촉구했다. 중일전쟁의 확대와 유럽에서 2차 세계대전의 발발로 대일전 결전의 시기가 다가오고 있다는 인식하에, 임시정부의 지지 기반 확보가 무엇보나 중요하다고 보았기 때문이다.

그 결과 1940년 5월 8일 3당은 해체선언을 하고 통합된 '한국독립당'을 창당했다. 이를 흔히 '통합 한독당' 혹은 '중경 한독당'이라 부른다. 중앙집행위원장에는 김구, 중앙집행위원에는 홍진·조소앙·이청천·김학규·유동열·안훈·송병조·조완구·엄항섭·양묵·조성환·차리석·이복원 등이 선임되었고, 감찰위원장에 이동녕, 감찰위원에 이시영·공진원·김의한 등이 선임되었다.

임시정부는 정당통합이 진행되는 과정에서 이미 재건한국독립당과 조선혁명당 세력을 임정에 받아들이기 시작했다. 1939년 10월 쓰촨성 치장에서 개막된 임시의정원 회의에서는 임정과 의정원의 조직과 기구를 확대하고 재건한국독립당과 조선혁명당 인사들을 받아들이기로 했다. 그에 따라 국무위원을 7명에서 11명으로 늘려 재건한국독립당의 홍진·조소앙, 조선혁명당의 이청천·유동렬을 새로 선출하고, 의정원도 17명에서 35명으로 정원을 늘려 18명을 새로 선출했다.

임정은 중국 정부 주선으로 충칭에 정부청사를 마련해 이전했다. 1940년 10월에는 헌법을 개정했다. 총 42조의 약헌은 의원내각제의 집단지도체제 대신 주석 중심의 단일성 집단지도체제를 선택했다. 이는 전시하에서 독립운동을 효율적으로 전개하기 위한 조처였다. 주석은 임시의정원에서 선출되지만, 국가원수 및 국군통수권자로서 강력한 영도력을 갖게되었다. 주석에는 김구가 선출되어 이후 임정은 김구 주석체제로 운영되었다. 내무부장에는 조완구, 외무부장에는 조소앙, 군무부장에는 조성환, 법무부장에는 박찬익, 재무부장에는 이시영 등이 선임되었다.

아울러 임정은 1941년 11월 광복을 염두에 두고 정치이념과 독립전쟁 준비태세를 천명하는 「대한민국 건국강령」을 제정했다. 「건국강령」은

제1장 총강, 제2장 복국復國, 제3장 건국으로 구성되었다. 총강에서는 고유주권설, 삼균주의, 토지국유화를 제시했다. 제2장 '복국'은 독립운동 방략을 설명한 것인데, 독립군이 본토에 진격해 일제를 구축하고 국제적 승인을 얻어 독립운동을 완성한다는 계획이었다. 제3장 '건국'에서는 삼균주의를 건국 이념으로 구체적으로 규정했으며, 자유권·참정권·수익권을 강조했다. 또 토지와 대기업의 국유·국영과 중소기업의 사영을 내세웠다.

결국 「건국강령」은 정치적으로 의회주의에 바탕을 둔 민주공화국의 건설, 사회경제적으로 균등사회의 건설을 지향하는 것이었다. 건국강령은 조소앙이 제창한 삼균주의를 이론적 틀로 삼았으며, 민족 내부의 정치·경제·교육의 균등을 실현하여 역사적이고 현실적인 모순을 제거하고, 나아가 세계 인류의 행복을 도모하기 위하여 개인과 개인, 민족과 민족, 국가와 국가의 평등을 실현하자는 논리였다. 이는 대체로 사회민주주의 또는 민주사회주의의 성격을 지니는 것이었다.

건국강령 가운데 경제 부문의 주요 내용을 살펴보면, ① 대기업의 국영과 중소기업의 사영, ② 일제와 민족반역자의 생산시설 몰수와 국유화, ③ 몰수한 생산시설의 국영·공영, ④ 농민·노동자를 위한 협업농장과 국영농장 확대, ⑤ 무역의 국영, 전기·통신의 국영, ⑥ 노동자 권익보호, ⑦ 토지의 국유화, ⑧ 자력자경 농민 위주의 토지개혁 실시 등이다.

임시정부는 좌우통합 정부가 이루어진 뒤인 1944년 제5차 개헌을 통해 「임시헌장」을 발표했다. 임시헌상의 특징은 주석제를 강화하고 부주석제를 신설하며 광복운동자의 개념을 명시하여 "광복운동자는 조국광복을 유일한 직업으로 삼고 간단없이 노력하거나 또는 간접적으로 광복사업에 정력 혹은 물력의 실천 공헌이 있는 자로 함"이라 규정한 것이었다. 또 주석, 부주석, 국무위원 자격을 광복운동 10년 이상 경력자로 제한했다.

좌파 진영의 임시정부 참여

중국 관내 우익 진영이 임정을 중심으로 결집하는 가운데, 좌익 진영은 분열되었다. 앞서 본 것처럼 김원봉의 노선에 비판적이던 한빈은 민족혁 명당을 탈당하고 조선민족해방동맹과 조선청년전위동맹 세력을 규합하 여 1940년 별도로 조선민족해방투쟁동맹을 결성했다. 이로써 민족혁명당 은 크게 약화되었다.

또 좌익 진영의 무장 세력이었던 조선의용대는 주로 선전 활동만 전개 하고 있었기 때문에 대원들 사이에서 불만이 일어났다. 특히 1939년 1월 중국 국민당이 5기 5중전회를 계기로 반공 노선을 강화하고 소극 항전 방 침을 세우자 조선의용대 대원들의 동요가 증폭되었으며, 내부에서 북상 항일 노선이 강력히 대두했다. 결국 1941년 6월경, 충칭에 있던 의용대 본부를 제외한 3개 지대의 80여 명이 화북으로 이동했다. 이들은 1941년 7월 조선의용대 화북지대로 개편하고, 충칭에 남아 있던 본부와 연락하며 그 지휘를 받기로 했다. 그러나 의용대 본부가 1942년 7월 광복군에 합류 하자, 화북지대는 옌안에서 활동하던 무정·최창익 등의 세력과 조선독립 동맹을 결성하고 조선의용군으로 재편되었다.

우파 진영의 세력 결집과 좌파 진영의 분열은 독립운동의 구도를 크게 변화시켰다. 변화의 핵심은 임정으로의 통일전선 결성이었다. 1920년대 중반 이래 통일전선운동에서 걸림돌이 되었던 문제, 즉 독립운동 최고기구를 임시정부로 할 것이냐, 통일전선체(또는 단일당)로 할 것이냐 하는 문제가 결국 임시정부 쪽으로 귀결된 것이다.

1941년 중국 측은 임정 승인 문제를 거론하면서 지원창구를 임정으로 단일화할 뜻을 천명했다. 조선민족해방동맹의 김성숙은 임정으로의 통일을 주장하고 나섰다. 그런 가운데 그해 12월 태평양전쟁이 발발하자, 좌우익 독립운동 세력의 결집이 절실히 요구되었다. 이러한 국제정세의 변화로 인해, 좌파 진영을 주도하고 있던 민족혁명당의 김원봉은 종래 임정에 대해 고수해오던 부정·불관주의^{否定·不關主義} 노선을 철회하게 된다. 김원봉은 태평양전쟁 발발 이틀 뒤인 12월 10일 "여러 민주국이 파시즘 집단과 혈전을 전개하고 있는 국제정세의 변화 및 임시정부에 대한 국제적 승인 가능성"을 이유로 임시정부에 참여할 것을 결정했다. 그리고 1942년 3·1절을 맞아 임시정부를 혁명의 최고기구로 할 것을 촉구하면서 임정 측에 자신들의 참여를 위한 조처를 요구했다.

좌파 진영이 임정에 참여하는 방식을 놓고 임정과 좌파 진영은 의견을 달리했다. 임정 측은 양측의 군사력을 먼저 통일하고 정치통일을 이루자고 주장한 반면, 좌파 쪽은 정치통일 뒤에 군사통일을 주장했다. 결국 중국 국민당이 이 문제에 관여하여, 한국광복군과 조선의용대를 관할하던 중국군사위원회가 1942년 5월 조선의용대를 광복군 제1지대에 통합할 것을 명령하고 김원봉을 광복군 부사령에 임명했다. 그에 따라 7월 조선의용대(본부)는 광복군에 합류하게 되었으며, 김원봉은 광복군 부사령 겸 제1지대장을 맡았다.

군사통일에 이어서 정치통일이 이루어졌다. 임정 국무회의는 1942년 8

월 임시의정원 선거규정을 새로 제정해 좌파 진영 인사들이 의정원에 참여할 수 있게 했다. 그해 10월 의정원 의원 선거가 실시되었고, 좌파 진영 인사 23명이 의원으로 선출되었다. 여기에는 민족혁명당 10명, 무정부주의자연맹 2명, 조선민족해방동맹 2명이 포함되었다. 좌파 진영 각 단체들은 조직과 세력을 그대로 유지한 채 임시의정원에 참여한 것이다. 이로써 임시의정원에는 좌우 세력이 공동으로 참여하게 되었다. 세력 분포를 보면 한독당이 29명, 좌파 진영이 13명, 무소속이 14명이었다. 1944년 4월에는 한독당과 나머지 정당 연합이 각각 25명으로 균형을 이루게 된다.

임시의정원에 이어 내각에도 좌파 진영 인사들이 참여하여 연립내각을 이루게 되었다. 1944년 4월 임정은 조직과 체제를 개편하여 주석의 권한을 보다 확대했다. 이는 국내 진공 작전, 연합국의 신탁통치 가능성 등 대내외적 비상사태에 대비하기 위함이었다. 또 부주석제를 신설하고 국무위원 수도 기존의 6~10인에서 8~14인으로 증원했다. 행정부서도 외무·군무·재무·내무·법무의 5개 부서에 문화·선전의 2개 부서를 늘렸다. 임시의정원은 주석에 김구(한독당), 부주석에 김규식(민혁당)을 선출하고, 국무위원으로 이시영·소싱훤 황하수·주와구·차리석·장건상·박찬익·조소앙·성주식·김붕준·유림·김원봉·김성숙·조경한 등 14명을 선출했다. 당파별로는 한독당 8명, 민혁당 4명, 해방동맹 1명, 무정부주의자연맹 1명이 선출된 셈이었다. 7개 부서의 부장은 조소앙 외무, 김원봉 군무, 조완구 재무, 신익희 내무, 최동오 법무, 최석순 문화, 엄항섭 선전 등이었고, 이 가운데 김원봉과 최석순은 민혁당 소속이었다. 이로써 임시정부는 명실상부한 통일전선 정부(연립정부)를 이루었고, 임시의정원은 양당체제(한독당,

민혁당) 운영의 경험을 쌓게 되었다.

이 시기 임시의정원은 "임시정부는 대내적으로 일체 반일 세력을 통일적으로 지도할 수 있고, 대외적으로 전 민족의 의사와 권력을 대표함으로써 전 민족의 권위 있고 능력 있는 최고 영도기관이 되었다"고 자부했다.

광복군의 창건과 외교 활동

한편 임시정부는 일찍부터 무장부대 건립을 도모했으나 뜻을 이루지 못하다가, 유랑을 끝내고 충칭에 안착한 직후인 1940년 9월 비로소 광복군을 창건했다. 처음에 총사령부만으로 창설되었던 광복군은 이후 병력을 모집하고 지대를 편성하면서 무장 조직체로 발전했다. 창설 당시에는 1, 2, 3지대로 편성되었으나 3지대는 문서상으로만 존재했다. 1941년 1월에 시안을 중심으로 공작 활동을 전개하던 한국청년전지공작대(1939년 10월 아나키스트단체인 조선혁명자연맹이 조직한 부대, 나월환이 지도)를 제5지대에 편입시켜 1, 2, 5지대로 재편되었다. 제1지대는 산시성山西省 린펀臨汾, 제2지대는 쑤이위안성綏遠省, 제5지대는 시안西安에 본부를 두었다. 각 지대는 주로 화북 지역에서 한인들을 대상으로 광복군 모집 활동을 전개했다.

1942년 5월에는 충칭에 잔류한 조선의용대 본부 병력 등 100명을 제1지대로 편입시켜 다시 1, 2, 3지대 체제로 개편했다. 제1지대는 조선의용대 본부를 개편한 것이며(지대장 김원봉), 제2지대는 이전 광복군 1, 2, 5지대를 통합한 것이었다(지대장 이범석). 제3지대는 원래 안후이성安徽省 푸양阜陽에서 활동하던 징모 제6분처를 개편한 것이었다(지대장 김학규). 각 지대는 중국 전역에 공작원을 파견하여 병력을 모집했다. 모집된 인원은 현지

훈련 중인 광복군

중국 군관학교 분교에서 훈련을 받은 뒤 광복군에 편입되었다. 제2지대의 한청반韓靑班, 제3지대의 한광반韓光班이 이에 해당한다. 또한 충칭시 토교土橋에 있던 토교대는 보충대와 교육대의 역할을 했다.

광복군 병력은 창설 당시 30여 명에 불과했으나 활발한 모집 활동과 탈출한 학병의 합류로 그 수가 크게 늘어 1945년 4월 현재 564명으로 늘어났다(토교대 등까지 합하면 7~8백 명). 그러나 중국 국민당 정부는 광복군에 대한 군사원조를 개시하면서 광복군의 작전권과 인사권, 나아가 정훈의 권한까지 장악했다. 임정은 오랫동안 중국 정부에게 통수권을 돌려달라고 호소한 끝에 1945년 4월 비로소 이를 돌려받을 수 있었다. 한편 광복군 10여 명은 1943년 미얀마 전선에 파견되어 일본군 포로 심문, 정보수집 등의 활동으로 8·15까지 영국군을 도왔다. 시안에 주둔한 광복군 제2지대는 미국 전략첩보국(OSS)의 지원하에 1945년 봄부터 국내 침투 공작 훈련을 받았다. OSS와 광복군이 세운 독수리 작전 계획은 60명의 요원을 선발해 3개월 동안 정보수집·보고·통신 훈련을 실시한 뒤 그 가운데 45명을 1945년 초여름에 국내의 5개 전략지점에 나누어 침투시킨다는 것이었다. 제1기생 50명의 훈련은 7월 말에 종결되었고, 8월 4일에 38명이 수료했다. 그러나 이틀 뒤 히로시마에 원폭이 투하되고 일주일 뒤 일본이 연합국에 항복을 통고함으로써 이 계획은 실행에 옮겨지지 못했다.

임정은 한편으로는 이와 같이 내부 체제를 정비하는 가운데, 다른 한편 중국과 미국 등에 대한 외교 활동을 강화했다. 임정은 충칭에 도착한 직후인 1940년 10월 중국 외교부장을 접촉하여 임정에 대한 승인을 요청했다. 그리고 1941년 12월 일본의 진주만 공습으로 태평양전쟁이 발발하자 일본에 대해 선전포고를 했다. 그리고 김구 주석과 조소앙 외교부장은 곽기태 중국 외교부장에게 미국·영국 등이 임정을 참전국의 하나로 인정하도록 중국이 도와달라고 요청했다. 1942년 1월에도 임정은 중국 국민당 측에 중국 정부가 솔선하여 임정을 승인해달라고 요청했다. 그 결과 중국 국민당 내부에서도 임정을 승인하는 쪽으로 의견이 모아졌다. 그러나 미국과 영국이 이에 반대했고, 미 국무부는 중국 정부가 임정을 승인하지 않도록 외교적 압박을 가했다. 따라서 중국 국민당 정부도 임정의 승인을 유보하지 않을 수 없었다. 당시 미국 측은 '한반도의 군사점령-군정 실시-다자간 신탁통치'라는 3단계 대한 정책의 기본 틀을 지니고 있었다. 또 각국의 수많은 자칭 망명정부를 인정하지 않는다는 방침을 천명했으며, 연합국에도 보조를 같이할 것을 요청한 상태였다. 결국 임시정부는 미국, 중국 등 연합국의 승인을 얻을 수 없었다.

한편 1943년 미국 측의 한반도 신탁통치 구상이 언론에 흘러나오자, 김구 등 임정 요인들은 7월 26일 장제스를 만나 한반도 신탁통치 계획에 대한 반대의견을 전달했다. 그러나 그해 11월 카이로회담에서 미·영·중은 한국을 '적절한 절차를 밟은 뒤에(in due course)' 독립시킨다는 데 합의했다. 장제스는 임정 측의 부탁대로 전후 한국의 독립을 확인하려 했고, 루스벨트는 신탁통치 구상을 넣으려고 했다. 양자를 절충한 결과가 바로 '적절한 절차 뒤의 독립'이었다.

미주 한인들의 임시정부 지원

한편 임정의 체제 정비는 미주 한인들의 활동을 활성화시키는 계기가 되었다. 1937년 중일전쟁 이후 미주 한인들의 임시정부에 대한 지지가 다시 모아지기 시작한 것이다. 하와이의 국민회와 동지회는 1940년 10월 '연합한인위원회'를 조직했다. 또 충칭에서 광복군 창설 소식이 전해지자 1941년 3월에는 국민회와 동지회가 합작하여 '광복군 후원금 관리위원회'를 조직했다. 북미 본토에서도 1937년 북미대한인국민회가 기금을 거두어 임정에 보냈다.

1941년 초 하와이에서는 '해외한족대회'가 개최되었다. 여기에는 북미대한인국민회(한시대·김호·송종익), 동지회(안현경·이원순), 하와이국민회(안원규·김원용), 중한민중동맹단(차신호), 대조선독립단(강상호), 한국독립당 하와이총지부(임성우), 의용대 미주후원회연합회(권도인), 하와이대한부인구제회(심영신), 하와이여자애국단(민함나) 등이 참여했다. 그 결과 '재미한족연합위원회'가 결성되었다.

해외한족대회는 독립 전선의 통일, 임시정부 봉대, 군사운동 추진, 대미외교기관(외교위원부 위원장 이승만) 설치, 미국 국방공작 후원(국방봉사원 한길수), 독립금 모집(수입의 3분의 2를 임시정부에 송금하고 3분의 1은 외교 및 국방공작을 후원함), 연합기관으로서 재미한족연합위원회 설립, 의사부(하와이)와 집행부(미주) 설치 등을 결의했다.

재미한족연합위원회는 한인부대 창설이 불가능한 상황에서 '한인국방경위대'라는 민병대를 로스앤젤리스에서 조직하고 명칭을 '맹호대'라 했다. 또 한인들 가운데 800여 명이 미군에 입대하기도 했다.

한편 이승만은 한국위원부를 조직했고, 임시정부는 1941년 6월 '주미외교위원부'라는 명칭으로 이를 승인했다. 이승만은 미국 측에 임시정부를 승인하고 무기대여법에 따라 임정을 군사적으로 지원하거나, 재미 한인을 동원한 한인 게릴라부대를 창설할 것을 요청하기도 했다.

국내외 각 세력의 연계 노력

이상에서 살펴본 바와 같이 1940년대 전반 독립운동 전선에는 충칭의 임시정부, 옌안의 조선독립동맹, 국내의 건국동맹이 3대 세력을 이루고 있었다. 그리고 연해주의 88여단, 미주의 이승만 세력, 국내에 잠복한 박헌영 등 공산주의운동 세력 등이 해방의 날을 기다리고 있었다.

그런 가운데 임정과 독립동맹, 건국동맹은 상호 연락관계를 가졌다. 임정과 독립동맹 사이에서 독립동맹 간부인 김학무가 충칭과 옌안을 오가면서 김구와 김두봉의 서신 연락을 담당했다. 건국동맹도 조선독립동맹 측에 연락원을 파견했다.

1945년 들어 임정 주석 김구는 조선독립동맹과의 통일전선 문제를 협의하기 위해 직접 옌안을 방문하려 했으나 여의치 못하여, 대신 국무위원 장건상을 옌안에 파견했다. 장건상은 독립동맹 위원장 김두봉과 만나 "임정과 독립동맹이 각각 대표자를 선정, 충칭에서 통일전선에 대해 협의할 것"을 제의했고, 김두봉도 이에 찬성하여 충칭으로 갈 것을 약속하였다. 그러나 일본이 갑작스럽게 항복함으로써 양자의 통일전선 형성은 아쉽게도 실현되지 못했다.

한편 1940년대 이후 국내외 독립운동 세력의 투쟁방략은 대체로 국내 진공과 무장봉기를 결합시키는 것이었다. 그에 따라 국내에서는 무장봉기, 폭동 계획이 구체화되었다. 학생 비밀결사, 건국동맹, 사회주의 비밀

서클 등이 무장봉기와 폭동을 계획했다. 또 국외에서는 결정적 시기에 연합군과 함께 국내로 진공한다는 방략을 세우고, 이를 위해 광복군, 조선의용군, 동북항일연군, 맹호대 등이 연합군의 일원으로, 혹은 독자적으로 국내 진공 작전을 구상했다.

또 이 시기 국내외의 주요 독립운동 세력은 모두 좌우합작과 민족통일전선에 대한 지향성을 갖고 있었다. 건국동맹, 독립동맹, 임시정부, 재미한족위원회 등은 모두 반일독립을 목표로 조직적·이념적·정책적 측면에서 좌우합작 내지 민족통일전선적 성격을 띠었다. 이는 파시즘 대 반파시즘의 대결, 일본 제국주의 대 반일세력 간의 대결이라는 2차 대전의 성격으로부터 영향을 받은 것이었다. 미국과 소련은 연합군으로 함께 참전하고 있었고, 중국에서도 국민당과 공산당이 국공합작을 펼치고 있었다. 그런 가운데 임시정부는 1941년 좌우파의 중간 이념이라 할 수 있는 '삼균주의'에 입각한 건국강령을 제정했던 것이다.

06

한국 독립운동의
의의와 한계

한국 독립운동의 의의

이상에서 살펴본 한국의 독립운동은 어떤 역사적 의의를 갖고 있을까.

첫째, 한국 독립운동은 2차 대전 이후 한국이 일본의 지배로부터 벗어나 독립할 수 있게 한 결정적인 동인이었다. 1910년 이후 한국인들은 국내, 만주, 중국 관내, 러시아 연해주, 미주, 일본 등 각지에서 끊임없이 독립운동을 전개했다. 또 1920년대에는 한 해에 1천 내지 2천 명이 '정치범'으로 감옥에 갈 정도로 수많은 이들이 독립운동에 참여했다. 이와 같이 많은 이들이 참여하여 줄기차게 독립운동을 펼쳤기 때문에, 2차 대전이 끝나는 과정에서 연합국 측은 한국 민족의 독립을 너무나 당연하게 여겼다. 1943년 11월 카이로선언에서 연합국이 "한국인의 노예 상태에 유의하여 일정한 과정 뒤에 한국을 자유 독립케 한다"고 선언한 것은 이를 잘 말해준다. 따라서 독립운동에 참여한 모든 이들의 숭고한 희생은 한국인들로 하여금 '노예 상태'에서 벗어나 자유로운 인간이 될 수 있게 한 결정적인 힘이었다고 할 것이다.

둘째, 한국의 독립운동은 한국인이 근대적인 '민족'과 '계급·계층'으로 새로 태어나는 데 결정적인 역할을 했다. 한국인들은 3·1운동을 비롯한 여러 민족운동에 참여하면서 신분과 계층을 뛰어넘어 근대적인 '민족'으로 새롭게 탄생했다. 한국 민족으로의 결집 과정에는 민족주의의 계몽이 커다란 역할을 했다. 또 한국인들은 노동운동, 농민운동, 여성운동, 형평운동, 청년운동 등을 통해 '계급과 계층'이라는 '근대의 주체'로서 새롭게 탄생했다. 계급과 계층으로서의 재탄생 과정에는 사회주의의 계몽이 커다란 역할을 했다.

셋째, 한국의 독립운동 과정은 동시에 건국운동 과정이기도 했다. 당시 한편의 독립운동가들은 자유주의·민주주의의 이념과 자본주의적 경제에 토대를 둔 민주공화국을 세우려 했다. 반면에 다른 한편의 독립운동가들은 사회주의 이념과 공산주의적 경제에 토대를 둔 인민공화국을 세우려 했다. 그런 가운데 조소앙은 양자를 절충하고, 한국의 실정에 맞는 삼균주의 이념을 창안해냈다. 그리고 임시정부는 이에 기초한 민주공화국을 수립한다는 건국강령을 만들었다. 이처럼 한국인들은 독립운동 과정에서 한국의 실정에 맞는 건국이념을 스스로 만들어냈으며, 이는 한국 독립운동의 커다란 성과였다.

넷째, 한국의 독립운동은 세계 약소민족 해방운동의 일환으로 전개되었으며, 세계 약소민족들의 반제국주의운동, 민족해방운동, 혁명운동과 일정한 연대를 가지면서 전개되었다. 우선 한국인 민족주의자들은 중국인들의 신해혁명, 북벌운동, 항일전쟁 등에 광범위하게 참여했다. 또 공산주의자들은 베트남, 인도, 일본 등의 공산주의운동과도 연대를 모색했으며, 중국 공산주의자들과 함께 항일무장투쟁을 전개했다. 그리고 아나키스트들은 중국, 일본의 아나키스트들과 함께 반제국주의운동을 펼쳤다.

한국 독립운동의 한계

그러나 한국의 독립운동은 여러 한계를 동시에 안고 있었다.

첫째, 한국의 독립운동 진영은 처음부터 끝까지 하나의 통합된 움직임을 보여주지 못했다. 1910년대에는 복벽주의와 공화주의가 대립했고, 1920년대 이후에는 민족주의와 사회주의, 사회주의와 아나키즘이 서로 대립했다. 또 1919년 이후 민족주의운동 내부에서는 무장투쟁 노선과 외교운동 노선, 정치투쟁 노선과 실력양성 노선 등이 서로 대립했다. 초기에는 서북파와 기호파 등 출신 지역 간의 대립도 있었다. 그리고 사회주의자들 내부에서도 이르쿠츠크파, 상해파, 서울파, 화요파, ML파 등 각 파벌의 대립이 있었다. 그리하여 1920년대 국내의 신간회운동도 겨우 4년밖에 가지 못했고, 중국에서의 민족유일당 운동은 유일당 결성을 성사시키지도 못한 채 끝나버렸다. 1930년대 중국 관내 지역 여러 정당의 통합운동도 끝내 성공하지 못했다. 그리하여 민족혁명당 세력이 임시정부에 참여하는 과정도 지지부진했으며, 그 결과 한국독립당과 민족혁명당 세력은 충분히 동질성을 확보하지 못한 가운데 해방을 맞이하고 말았다.

둘째, 독립운동 진영에서 가장 큰 세력이자 가장 오랫동안 존속된 기관이었던 임시정부는 중국 정부나 미국 등 연합국 정부의 승인을 끝내 받아내지 못했다. 미국은 한국에 신탁통치를 실시하기 위해서, 그리고 해방 이후 연합국 간에 이 문제로 분란을 일으키지 않기 위해서 임시정부를 승인하지 않았고, 중국에도 임시정부를 승인하지 않도록 종용했다. 결국 임시정부는 어느 나라로부터도 승인을 받지 못했고, 해방 이후에도 미국과 소련으로부터 임시정부로서 인정을 받지 못했다. 그리고 분단정부 수립 과정에서 이를 막을 수 있는 힘을 전혀 발휘하지 못했다.

셋째, 해방 직전 각각의 독립운동 세력들은 나름대로 의지하는 나라들이 있었다. 임시정부는 중국 국민당에, 화북조선독립동맹은 중국공산당에, 88여단은 소련 정부에 의지하고 있었다. 이들 후견국의 영향력은 상당했다. 때문에 해방 직후 이들은 각각의 후견 세력의 영향력에서 벗어나기 어려웠다. 다만 중국의 국민당과 공산당은 곧 내전 상태에 들어가 더 이상 영향력을 행사하지 못했다. 그런 가운데 88여단과 화북조선독립동맹은 북한에 들어와 소련의 영향력 아래 들어갔다. 또 이승만은 해방 직후 미국에 기대어 귀국했고, 이후 미국의 영향력 아래 들어갔다. 미국과 소련이 남북을 각각 점령하고 있던 상황에서 각 정치 세력은 하나로 결집하여 분단을 막아야 했지만, 오히려 분열하여 외세의 의탁하는 행태를 보였다. 독립운동 과정에서 동지로서 함께 활동한 경험이 적었던 것이 해방 이후 독립운동 세력의 결집이라는 '구심력'보다는 외세에 의한 분열이라는 '원심력'이 더 크게 작용하는 결과로 나타났던 것이다.

독립의 완성은 통일

결과적으로 보면 한국의 독립운동은 절반의 성공, 절반의 실패로 끝났다고 말할 수 있다. 한국이 일본의 지배에서 벗어나 독립할 수 있게 된 것은 '절반의 성공'이었다. 그리고 외세에 의한 남북 분단정부 수립을 막지 못한 것은 '절반의 실패'였다. 그러나 한국인들은 독립의 희망이 거의 보이지 않던 일제 지배하에서도 뜨거운 열정을 가지고 줄기차게 독립운동을 펼쳤다. 오늘의 한국인들이 독립운동사에서 우선 배워야 할 것은 바로 이 점이다. 오늘 비록 통일의 희망이 잘 보이지 않는다 하더라도, 한국인들은 과거 독립운동가들이 가졌던 뜨거운 열정을 가지고 줄기차게 통일을 향해 나아가야 한다. 그리하여 미완의 상태로 끝나버린 '독립'을 '통일'로써 완성해야 한다.

부록

1910년

5월   미주의 국민회, 대동보국회를 통합하여 대한인국민회로 개칭.

6월   연해주에서 십삼도 의군 조직(도총재 유인석, 창의총재 이범윤).

8월 29일   일본, 한국을 강제병합.

10월 1일   조선총독부 설치, 초대 총독 데라우치 마사타케 부임.

12월   안악 사건으로 김구·김홍량 등 18명 체포.

1911년

1월   경찰 '데라우치 총독 암살 미수사건' 조작해 6백여 명 체포(105인 사건).

4월   서간도에서 경학사(사장 이상룡, 내무부장 이회영) 조직. 신흥강습소 설치.

12월   블라디보스토크에서 권업회 결성(회장 최재형, 부회장 홍범도).

1912년

　 서간도에서 부민단 조직. 신흥강습소를 신흥학교로 개명.

3월   '조선형사령' 공포.

1913년

　 유인석부대, 연해주에서 만주 집안·통화현으로 이동. 채기중, 풍기광복단 결성.

4월   북간도 한인들, 간민회 결성.

1914년

5월   독립의군부 조직 발각.

6월   박용만, 하와이에서 대조선국민군단과 사관학교 창설.

9월   이동하 등, 경북 문경에서 비밀결사 민단조합 결성.

1915년

　 윤상태·서상일 등, 대구를 중심으로 비밀결사 달성친목회 결성.

7월   박상진, 풍기광복단 채기중과 함께 비밀결사 대한광복회 결성.

1916년

5월   독립의군부 사건으로 거문도에 구금되어 있던 임병찬 사망.

1917년

3월   평양숭실학교 졸업생 장일환·배민수 등, 조선국민회 결성.

11월   대한광복회 회원들 장승원 처단.

1918년

1월   러시아에서 전로한족회 중앙총회 출범. 대한광복회, 도고면장 박용하 처단.

4월 28일   하바롭스크에서 한인사회당 창립(위원장 이동휘).

11월   여운형·선우혁, 상하이에서 '신한청년당' 조직. 미 대통령 특사 크레인에게 독립운동 지원 요청.

1919년

2월 8일 도쿄에서 유학생들 독립선언식 (2·8독립선언).

2월 25일 전로한족회 중앙총회, 니콜리스크에서 대한국민의회 조직(위원장 문창범).

3월 1일 민족대표 33인, 태화관에서 독립선언식. 학생과 시민 탑골공원에서 독립선언식과 만세시위. 이후 만세시위 전국 확산(3·1운동).

3월 5일 남대문역 앞 학생들 만세시위.

3월 17일 대한국민의회(의장 문창범), 독립선언서 발표.

3월 22일 서울에서 노동자·학생 시위. 27일까지 매일 밤 시위 계속.

3월 31일 김규식 파리 도착. 파리강화회의를 상대로 외교활동 개시.

4월 '정치에 관한 범죄 처벌령' 공포.

4월 9일 천도교 측 '조선민국임시정부안'이 담긴 전단 살포.

4월 11일 상하이 한인 독립운동가들 임시의정원 구성. '대한민국' 국호, '민국' 연호, '대한민국임시헌장' 등 제정.

4월 13일 상해 임정, 임시정부 수립 공포.

4월 15일 일제 경찰, 수원 제암리 주민 30명 학살(제암리 학살 사건).

4월 17일 평북 철산 등지에서 '신한민국정부안' 담긴 전단 살포됨.

4월 23일 서울 국민대회 준비팀, '한성정부임시정부안' 담긴 전단 살포.

4월 25일 상해 임정, 임시의정원법 제정.

8월 임정 기관지 『독립신문』 창간.

8월 25일 이승만, 미국 워싱턴D.C.에 임정 구미위원부 설치.

9월 2일 사이토 마코토 신임총독 부임. 강우규, 남대문역 앞에서 총독에게 폭탄 투척.

9월 11일 임정, '대한민국임시헌법' 제정·공포. 내각 각료 선출(임시대통령 이승만, 국무총리 이동휘 등).

11월 3일 임정 국무총리 이동휘 취임.

11월 10일 김원봉 만주 길림에서 의열단 창립.

1920년

1월 도쿄의 조선고학생학우회 조직.

1월 4일 철혈광복단, 북간도 용정촌에서 조선은행 현금수송대 습격, 15만원 탈취.

2월 박중화·박이규·오상근 등 서울에서 조선노동공제회 조직.

6월 홍범도의 대한독립군 등 훈춘 인근 봉오동에서 일본군에 대승(봉오동전투).

6월 16일 의열단원 곽재기 등 6명 폭탄 반입 사건으로 서울에서 검거됨.

8월 일본군, 훈춘 사건 조작.

9월 14일 의열단원 박재혁, 부산경찰서에 폭탄 던져 서장 암살.

10월 김좌진의 북로군정서 등 일본군 대파(청산리전투).

| 10~11월 | 일본군 북간도에서 한인 촌락 습격, 학살과 방화 자행(경신참변). |

10~11월 일본군 북간도에서 한인 촌락 습격, 학살과 방화 자행(경신참변).

12월 이승만 상하이 도착. 조선청년회 연합회 결성.

12월 27일 의열단원 최수봉 밀양경찰서에 폭탄 투척.

1921년

1월 김사국·이영, 서울청년회 조직.

2월 박은식·김창숙 등 14명, 국민대표회 소집 제창.

3월 독립군단, 러시아 자유시 도착.

4월 신채호·박은식 등 베이징에서 군사통일주비회 개최. 임시정부 해산 요구.

5월 이르쿠츠크·상하이에서 두 개의 고려공산당 창립. 만주의 여준·김동삼 등 이승만 퇴진과 임정 개조 요구.

5월 20일 이승만 미국으로 귀환.

6월 28일 자유시에서 러시아혁명군과 자유대대(이르쿠츠크파)가 사할린 의용대와 독립군단을 포위공격, 많은 사상자 발생(자유시참변).

9월 12일 의열단원 김익상, 남산의 총독부에 들어가 폭탄 투척.

11월 미국 워싱턴D.C.에서 태평양회의 개최.

1922년

1월 22일 모스크바에서 극동인민대표대회

개최, 한인 대표 56명 참석.

3월 28일 의열단원 오성륜·이종암 등 상하이 황포탄에서 일본 육군대장 암살 실패.

5월 북경파와 이르쿠츠크파, 국민대표회의주비회 소집 선언.

8월 북만주에서 대한독립군단, 남만주에서 대한통의부 결성.

10월 조선노동공제회를 이탈한 윤덕병 등, 조선노동연맹회 조직.

11월 코민테른 극동부 산하 꼬르뷰로(극동국) 설치.

1923년

1월 이동휘 임정 국무총리직 사임, 상하이에서 국민대표대회(의장 김동삼) 개최(4개월간 계속).

1월 17일 의열단원 김상옥, 종로경찰서에 폭탄 투척.

6월 2일 국민대표대회 창조파, 새로운 임시정부 수립 결의하고 해산.

7월 윤덕병·이준태 등, 신사상연구회 조직. 24년 11월 화요회로 개칭.

9월 관동대지진 발생.

1924년

1월 5일 의열단원 김지섭, 도쿄 황궁 앞 이중교에 폭탄 투척.

2월 창조파 블라디보스토크에서 새 임정 수립 시도했으나 러시아 당국으로부터 퇴거 명령 받음. 김

	찬·박일병 등, 신흥청년동맹 조직. 서울청년회 등 좌파 223개 청년단체, 조선청년총동맹 조직.
4월	167개 노동·농민운동단체, 조선노농총동맹 조직. 베이징의 이회영·이을규·이정규·유자명, 재중국조선무정부주의자연맹 결성.
5월	통의부 일부 세력 이탈해 참의부 조직(서간도 중심으로 활동).
9월	임정 임시의정원, 국무총리 이동녕에게 대통령직 대리하도록 함. 이승만 반발.
11월	화요회·북풍회 조직. 대한통의부 세력 확대해 정의부로 개편.
12월	임정 임시의정원, 박은식을 국무총리 겸 대통령대리로 추대.

1925년

1월	도쿄에서 일월회 조직.
3월	북간도와 그 이북 지역에서 대한독립군단과 북로군정서 통합해 신민부 창립.
3월 23일	임시의정원, 이승만 탄핵. 박은식 임시대통령 선출. 박은식, 헌법 개정하여 국무령 중심의 내각책임제로 바꾼 뒤 8월에 사임하고 11월에 서거.
4월 17일	화요회·북풍회, 서울에서 조선공산당 조직(책임비서 김재봉).
5월 12일	사회주의운동 탄압을 위한 '치안유지법' 발동.

11월	신의주 사건으로 조선공산당 조직 발각, 김재봉 등 220명 검거.
12월	제2차 조선공산당 조직(책임비서 강달영).

1926년

6월	홍진, 임정 국무령 취임. 조선공산당 강달영 등 백여 명 체포.
6월 10일	순종 인산일에 학생들 시가지에서 만세시위(6·10만세운동).
7월	안창호, 민족유일당 결성 제창.
9월	제3차 조선공산당 조직(이른바 ML당, 책임비서 김철수).
10월	원세훈, 민족유일당 북경촉성회 조직.
11월	상하이에서 한국독립당 관내촉성회 연합회 개최.
11월 15일	정우회, 사회주의자와 민족주의자의 제휴 제창(정우회선언).
12월	김구 국무령 취임. 의열단원 나석주, 서울 식산은행과 동척 경성지점에 폭탄 투척.

1927년

2월	비타협적 민족주의자·사회주의자들 신간회 창립(회장 이상재).
3월	임정 헌법 개정. '대한민국임시약헌' 공포, 국무령제 폐지, 국무위원 주석제 채택.
9월 6일	조선노농총동맹, 조선노동총동맹과 조선농민총동맹으로 분리.

10월 2일　용정에서 조선공산당 공판 공개 요구 시위. 조선공산당 만주총국 29명 체포되어 서울로 압송(제1차 간도공산당 사건).

12월　서울청년회 구파, 춘경원에서 조선공산당 결성(춘경원공산당).

1928년

2월　제4차 조선공산당 조직(책임비서 차금봉).

7월　차금봉 등, 제4차 조선공산당 간부들 경찰 검거.

9월 2일　용정에서 국제청년일 기념 반일 시위. 85명 체포되어 서울로 압송(제2차 간도공산당 사건).

12월　코민테른, 한국 사회주의운동에 관한 지침 「12월테제」 발표.

1929년

1월　원산총파업 발생.

3월　이동휘와 김규열, 상하이에서 서울파와 함께 조선공산당 재건설 준비위원회 조직.

5월　ML파 한빈·고광수 등, 만주 길림에서 조선공산당재조직중앙간부 조직.

10월　좌파의 주장에 의해 민족유일당 상해촉성회 해체 선언.

10월 30일　나주에서 한국인과 일본인 학생 간 충돌 사건 발생.

11월 1일　광주역에서 한일 학생들 간 충돌 발생.

11월 3일　광주에서 한일 학생들 간 큰 충돌 발생. 장재성이 이를 항일시위로 발전시킴(광주학생운동).

11월 12일　광주에서 장재성의 지도로 학생들의 2차 시위 발생.

12월　남만주에서 현익철·최동오·고이허 등, 조선혁명당 결성.

12월 5일　서울에서 학생시위 발생. 학생시위 전국 확산.

12월 11일　신간회 민중대회 개최 준비 사건으로 중앙집행위원장 허헌 구속.

1930년

1월 23일　용정 대성중학·동흥중학 학생들 광주학생운동에 동조 시위.

1월 25일　안창호·이동녕·이시영 등, 상해임정 청사에서 한국독립당 결성.

3월 1일　용정에서 3·1운동 기념시위. 69명 체포되어 서울로 압송(제3차 간도공산당 사건).

5월 30일　북간도에서 폭동 발생. 친일 기관과 일본영사관 분관 등 습격(간도5·30봉기). 이후 12월까지 봉기 계속. 2천여 명 체포되어 서울로 압송, 272명 재판 회부.

7월　북만주에서 홍진·이청천·신숙 등, 한국독립당 결성.

1931년

2월　ML파 고경흠, 권대형 등과 함께

조선공산당재건설동맹 조직. 4월에 해체. 공산주의자협의회 조직.

3월 서울-상해파, 조선공산당재건설위원회 해체. 좌익노동조합전국평의회준비회 조직.

6월 우가키 가즈시게 총독 부임.

7월 만보산 사건 오보로 평양 군중들이 중국인 94명 학살.

9월 18일 일본 관동군, 봉천에서 군사행동 시작(만주사변).

10월 남만주 이통에서 이홍광 등, 적위대 조직.

11월 이회영·정현섭·백정기 등, 상하이에서 중국인 아나키스트들과 항일구국연맹 결성.

1932년

1월 윤기섭·신익희·연병호 등, 난징에서 한국혁명당 조직.

1월 8일 한인애국단원 이봉창, 도쿄에서 천황 일행에 폭탄 투척(이봉창의거).

1월 28일 일본군 상하이 상륙. 한 달간 중국군과 전투(상하이사변).

2월 박석윤 등 친일파, 용정에서 민생단 조직.

3월 일본 관동군 괴뢰 '만주국' 세움.

4월 29일 한인애국단원 윤봉길, 상하이 홍구공원에서 일본군 전승기념식 연단에 폭탄 투척(윤봉길의거).

5월 임시정부 상하이에서 항저우로 이전.

9월 중국공산당 동만특위, 반민생단 투쟁 시작. 많은 한인들이 밀정 혐의를 쓰고 박해 받음.

10월 상하이에서 한국독립당·한국광복동지회·조선혁명당·한국혁명당·의열단 대표가 만나 대일전선통일동맹 결성 합의.

1933년

3월 17일 상하이에서 백정기·원심창·이강훈 등 아나키스트들, 일본 공사 암살 실패(육삼정 사건).

8월 이재유 등 사회주의자들, 경성트로이카 조직.

11월 북만주 한국독립당, 한국혁명당과 합당하여 신한독립당 창당.

1934년

1월 이재유, 경찰 체포되었다 탈출.

4월 북간도 유격대들, 동북인민혁명군 제2군 독립사로 발전.

5월 권영태, 프로핀테른 지시로 국내에서 노조운동 전개하다 체포.

11월 이재유 등, 경성재건그룹 조직.

1935년

7월 대일전선통일동맹 참가단체들과 미주 4개 단체, 민족혁명당 결성.

11월 김구 및 송병조·차리석 계열, 임

정 여당으로 한국국민당 창당.

1936년

박건웅·김성숙 등, 사회주의 계열 단체 조선민족해방동맹 조직.
1월　중공 만주성위, 동북인민혁명군을 동북항일연군으로 개편.
6월　미나미 지로 조선 총독 부임.
7월　동북항일연군 제2군 3사를 중심으로 조국광복회 결성 추진.
10월　이재유 그룹, 조선공산당재건경성준비그룹 조직.
12월 25일 이재유 경찰에 체포.
12월　'조선사상범보호관찰령' 공포.

1937년

2월　총독부 대화숙 설치.
6월 4일　동북항일연군 제1로군 제6사(사장 김일성), 함남 갑산군 보천보 습격. 갑산의 조선민족해방동맹 관련자 739명 피검.
7월 7일　베이징 교외 노구교 사건으로 중일전쟁 발발.
8월　한국국민당·한국독립당·조선혁명당과 9개 단체, 한국광복운동단체연합회 조직.
10월　'황국신민서사' 제정.
11월　민족혁명당·조선민족해방동맹·조선혁명자연맹 대표들, 조선민족전선연맹 결성.

1938년

2월　'육군특별지원병령' 공포.
7월　임시정부 광둥, 류저우로 이전.
9월　최창석·김원길, 민족혁명당 탈당해 조선청년전위동맹 조직.
10월　조선민족전선연맹, 조선의용대 결성.

1939년

3월　임시정부 쓰촨성 치장으로 이전.
5월　김구와 김원봉, 연명으로 「동지들에게 보내는 서신」 발표.
8월　치장에서 광복운동단체연합회와 조선민족전선연맹의 7당 통일회의 개최.
10월　임시정부, 한국독립당과 조선혁명당 인사들 받아들임. 총독부, 경방단 조직.
11월　총독부 '조선민사령' 개정. 창씨개명 강요.

1940년

2월　경성콤그룹(박헌영 중심) 결성.
5월 8일　한국독립당·한국국민당·조선혁명당 통합하여 한국독립당 결성(위원장 김구).
9월　임정 치장에서 충칭으로 이전.
9월 17일　임시정부 충칭에서 광복군 창립.
12월　조선민족해방동맹·조선청년전위동맹, 뤄양에서 조선민족해방투쟁동맹 조직(한빈·김성숙 등).

1941년

1월   최창익 등, 화북조선청년회연합회 조직.

2월   '조선사상범예방구금령' 공포.

5월   치안유지법 개정, 적용 범위 확대.

6월   임정, 주미외교위원부 설치(이승만 정식대표 임명). 조선의용대 화북으로 이동, 하바롭스크 동북항일연군 88중조여단으로 재편.

11월   임정 '대한민국 건국강령' 제정.

12월 8일   일본 하와이 진주만 공습. 태평양전쟁 발발.

12월 10일 임시정부, 일본에 선전포고.

1942년

5월   고이소 구니아키 총독 부임. 김원봉 휘하 조선의용대 본부 잔류 병력이 광복군에 합류.

7월   화북조선청년연합회, 조선독립동맹으로 개칭(주석 김두봉). 조선의용대 화북지대를 조선의용군으로 개칭.

8월   민족혁명당·조선혁명자연맹·조선민족해방동맹 인사들, 임시의정원에 참여.

1943년

    이승엽·김일수 등, 청진을 중심으로 '자유와 독립' 그룹 조직.

3월   경성방송국 직원 및 송남헌·홍익범·허헌·문석준 등, 75명 단파방송 청취 사건으로 체포.

7월   '해군특별지원병령' 공포.

8월   여운형·조동호·이상백 등, 서울에서 조선민족해방연맹 조직.

11월 27일 카이로선언.

1944년

4월   임시정부, 좌파 인사들을 국무위원으로 참여시키고 주석 권한 강화, 징병제 실시.

8월   일반징용 실시.

8월 10일 여운형·현우현·조동호 등, 조선건국동맹 조직.

1945년

3월   하준수 등 학병 도피자들, 지리산에서 보광당 조직.

7월 26일 미·영·중 수뇌 포츠담선언 발표.

8월 11일 일본이 연합국 측에 포츠담선언 수락의사 전달.

8월 15일 일본 항복 선언.

9월   조선의용군, 옌안을 떠나 만주로 이동. 88여단이 소련군을 따라 원산으로 입국.

10월 16일 이승만 귀국.

11월 5일 임시정부의 김구 일행, 충칭을 떠나 상하이 도착.

11월 23일 임시정부 김구 일행 환국.

참고문헌

강동진, 『일제의 한국침략정책사』, 한길사, 1980.

강만길 외, 『통일지향 우리민족해방운동사』, 역사비평사, 2000.

강만길, 『조선민족혁명당과 통일전선』, 화평사, 1991.

강만길, 『한국민족운동사론』, 한길사, 1985.

고정휴, 『이승만과 한국독립운동』, 연세대학교출판부, 2004.

권대웅, 『1910년대 국내독립운동』(『한국독립운동의 역사』 15), 독립기념관독립운동사연구소, 2008.

권희영, 『한인사회주의운동연구』, 국학자료원, 1999.

김경일, 『이재유―나의 시대, 나의 혁명』, 푸른역사, 2007.

김경일, 『일제하 노동운동사』, 창작과비평사, 1992.

김광재, 『한국광복군』(『한국독립운동의 역사』 52), 독립기념관독립운동사연구소, 2009.

김기승, 『조소앙이 꿈꾼 세계』, 지영사, 2003.

김명섭, 『한국 아나키스트들의 독립운동』, 이학사, 2008.

김삼웅, 『백범 김구 평전』, 시대의 창, 2004.

김석영·이현희, 『석오 이동녕 연구』, 서문당, 1989.

김성민, 『광주학생운동 연구』, 역사공간, 2013.

김성호, 『1930년대 연변 민생단 사건 연구』, 백산자료원, 1998.

김영범, 『의열투쟁 I. 의열단』(『한국독립운동의 역사』 26), 독립기념관독립운동사연구소, 2009.

김영범, 『한국근대민족운동과 의열단』, 창작과비평사, 1997.

김윤환, 『한국노동운동사』 1, 일조각, 1982.

김인덕, 『식민지시대 재일한인운동연구』, 국학자료원, 1996.

김중섭, 『형평운동연구』, 민영사, 1994.

김중순 지음, 유석춘 옮김, 『문화민족주의자 김성수』, 일조각, 1998.

김희곤 외, 『왕산 허위의 나라사랑과 의병전쟁』, 구미시, 안동대학교박물관, 2005.

김희곤, 『대한민국임시정부 I. 상해시기』(『한국독립운동의 역사』 23), 독립기념관독립운동사연구소, 2008.

김희곤, 『대한민국임시정부 연구』, 지식산업사, 2004.

김희곤, 『중국 관내 한국독립운동단체 연구』, 지식산업사, 1995.

김희곤·한상도·한시준·유병용, 『대한민국임시정부의 좌우합작운동』, 한울, 1995.

노경채, 『한국독립당연구』, 신서원, 1996.

독립기념관 한국독립운동사연구소, 『한국독립운동의 역사』 60권, 2005.

미즈노 나오키, 『창씨개명』, 암파신서, 2013.

박경식, 『일본제국주의의 조선지배』, 청아출판사, 1986.

박영석, 『재만한인독립운동사연구』, 일조각, 1988.

박용옥, 『한국근대여성운동연구』, 한국정신문화연구원, 1984.

박용옥, 『한국여성항일운동연구』, 지식산업사, 1996.

박찬승, 『대한민국은 민주공화국이다 – 헌법 제1조 성립의 역사』, 돌베개, 2010.

박찬승, 『한국근대정치사상사연구』, 역사비평사, 1992.

박환, 『러시아 한인민족운동사』, 탐구당, 1995.

박환, 『만주한인민족운동사연구』, 일조각, 1991.

박환, 『식민지시대 한인 아나키즘운동사』, 선인, 2005.

박환, 『재소한인민족운동사』, 국학자료원, 1998.

반병률, 『성재 이동휘 일대기』, 범우사, 1998.

부덕민 지음, 이익희 옮김, 『백절불굴의 김구』, 백범김구선생기념사업협회, 2010.

서중석, 『신흥무관학교와 망명자들』, 역사비평사, 2001.

스칼라피노·이정식, 『한국공산주의운동사』1·2, 돌베개, 1986.

신용하, 『한국민족독립운동사연구』, 을유문화사, 1985.

신주백, 『1920~30년대 중국 지역 민족운동사』, 선인, 2005.

신주백, 『1930년대 국내 민족운동사』, 선인, 2005.

신주백, 『1930년대 이후 정당통합운동』(『한국독립운동의 역사』 48), 독립기념관독립운동사연구소, 2009.

신주백, 『만주지역 한인의 민족운동사(1920~1945)』, 아세아문화사, 1999.

심지연, 『김두봉 – 잊혀진 혁명가의 초상』, 인간사랑, 1993.

안재성, 『경성트로이카』, 사회평론, 2004.

안재성, 『박헌영 평전』, 실천문학사, 2009.

안재성, 『이관술(1920~1950)』, 사회평론, 2006.

역사문제연구소, 『한국 근현대 지역운동사 1, 2』, 역사비평사, 1993.

염인호, 『김원봉연구』, 창작과비평사, 1993.

염인호, 『조선의용군의 독립운동』, 나남출판, 2003.

염인호, 『조선의용대·조선의용군』(『한국독립운동의 역사』 53), 독립기념관독립운동사연구소, 2009.

오영섭, 『한말 순국·의열투쟁』(『한국독립운동의 역사』14), 독립기념관독립운동사연구소, 2009.

오장환, 『한국아나키즘운동사』, 국학자료원, 1998.

와다 하루키, 『김일성과 만주항일전쟁』, 창작과비평사, 1992.

우사연구회, 『우사 김규식의 생애와 사상』 전3권, 한울, 2000.

유영익 등, 『이승만과 대한민국임시정부 연구』, 연세대학교출판부, 2009.

윤경로, 『105인 사건과 신민회연구(개정증보판)』, 한성대학교출판부, 2012.

윤대원, 『상해 시기 대한민국임시정부 연구』, 서울대학교출판부, 2006.

윤병석 등, 『러시아 지역 한인 사회와 민족운동사』, 교문사, 1994.

윤병석, 『(증보)이상설전』, 일조각, 1998.

윤병석, 『1910년대 국외항일운동 Ⅰ』(『한국독립운동의 역사』 16), 독립기념관독립운동사연구소, 2008.

윤병석, 『국외 한인 사회와 민족운동』, 일조각, 1990.

윤병석, 『중국 동북 지역 한국 독립운동사』, 집문당, 1997.

윤재근, 『근촌 백관수』, 동아일보사, 1996.

이균영, 『신간회연구』, 역사비평사, 1993.

이명화, 『도산 안창호의 독립운동과 통일노선』, 경인문화사, 2002.

이윤상, 『3·1운동의 배경과 독립선언』(『한국독립운동의 역사』 18), 독립기념관독립운동사연구소, 2009.

이은우, 『임시정부와 이시영』, 범우사, 1997.

이정식, 『몽양 여운형』, 서울대학교출판부, 2008.

이준식, 『농촌사회 변동과 농민운동』, 민영사, 1994.

이준식, 『조선공산당 성립과 활동』(『한국독립운동의 역사』 43), 독립기념관독립운동사연구소, 2009.

이지원, 『한국근대문화사상사 연구』, 혜안, 2007.

이현주, 『한국 사회주의 세력의 형성(1919~1923)』, 일조각, 2003.

이현희, 『대한민국임시정부사』, 집문당, 1982.

이현희, 『조동호 항일투쟁사』, 청아출판사, 1992.

이호룡, 『아나키스트들의 민족해방운동』(『한국독립운동의 역사』 45), 독립기념관독립운동사연구소, 2009.

이호룡, 『한국의 아나키즘-사상편』, 지식산업사, 2001.

임경석, 『이정 박헌영일대기』, 역사비평사, 2004.

임경석, 『잊을 수 없는 혁명가들에 대한 기록』, 역사비평사, 2008.

임경석, 『한국사회주의의 기원』, 역사비평사, 2003.

장규식, 『일제하 한국 기독교민족주의 연구』, 혜안, 2001.

장석흥, 『차리석평전』, 역사공간, 2005.

전명혁, 『1920년대 한국 사회주의운동 연구』, 선인, 2006.

정병준, 『광복 직전 독립운동세력의 동향』(『한국독립운동의 역사』 56), 독립기념관독립운동사
연구소, 2009.

정병준, 『몽양 여운형평전』, 한울, 1995.

정병준, 『우남 이승만 연구』, 역사비평사, 2005.

정혜경, 『일제시대 재일조선인민족운동연구』, 국학자료원, 2001.

조경달, 『식민지조선과 일본』, 암파신서, 2013.

조동걸, 『한국민족주의의 발전과 독립운동사연구』, 지식산업사, 1993.

조동걸, 『한국민족주의의 성립과 독립운동사연구』, 지식산업사, 1989.

조범래, 『의열투쟁 II 한인애국단』(『한국독립운동의 역사』 27), 독립기념관독립운동사연구소,
2009.

조범래, 『한국독립당연구(1930~1945)』, 선인, 2011.

지수걸, 『일제하 농민조합운동연구』, 역사비평사, 1993.

한국근현대사학회, 『한국독립운동사 강의』, 한울아카데미, 2007.

한국역사연구회 1930년대연구반, 『일제하 사회주의운동사』, 한길사, 1991.

한국역사연구회 근현대청년운동사반, 『한국근현대청년운동사』, 풀빛, 1995.

한국역사연구회·역사문제연구소, 『3·1민족해방운동연구』, 청년사, 1989.

한상도, 『대한민국임시정부 II 장정 시기』(『한국독립운동의 역사』 24), 독립기념관독립운동사
연구소, 2008.

한상도, 『한국독립운동과 중국군관학교』, 문학과지성사, 1994.

한시준, 『대한민국임시정부 III 중경 시기』(『한국독립운동의 역사』 25), 독립기념관독립운동사
연구소, 2008.

한시준, 『의회정치의 기틀을 마련한 홍진』, 탐구당, 2006.

한시준, 『한국광복군 연구』, 일조각, 1993.

한인섭, 『식민지 법정에서 독립을 변론하다』, 경인문화사, 2012.

허근욱, 『민족변호사 허헌』, 지혜네, 2001.

홍선희, 『조소앙의 삼균주의 연구』, 한길사, 1982.

■ 찾아보기